PATERNIDAD Y VIDA FAMILIAR EN LA CIUDAD DE MÉXICO.

UN ESTUDIO DEL DESEMPEÑO MASCULINO EN LOS PROCESOS REPRODUCTIVOS Y EN LA VIDA DOMÉSTICA

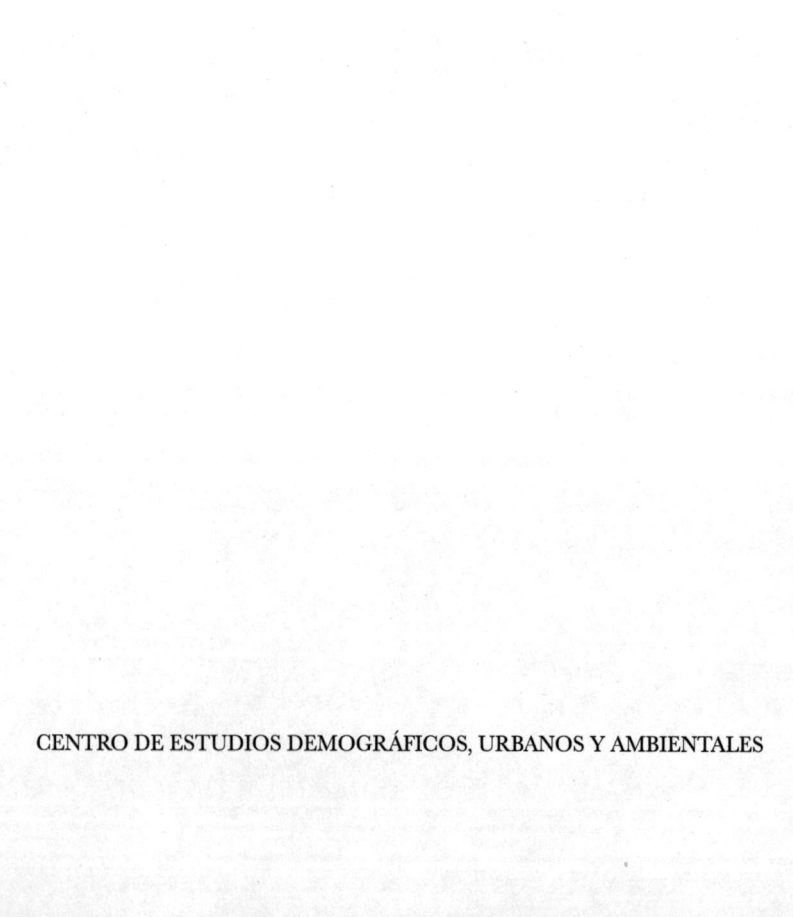

CENTRO DE ESTUDIOS DEMOGRÁFICOS, URBANOS Y AMBIENTALES

PATERNIDAD Y VIDA FAMILIAR EN LA CIUDAD DE MÉXICO.
UN ESTUDIO DEL DESEMPEÑO MASCULINO EN LOS PROCESOS REPRODUCTIVOS Y EN LA VIDA DOMÉSTICA

Olga Lorena Rojas

EL COLEGIO DE MÉXICO

301.427
R7414p

    Rojas Martínez, Olga Lorena
       Paternidad y vida familiar en la Ciudad de México. Un estudio del desempeño masculino en los procesos reproductivos y en la vida doméstica/Olga Lorena Rojas. —1a ed.— México, D.F.: El Colegio de México, Centro de Estudios Demográficos, Urbanos y Ambientales, 2008.
    230 p.; 21 cm.

    Incluye bibliografía.
    ISBN: 968-12-1320-3

    1-Paternidad - México - Ciudad de México - Estudio de casos. 2. Paternidad - Aspectos sociales - México - Ciudad de México - Estudio de casos. 3. Padres e hijos - México - Ciudad de México - Estudio de casos. 4. Familia - México - Ciudad de México - Investigación. I. t.

Primera edición, 2008

D.R. © El Colegio de México, A. C.
    Camino al Ajusco 20
    Pedregal de Santa Teresa
    10740 México, D.F.
    www.colmex.mx

ISBN: 968-12-1320-3

Impreso en México

A la memoria de mi padre
el Dr. José Luis Rojas Muñoz

ÍNDICE

AGRADECIMIENTOS

Ahora que concluye el esfuerzo que implicó, tanto el trabajo de investigación como la elaboración de este libro, no quiero dejar pasar la oportunidad para agradecer a un gran número de personas e instituciones de las que obtuve apoyo a lo largo de este proceso.

Deseo agradecer en primer lugar a Brígida García, quien con enorme paciencia, dedicación y generosidad dirigió a buen puerto todos mis esfuerzos en este proceso de investigación. A ella debo fundamentalmente mi aprendizaje del oficio de investigadora que se transmite de generación en generación.

Un importante reconocimiento y agradecimiento también para Soledad González y Juan Guillermo Figueroa, quienes acompañaron este esfuerzo leyendo y comentando con gran interés y entusiasmo los diversos avances de investigación aportando siempre ideas y referencias bibliográficas que resultaron fundamentales para el desarrollo y culminación de este trabajo de investigación. Orlandina de Oliveira y Nelson Minello hicieron importantes observaciones y sugerencias al proyecto de investigación, por lo cual les estoy muy agradecida.

Mi gratitud es también para mis profesores y compañeros del doctorado de Estudios de Población de El Colegio de México, por los comentarios y recomendaciones que sugirieron en las primeras etapas de este estudio. Agradezco también a Mercedes Blanco, quien como lectora externa leyó con mucho interés la versión final de este trabajo y propuso importantes modificaciones al texto.

Agradezco, por supuesto, el apoyo financiero que diversas instituciones me brindaron en las diferentes etapas de la investigación: El Colegio de México a través del Centro de Estudios Demográficos y de

11

Desarrollo Urbano; el Programa de Salud Reproductiva y Sociedad de El Colegio de México; el Programa de Apoyo a Proyectos de Investigación Demográfica en México, patrocinado por el Centro de Estudios Demográficos y de Desarrollo Urbano de El Colegio de México en vinculación con la Universidad Johns Hopkins; The Population Council y el Programa ALFA de cooperación con América Latina de la Comisión Europea.

En el Centro de Estudios Demográficos (CED) de la Universidad Autónoma de Barcelona, España, en donde realicé una estancia para concluir la redacción de este trabajo, agradezco sinceramente a Anna Cabré por permitirme contar con las condiciones necesarias para que esta investigación llegara a término. Herminia Pujol como gerente del CED y Carlos Welti del Programa Latinoamericano de Población (PRO-LAP), fueron los encargados de realizar todas las gestiones administrativas para hacer posible que mi estancia en Barcelona se llevara a cabo, por ello les estoy muy agradecida.

Deseo también hacer patente mi agradecimiento a las siguientes personas, de quienes recibí en las distintas etapas de este proceso de investigación una valiosa colaboración y diversas muestras de apoyo: Edith Pacheco, Ivonne Szasz, Manuel Ordorica, Susana Lerner, Manuel Ángel Castillo, Carlos Echarri, Josefina Recillas, Alejandra Franco, Rosa María Ferrer, Edith Ramón, Martha L. Rojas Wiesner, María del Carmen Franco, Beatriz González Moreno, Fredis, Claus, Vicente Ampudia, Regina Nava, Noé Guarneros, Mariana Yanes, Rosa María Mares, Verónica Devars, Rosa Ma. Pineda, Tere Motte, Alma Barba, Lourdes Zedillo, Esther Correa, Esther Corona y Ramón Hernaiz.

Mi reconocimiento también es para el entrañable e incondicional apoyo recibido de César y de mis hermanos Martha Alicia, Rosalba, Marco Antonio y José Luis.

Un especial y profundo agradecimiento de mi parte es para todos los varones a quienes entrevisté, por el tiempo que me cedieron para conversar conmigo y por la confianza depositada en mí al relatarme invaluables recuerdos y experiencias de sus vidas.

INTRODUCCIÓN

Las transformaciones de orden demográfico, económico, social y cultural experimentadas en México en las últimas décadas han tenido consecuencias importantes en la vida familiar, al impactar de forma contundente no sólo en la composición y la estructura de los hogares mexicanos, sino sobre todo en sus formas organizativas y de relaciones en su interior. En materia demográfica es importante señalar que la disminución en los niveles de la mortalidad y el consecuente incremento en la esperanza de vida han propiciado, entre otras cosas, que mayores proporciones de hombres y mujeres lleguen con vida a la edad de contraer matrimonio y fundar una familia; que se prolongue la vida en pareja sin que se disuelva por la muerte de uno de los cónyuges, y con ello se incremente la posibilidad de que la ruptura del vínculo matrimonial se dé por separaciones y divorcios; la disminución en la probabilidad de que los padres sufran la muerte de alguno de sus hijos, así como de la proporción de hijos que pierden a sus padres, hechos que se traducen en un significativo aumento del tiempo de vida que los padres comparten no sólo con su pareja, también con sus hijos (Tuirán, 1996; Oliveira, 1994).

Por lo que respecta a los significativos cambios en la fecundidad, después de que sus niveles habían permanecido elevados y en aumento hasta 1970, éstos han descendido de manera rápida y sin interrupciones durante las últimas tres décadas. De tal suerte que si en el periodo de 1960-1970 las mujeres mexicanas tenían en promedio siete hijos, para 1997 solamente tenían 2.6 hijos, en tanto que hacia el año 2000 tenían 2.4 hijos, y para el año 2005 este promedio ya era de 2.1 hijos (CONAPO, 1997; Paz, 2000). Este descenso en la fecundidad ha propiciado una

13

importante reducción del peso relativo de los hijos en la estructura familiar y, por supuesto, en el tamaño de los hogares. Se comenta que este descenso ha sido un proceso tan intenso que no sería extraño que el país alcance en breve el nivel de reemplazo. Con frecuencia se señala que esta significativa transformación demográfica en materia de fecundidad ha tenido un importante sustento en el avance de los programas de planificación familiar (CONAPO, 2004).

La práctica de la planificación familiar en México por medio del uso de métodos anticonceptivos (modernos y tradicionales) ha sido incorporada por la mayoría de las parejas; sin embargo, considero que el alcance de los programas de planificación familiar ha sido tan importante porque entre la población femenina y masculina ha operado un proceso de reformulación de las valoraciones acerca de los hijos que se ha reflejado en la emergencia de nuevas preferencias reproductivas.

A pesar de ello, la investigación demográfica en el país en torno a la fecundidad ha centrado su atención en el papel protagónico desempeñado por las mujeres en dicho declive, dejado un tanto de lado el análisis de la participación de los varones en ese cambio. Es común, desde esta perspectiva, señalar que en el proceso de transición de la fecundidad en el país han de distinguirse dos momentos. El primero de ellos se inició a principios de la década de los sesenta, siguiendo el modelo clásico,[1] ocurriendo la caída de la fecundidad primero en las ciudades y entre los grupos sociales más favorecidos de la estructura social, en años anteriores a la difusión de los programas nacionales de planificación familiar (Zavala de Cosío, 1992b).

Su origen tiene que ver con un cambio de actitudes y comportamientos respecto a la familia y la maternidad que fue adoptado inicialmente por un pequeño grupo de mujeres urbanas nacidas entre 1937 y 1941. Se trató de mujeres comparativamente más educadas que las de generaciones previas, cuya primera unión se inició algo más tarde.[2] Ellas

[1] El descenso de la mortalidad, al propiciar un aumento en la descendencia de las generaciones —debido, por una parte, a que una mayor proporción de hombres y mujeres alcanzan las edades reproductivas, y por otra parte, a que la proporción de uniones disueltas por el fallecimiento de uno de los cónyuges, es cada vez menor— fomentó también actitudes más favorables al control de la fecundidad.

[2] Las mujeres de las generaciones posteriores a 1937 retrasaron su edad a la primera unión, pues se casaron después de los 20 años. Este cambio en la edad

empezaron a controlar su descendencia a partir de los 30 años de edad y del nacimiento de su cuarto hijo (Tuirán, 1994).

El segundo momento se inició en 1974, y se señala que ocurrió a raíz del cambio en la política de población y del impulso otorgado por el gobierno mexicano a los programas de planificación familiar. El resultado fue que la fecundidad empezó a descender de manera acelerada, pues en unos cuantos años, entre 1976 y 1980, la tasa global de fecundidad descendió en poco más de 20%, pasando de 5.51 a 4.37 hijos por mujer. Durante la década de los años ochenta la fecundidad continuó disminuyendo, aunque a un ritmo más lento (Figueroa, 1992).

Entre 1976 y 1982 el vínculo cada vez más fuerte entre el hecho de casarse más tarde y de formar familias menos numerosas estuvo estrechamente asociado a un aumento importante de la práctica de métodos modernos de anticoncepción. Entre esos años, la práctica de dichos métodos entre las mujeres unidas pasó de 22 a 41%. En 1982, del total de mujeres entre 23 y 35 años de edad la mitad utilizaba algún tipo de método anticonceptivo moderno (Zavala de Cosío, 1992a).

No es extraño por ello que los resultados de diversas investigaciones en torno a la fecundidad en México coincidan en identificar a la utilización femenina de modernos métodos de control natal —en todos los grupos de edades y en todas las categorías sociales— como el factor causal más importante en su descenso.

Estas pautas demográficas han propiciado, desde luego, cambios en el número y tamaño de los hogares mexicanos. El total de hogares se ha incrementado rápidamente en las últimas seis décadas multiplicándose cinco veces, ya que si en 1930 había 3.6 millones de hogares, en 1960 había 4.8 millones, y para 1992 el país contaba con 18.2 millones de hogares. Cabe destacar que la gran mayoría de estas unidades domésticas —aproximadamente 95% del total— son de tipo familiar (CONAPO, 1995).

El tamaño promedio del hogar ha sufrido sin lugar a dudas importantes transformaciones, puesto que de 1940 a 1960 se incrementó debido a la prevalencia de pautas de fecundidad elevadas y a una disminución acelerada de la mortalidad. Sin embargo, esta tendencia se detuvo y se

---

a la primera unión, aunque limitado socialmente, se apreció como una señal de cambios profundos en los patrones reproductivos, en la condición femenina, en las mentalidades y en la sociedad (Zavala de Cosío, 1992b).

revirtió como resultado de la significativa disminución de la fecundidad, que propició una importante reducción del peso relativo de los hijos en la estructura familiar. Así, el tamaño promedio de los hogares mexicanos[3] disminuyó de 5.2 a 4.8 miembros entre 1970 y 1995 (CONAPO, 1997).

Aunque en México predominan los arreglos familiares nucleares con jefes varones y las uniones legales, la nupcialidad ha presentado algunos cambios entre los que destacan: el incremento de la soltería, sobre todo entre la población masculina, además de la elevación del número de uniones legales (matrimonio civil o civil y religioso) en detrimento de las uniones sólo religiosas y consensuales. La proporción de personas divorciadas y separadas ha aumentado notablemente, más entre las mujeres debido a que entre los varones existe una mayor propensión para conformar nuevas uniones. La edad a la primera unión se ha hecho un poco más tardía,[4] sobre todo entre las mujeres, haciendo que la diferencia de edad entre los cónyuges disminuya (Quilodrán, 2000).

En materia económica son notorias las transformaciones que la crisis y la reestructuración económicas han propiciado en la composición de la fuerza de trabajo mexicana. Los cambios más importantes se relacionan con la disminución en términos relativos del empleo asalariado y el incremento del empleo por cuenta propia; la pérdida de importancia de la mano de obra industrial y el renovado dinamismo de las actividades económicas de pequeña escala; la creciente participación femenina en el mercado de trabajo, vinculada a la necesidad de complementar los ingresos familiares y a otros fenómenos como la ampliación de la demanda en los servicios y el aumento de las oportunidades educativas (García, 1994). ·

La presencia de la mujer mexicana en la actividad económica remunerada se ha incrementado significativamente en las últimas dos décadas. Si en 1970, una de cada cinco mujeres de doce años y más era económicamente activa, esta relación se incrementó en 1993 a una de cada tres mujeres mexicanas. De acuerdo con datos de la Encuesta Na-

---

[3] Que por cierto en su mayoría —aproximadamente 70%— son de tipo nuclear, conformados por un núcleo familiar. Comprende los matrimonios sin hijos solteros, los matrimonios con hijos solteros, padres solos con hijos solteros y madres solas con hijos solteros.

[4] En 1990 la edad promedio al casarse entre las mujeres era de 22 años, mientras que para los hombres era de 24 años (Quilodrán, 2000).

cional de Ingresos y Gastos de los Hogares, en 1992 una de cada tres unidades domésticas del país recibía la aportación monetaria de una mujer, por lo menos. Y en uno de cada seis hogares la aportación monetaria principal provenía de un miembro familiar femenino, más aún, en uno de cada diez hogares una mujer era la única perceptora de ingresos monetarios (Salles y Tuirán, 1996).

Para los años ochenta se sabe que son las mujeres mayores de 25 años, las de menor escolaridad, las casadas y aquellas con hijos las que más han incrementado su participación económica. De tal suerte que mientras la inserción femenina en la actividad económica remunerada se ha incrementado significativamente, el modelo de organización familiar caracterizado por la presencia de un jefe varón como proveedor exclusivo del sustento familiar parece entrar en crisis (Oliveira, 1994).

La creciente participación de la mujer en la actividad económica puede llevar a dos situaciones familiares opuestas. Por un lado, puede incidir en la transformación de las relaciones entre hombres y mujeres posibilitando nuevas pautas de convivencia y creando espacios para la democratización de dichas relaciones, incrementando el trabajo doméstico compartido y propiciando un nuevo balance entre derechos y obligaciones. Pero, por otro lado, puede fortalecer la institucionalización de la doble jornada de trabajo femenina y la reproducción de los papeles masculino y femenino tradicionales (Salles y Tuirán, 1996).

Algunos investigadores han constatado que respecto a los roles masculino y femenino, tradicionalmente atribuidos en las relaciones de pareja, existe todavía en México la creencia compartida por hombres y mujeres de que los hijos deben ser atendidos en forma exclusiva por sus madres, así como la valoración del papel social de los hombres como proveedores de sus hogares, sobre todo entre la población de sectores populares en donde se da con más frecuencia un patrón caracterizado por una mayor autoridad del jefe varón (Oliveira, 1994).

De hecho, algunos estudios sugieren que a pesar de la creciente participación femenina en el mercado laboral y de los elevados niveles de pobreza entre amplios sectores de la población, las mujeres todavía enfrentan diversos obstáculos para salir a trabajar (García y Oliveira, 1994).

Se observa entonces que la participación laboral femenina no siempre ha estado acompañada de modificaciones en la división intrafamiliar del trabajo de manera que se empiece a generar una responsabilidad compartida de hombres y mujeres en la realización del trabajo doméstico y en la crianza de los hijos. No es extraño que la no correspondencia entre los derechos y las obligaciones de los diferentes miembros del hogar genere tensiones, conflictos y situaciones de violencia doméstica (Salles y Tuirán, 1996).

Sin embargo, a pesar de las fuertes resistencias al cambio en la vida familiar, también hay constataciones de ciertas transformaciones en las actitudes femeninas respecto al trabajo extradoméstico y a sus derechos en la relación de pareja, principalmente en las áreas urbanas y en los sectores sociales más privilegiados (Oliveira, 1994).

Al respecto, conviene señalar que ya se aprecian algunos cambios en las percepciones sobre la división sexual del trabajo entre la población mexicana, según lo reportado por la Encuesta Nacional de Valores de 1994. En esa época, casi la mitad de los entrevistados contestó que ambos miembros de la pareja deben hacerse cargo de limpiar la casa. Respuesta que fue más frecuente entre los jóvenes (generaciones nacidas después de 1960) y no muy compartida por las generaciones más antiguas (nacidas antes de 1935). Se observó también en esa encuesta una relación directa entre el nivel de ingreso y la proporción de personas en cada estrato que aceptan que ambos deben realizar labores domésticas. Y una tendencia en el mismo sentido, aunque más marcada, se observó con la variable educación, es decir, 79% de las personas con estudios universitarios estima que ambos deben limpiar la casa, mientras que sólo 22% de los que no tienen escolaridad alguna, respondió de forma similar (Salles y Tuirán, 1996).

Estamos obligados a reconocer que en el estudio de las pautas y los patrones de comportamiento de los individuos en la familia se hace necesario considerar la dimensión cultural que provee de contenido y sentido a los valores, las creencias y las percepciones que se manifiestan en diversos grados y formas de la vida cotidiana individual y familiar (Salles y Tuirán, 1996).

De todo lo expuesto anteriormente se puede observar que la investigación sobre fecundidad en México ha reportado fundamentalmente resultados de la participación femenina en su significativo descenso. Se sugiere que la importante disminución del número de hijos por mujer se ha debido principalmente al uso femenino de métodos anticonceptivos modernos, ignorando el papel desempeñado por los varones —que son parejas de las mujeres que han reducido su fecundidad— en los cambios en las decisiones reproductivas y de anticoncepción. Ello se debe, en buena medida, a la ausencia de los hombres como sujetos de la investigación demográfica sobre la fecundidad porque se considera que su comportamiento sexual y reproductivo es problemático para su estudio, no únicamente en lo que respecta a la recolección de información, sino también en términos teóricos y metodológicos (Greene y Biddlecom, 2000). Sin embargo, considero que si la demografía continúa dejando de lado el análisis de la participación masculina en las decisiones y procesos reproductivos, contribuye implícitamente, por una parte, a reforzar el supuesto de que las mujeres son las únicas protagonistas de dichas cuestiones y, por otra, a dejar ocultos los procesos de negociación y de ejercicio de poder implicados en las interacciones sexuales y reproductivas de hombres y mujeres. Por ello, creo necesario realizar esfuerzos teóricos y metodológicos para incorporar a los varones en la investigación demográfica sobre la fecundidad.

Por lo que toca a los estudios sociodemográficos sobre la familia en México, se constata que han tenido una cierta preferencia por enfocarse a dar cuenta de las transformaciones que en la vida de las mujeres —observadas en tanto madres, amas de casa, esposas y trabajadoras asalariadas o por cuenta propia— han propiciado los cambios en la fecundidad, el notable aumento de las oportunidades educativas, la expansión del mercado de trabajo asalariado y el consiguiente incremento de la participación femenina en la actividad económica.

Mi percepción es que en el ámbito sociodemográfico es todavía escasa la investigación sobre los efectos que estas importantes transformaciones han propiciado en la vida individual de los varones, así como en sus experiencias, preocupaciones cotidianas y percepciones respecto a su reproducción, su vida en familia y su actividad laboral.

Estas carencias en el conocimiento del desempeño masculino en las decisiones y prácticas reproductivas, así como en la vida doméstica constituyeron el motivo de la investigación que realicé desde una perspectiva sociodemográfica de tipo cualitativo y cuyos resultados presento en este libro.

La primera parte contiene dos capítulos en los que se desarrollan y comentan los elementos teóricos en los que se fundamenta este estudio. El primer capítulo da cuenta de los aportes teóricos de los estudios demográficos en torno a la participación de los varones en los procesos reproductivos provenientes de esfuerzos de investigación nacionales e internacionales desde distintas perspectivas, tales como las encuestas demográficas, los estudios microdemográficos y las investigaciones sociodemográficas realizadas desde el enfoque de la salud reproductiva. El capítulo segundo aborda los hallazgos más significativos provistos por los estudios sobre la presencia y participación masculina en la vida doméstica.

En la segunda parte se presentan los fundamentos metodológicos utilizados para la investigación, así como las preguntas que dieron pie a ésta, los objetivos que se pretendieron alcanzar y las hipóstesis que orientaron el estudio. Describo y justifico además la estrategia metodológica utilizada para recoger, sistematizar y analizar la información requerida para esta investigación.

En la tercera parte se exponen los resultados del análisis de la información proveniente de las entrevistas en profundidad. Consideré apropiado separar en dos capítulos el abundante material que resultó de dicho trabajo analítico, cada uno de los cuales hace referencia a la presencia masculina en dos ámbitos de la vida familiar. Por una parte, las cuestiones reproductivas y, por otra, los asuntos propiamente domésticos. Así, en el primer capítulo sistematizo los hallazgos del estudio respecto a las percepciones de los varones en torno a la regulación de su fecundidad, a la interacción establecida con sus cónyuges para tomar las decisiones reproductivas y definir el tamaño de sus descendencias, así como a sus vivencias y participación durante los embarazos, partos y pospartos de sus compañeras. En tanto que en el segundo capítulo presento los resultados del análisis relativo al desempeño de los padres en algunas áreas fundamentales de la vida doméstica, como son la crianza y el cuidado de los hijos, el trabajo doméstico, la manutención del hogar y el ejercicio de la autoridad familiar.

Concluyo este libro con algunas reflexiones sobre los hallazgos más importantes de la investigación que se exponen en las consideraciones finales.

PRIMERA PARTE

I. LOS VARONES EN LA INVESTIGACIÓN DEMOGRÁFICA EN TORNO A LA REPRODUCCIÓN

Este capítulo es un intento de ofrecer una visión panorámica de los resultados más significativos en la investigación demográfica, en los niveles internacional y nacional, respecto al desempeño masculino en materia reproductiva, y que aportan importantes fundamentos teóricos y analíticos para el estudio realizado.

Se da inicio con la revisión de los hallazgos más importantes conseguidos por investigaciones demográficas pioneras que intentaron incorporar a los varones en el estudio de la fecundidad. Enseguida se revisan las ideas más importantes del acercamiento microdemográfico que ha ofrecido valiosas propuestas teórico-metodológicas para el conocimiento de los condicionamientos sociales, culturales y familiares que se encuentran detrás de las decisiones y los procesos reproductivos de las personas. Posteriormente se recuperan los planteamientos provenientes de la perspectiva de salud reproductiva para estudiar los procesos reproductivos y la presencia de los varones en los mismos.

El objetivo en este capítulo es ir construyendo las herramientas conceptuales que sirvieron de guía al proceso de investigación y que al mismo tiempo ayudaron a construir el objeto de estudio.

RESISTENCIAS PARA INCORPORAR A LOS VARONES EN LOS ESTUDIOS DEMOGRÁFICOS SOBRE LA FECUNDIDAD

La demografía surgió como un sistema para contar nacimientos, muertes, migraciones y otros eventos poblacionales. A partir de estas estimaciones se ha tratado de describir y comparar estructuras y dinámicas poblacionales. Sin embargo, la mayoría de las variables y teorías explicativas de los eventos demográficos están basadas en supuestos provenientes de las ciencias sociales que aún permanecen sin ser cuestionados, a pesar de que gran parte de ellos se conformaron a partir de las normas sociales de la familia occidental, propias de los tiempos en los que el campo demográfico se desarrolló, ignorando las diferencias estructurales y culturales de las familias.

Este modelo de familia establecía claramente una asignación de papeles familiares complementarios para hombres y mujeres. Los asuntos relacionados con la reproducción eran de exclusiva competencia femenina, por lo cual se acepta que las mujeres[1] constituyen la fuente de información exclusiva y adecuada para recolectar los datos relacionados con la fecundidad de las parejas. Se asume además la consonancia entre los intereses de los hombres y de las mujeres al interior de las parejas matrimoniales, negando la existencia de conflictos y negociaciones, es decir, las relaciones de poder al interior de la pareja, y suponiendo que la decisión de uno de los cónyuges es equivalente a la decisión de ambos. Estos supuestos aceptados y generalizados en la investigación impiden observar que el modelo occidental de familia y de procreación y crianza de los hijos es inapropiado para muchos contextos no occidentales, incluso para el propio Occidente (Greene y Biddlecom, 2000).

Así, aunque los procesos reproductivos atañen a ambos miembros de la pareja, el análisis demográfico sobre la fecundidad tradicionalmente ha centrado su análisis en la experiencia vivida y declarada por las mujeres, ignorando la presencia masculina en dichos procesos (Watkins, 1993).

Para justificar esta exclusión se ha esgrimido una amplia gama de razones de tipo metodológico y técnico, como lo señalan Greene y Biddlecom (2000):

a) Que el periodo reproductivo masculino no está tan claramente definido como el femenino.

b) Que es más fácil entrevistar a las mujeres debido a que ellas están generalmente en casa, puesto que se asume que ellas solamente se dedican a las tareas del hogar, a diferencia de los varones quienes, en tanto proveedores del sustento familiar, se encuentran casi siempre trabajando fuera del ámbito doméstico.

---

[1] Porque puede pensarse que las madres recuerdan los eventos tales como los embarazos, las pérdidas por abortos y las muertes infantiles más claramente que los padres.

c) En caso de que los hijos no vivan con ambos padres a causa de alguna separación o divorcio, es más probable que permanezcan viviendo con sus madres que con sus padres.

d) Que los hombres difícilmente pueden aportar datos confiables y precisos acerca de su fecundidad y descendencia porque su comportamiento reproductivo es diferente al femenino.

e) Debido a la complejidad metodológica que implicaría incorporar la información de ambos miembros de la pareja en un modelo estadístico y demográfico para explicar la fecundidad.

LA PRESENCIA DE LOS VARONES EN ESTUDIOS PIONEROS SOBRE FECUNDIDAD

A pesar de los prejuicios existentes en torno a la posibilidad de realizar estimaciones en la fecundidad masculina, es importante dar cuenta de los escasos esfuerzos que han intentado estimarla e incluso ir más allá, tratando de analizar la presencia masculina en las decisiones reproductivas, como veremos a continuación.

Investigaciones demográficas pioneras sobre la fecundidad masculina

Durante los años cuarenta en Estados Unidos, el interés en la posibilidad de que siguiera disminuyendo la fecundidad dio lugar a un gran número de estudios acerca del tema, particularmente en torno a la fecundidad no deseada y a sus diferencias por clase social, pues se temía que dichas diferencias hicieran disminuir los niveles de inteligencia de la población estadunidense (Presser, 2000). El interés por conocer los diferenciales sociales[2] en la fecundidad condujo a varios demógrafos estadunidenses, entre ellos Tietze (1943), a estimar a partir de la Encuesta Nacional de Salud de Estados Unidos de 1935-1936 algunas mediciones sobre la fecundidad masculina de la población blanca y urbana de su país por clases ocupacionales, tales como las tasas de paternidad nupcial

---

[2] La clase social en ese tiempo estaba estrechamente relacionada con la ocupación de los padres, en tanto proveedores de sus hogares, y no tanto con la de las madres, quienes en su gran mayoría todavía eran amas de casa.

y general, además de tasas específicas de paternidad y tasas de paternidad brutas y netas.[3]

Con propósitos muy diferentes, en la década de los cincuenta y en el ámbito latinoamericano, se realizaron invaluables esfuerzos por analizar el papel que hombres y mujeres estaban desempeñando en el descenso de la fecundidad. Un ejemplo de ello es el estudio llevado a cabo por un equipo de investigadores encabezado por J. Mayone Stycos (1958) en Puerto Rico. La investigación estuvo sustentada en la aplicación de una encuesta sociodemográfica y en la realización de 72 amplias entrevistas a varones casados y sus esposas pertenecientes a la clase con ingresos más bajos, tanto en áreas rurales como urbanas.

Esta investigación tuvo como objetivo fundamental profundizar en el estudio de las actitudes y descubrir la existencia de elementos más profundos en el mundo de las motivaciones para tratar de comprender las creencias y las prácticas relacionadas con la fecundidad de las familias puertorriqueñas.

Entre los hallazgos y aportes más importantes de esta investigación se encuentra el poner al descubierto la incomunicación que existía entre los cónyuges para discutir los asuntos relacionados con su propia sexualidad, con el número ideal de hijos a tener y con los métodos anticonceptivos a usar para regular la fecundidad marital.

Los resultados del estudio apuntaron hacia el señalamiento de al menos tres aspectos de la vida conyugal, tales como las relaciones sexuales, las prácticas subrepticias de control natal y la actitud frente al uso de métodos anticonceptivos, que contribuían a que la fecundidad registrara descensos pero no tan significativos como los esperados.

Por una parte, el hecho de que para las mujeres entrevistadas las relaciones sexuales fueran vividas sin placer —como una obligación frente

---

[3] Las tasas de paternidad nupcial se calcularon para hombres casados menores de 55 años de edad y las tasas de paternidad general se calcularon para hombres con edades entre 20 y 54 años de edad sin considerar su estado marital. Las tasas de paternidad nupcial y general equivalen a las tradicionales tasas de fecundidad nupcial y general, calculadas para las mujeres. En tanto que las tasas de paternidad brutas y netas corresponden a las tasas brutas y netas de reproducción comúnmente utilizadas en el análisis demográfico de fecundidad, con la diferencia de que indican el promedio de hijos varones por hombre en lugar de hijas por mujer (Tietze, 1943).

a las exigencias de sus esposos y ante la sospecha de infidelidad femenina si no accedían a complacerlos sexualmente— influía en que los niveles de la fecundidad entre estas familias no hubieran descendido significativamente. Y por otra parte, el deseo manifiesto por hombres y mujeres entrevistados de tener una familia pequeña —con menos de cuatro hijos— ante las carencias económicas y materiales que experimentaban, no se reflejaba en la fecundidad real, puesto que ningún miembro de la pareja osaba comunicárselo al otro. Por ello se recurría a prácticas tales como la negativa de la mujer a tener relaciones sexuales, la continencia sexual o la infidelidad masculina con conocimiento y velada aceptación de la mujer. Dichas prácticas no eran discutidas por los cónyuges, antes bien, su utilización propició muchos conflictos en las parejas así como el fracaso en la intención de reducir el tamaño de la familia.

Se encontró que el abierto rechazo de los varones a la utilización de algún método anticonceptivo, porque constituía otro motivo de sospecha respecto a la fidelidad femenina y porque se asociaba el uso del condón con el contacto sexual con prostitutas, contribuyó de manera importante a que el tamaño de estas familias no se redujera de acuerdo con los propios deseos de los cónyuges (Stycos, 1958).

Se abordó así mismo el estudio de otros aspectos relacionados con el valor que en ese tiempo se asignaba a los hijos y su influencia en las decisiones reproductivas de las parejas pobres de Puerto Rico. Se detectó que si bien los varones necesitaban demostrar su virilidad y hombría al hacer todo lo posible por tener a su primer hijo —preferentemente varón— inmediatamente después de realizado el matrimonio, su demostración de "machismo" ya no pasaba por tener el mayor número de hijos que pudieran. Ello porque los puertorriqueños entrevistados en ese tiempo manifestaron que los hijos ya no representaban para los padres una inversión, pues implicaban más gastos para su manutención que sustento en la vejez (Stycos, 1958).

Estos resultados constituyen un valioso antecedente en el estudio de la participación masculina en la reproducción porque en ellos se refleja la intención de analizar de manera relacional tres aspectos fundamentales: el ejercicio de la sexualidad, vivido de manera diferencial por hombres y mujeres; la fecundidad y su control, entendidos de distinta manera por hombres y mujeres; y el valor asignado por los padres a los hijos, respecto al cual parecía existir coincidencia en las opiniones masculinas y femeninas.

A pesar de los alcances de esta línea de investigación en la demografía, han sido pocos los esfuerzos por continuarla.

Los esfuerzos desde la perspectiva microdemográfica

Después de los años cincuenta la fecundidad en América Latina y en algunas partes de Asia registró descensos impresionantes, no así en África donde todavía persisten elevadas tasas de fecundidad a pesar de los múltiples esfuerzos que se han desplegado por hacer llegar a su población una amplia oferta de modernos métodos anticonceptivos.

Esta situación ha llevado a algunos demógrafos, como John Caldwell (1982), a cuestionar la pertinencia explicativa de la teoría demográfica por excelencia: la teoría de la transición demográfica. Esta teoría, en su empeño por simplificar y unificar la explicación del cambio demográfico —particularmente el relacionado con el descenso de la fecundidad— en aras de su predicción hacia el futuro pierde de vista las particularidades sociales y culturales que rigen los comportamientos demográficos de las poblaciones.

Por ello, y ante las limitaciones de las fuentes de información preferentemente utilizadas por la demografía, como son las encuestas de fecundidad aplicadas a la población femenina, algunos demógrafos han puesto su atención en los acercamientos metodológicos utilizados por la antropología en lo que se ha dado en llamar la aproximación microdemográfica.

El uso de este acercamiento ha probado ser de gran utilidad, particularmente para comprender la relación entre las percepciones valorativas y las prácticas sociales asociadas al cambio demográfico. Esta nueva manera de hacer demografía emplea de forma conjunta datos cuantitativos y cualitativos provenientes de estudios etnográficos que se interesan por analizar los condicionantes sociales y culturales que están detrás de los comportamientos demográficos de hombres y mujeres.

Caldwell (1982) ha sido un tenaz crítico del enfoque tradicional de la investigación demográfica en torno a los procesos reproductivos que generalmente recurre a la entrevista de las mujeres, esposas de los jefes del hogar, para conocer su experiencia y opiniones sobre su fecundidad. En su opinión, pocos investigadores se han preocupado por conocer el papel decisivo que las familias y los linajes del varón y de la esposa juegan en el proceso de toma de decisiones en la reproducción, como sucede en el caso africano. Hay que intentar explicar el intrincado sistema de decisiones y obligaciones que rebasa a la familia nuclear o al grupo de residencia.

Por ello afirma que si se quiere comprender los procesos de toma de decisiones en torno a la reproducción es necesario estudiar detenidamente el funcionamiento económico y social de la dinámica familiar, ya que son las relaciones familiares (de producción y de reproducción) las que determinan los procesos de toma de decisiones demográficas. Al respecto destaca que los miembros de la familia africana disfrutan de diferentes ventajas (sociales y materiales) de acuerdo con su posición en la estructura familiar. La dirección y la magnitud de los flujos intergeneracionales de riqueza determinan quiénes son los depositarios de las ventajas materiales. Por lo general son los miembros de las generaciones más antiguas: el padre, el padre y la madre o los abuelos.

En África, de acuerdo con Caldwell (1982), el poder económico casi siempre significa el ejercicio del poder en las decisiones demográficas, puesto que son los depositarios de las ventajas materiales quienes deciden sobre el matrimonio de los hijos, la edad a la que debe ocurrir, si la fecundidad puede o no ser controlada, e influyen incluso en el nivel de la actividad sexual de las parejas jóvenes.

A la preeminencia en las ventajas materiales para los más viejos y/o varones en las familias africanas (extensas) se suman el poder, el acceso a servicios y el control sobre el trabajo de los demás. Esta diferencia en privilegios y derechos es aceptada por los demás miembros de la familia: las mujeres y los hijos. En este sentido es importante destacar que las ventajas materiales y de poder para los mayores y los varones podrían disminuir y estar en peligro si se limitara la fecundidad con familias más pequeñas, pues la base de la pirámide poblacional familiar se estrecharía. Por ello, los depositarios de las ventajas prefieren que las familias sean grandes ya que se facilita la división del trabajo, la especialización y la posibilidad de utilizar la migración de algunos hijos para conseguir recursos (Caldwell, 1982).

En este análisis del contexto africano, el papel de los hijos es fundamental puesto que ellos realizan desde pequeños buena parte del trabajo de sus padres, además de que para el jefe de familia una descendencia numerosa significa la posibilidad de incrementar su prestigio y el poder político de su familia. Implica también asegurar la sobrevivencia de su linaje —y por tanto del nombre de la familia— así como la responsabilidad de los jóvenes sucesores respecto a las contribuciones familiares en las festividades de la comunidad y de las ceremonias familiares, tales como los matrimonios, funerales y el nacimiento de nuevos miembros de la familia. Pero lo más importante es que los hijos serán los encargados del cuidado de sus padres cuando sean viejos.

Además de todas estas ventajas que los hijos aportan a sus padres existen en ese contexto cultural dos factores adicionales que para Caldwell (1982) es necesario distinguir. Uno de ellos es que mientras más hijos se tengan, más se incrementa la posibilidad de ampliar mediante el matrimonio la parentela y con ello el prestigio en la comunidad. Y otro, que los padres invierten en el entrenamiento y en la educación de sus hijos con el objetivo de incrementar los beneficios que recibirán de la posición privilegiada, en términos profesionales y de ingreso, que los hijos exitosos alcancen en el futuro, siempre y cuando se mantenga la dirección de los flujos intergeneracionales de riqueza y el flujo neto sea de los hijos hacia los padres. Por ello, los hijos con educación significan para sus padres beneficios materiales y económicos, además de beneficios sociales al incrementar su estatus y prestigio en la comunidad.

En este orden social africano descrito por Caldwell queda claro que al jefe de la familia —en tanto beneficiario directo (social y económicamente) de los flujos intergeneracionales de riqueza— le interesa que la fecundidad se mantenga elevada y por ello no controlada. Su prestigio y su poder económico, mientras aseguren la supervivencia y la reproducción de su linaje, están estrechamente relacionados con el mayor número de esposas (poligamia) y con el mayor número de hijos.

La transformación de este régimen económico y demográfico sólo puede ocurrir cuando se invierte el sentido de los flujos intergeneracionales de riqueza y el flujo neto es de los padres hacia los hijos, con lo cual una elevada fecundidad no resulta conveniente. Estos son precisamente los hallazgos de la investigación en el sur de la India (Caldwell, Reddy y Caldwell, 1982), en donde Caldwell encontró importantes explicaciones del cambio demográfico a partir de la interacción de tres factores fundamentales:

a) La enorme influencia que las transformaciones económicas, sociales y culturales han tenido sobre los comportamientos de las familias, de las parejas y de los individuos. Estos cambios se reflejan en la creciente monetarización de la economía, el creciente costo de los hijos, la elevación del nivel educativo y su masificación, así como la cesión de las generaciones más viejas en favor de los jóvenes de ciertos espacios de poder en la toma de decisiones que atañen a la pareja de casados, tales como la reproducción. Elementos que han tenido un impacto determinante en las relaciones familiares en el sur de la India y que están propiciando su transformación (Caldwell, Reddy y Caldwell, 1982).

Los hallazgos de estos investigadores indican que si antes los padres administraban el patrimonio familiar mediante el control de los matrimonios de sus hijos, ahora lo hacen cada vez más a través de la educación de sus hijos, a quienes motivan para que estudien y consigan mejores empleos en la ciudad, ampliando así sus posibilidades de retribución. La disyuntiva que enfrentan los padres en el sur de la India se caracteriza entonces por elegir entre tener un número ilimitado de hijos con bajo nivel educativo o tener un número limitado de hijos con un alto nivel educativo y amplias posibilidades de conseguir un buen empleo en el ámbito urbano.

b) Los cambios institucionales reflejados en la masificación de la educación y en la intensificación de los servicios de salud y de planificación familiar gubernamentales, que es traducida como una intromisión del Estado en la vida privada de las familias mediante la insistencia de los trabajadores de la salud para promover la esterilización. Estos factores están contrabalanceando la influencia de los varones y de los mayores en las decisiones reproductivas al interior de las familias del sur de la India (Caldwell, Reddy y Caldwell, 1982).

c) La transformación de las relaciones intergeneracionales, tanto en el nivel de la comunidad como al interior de las familias, a partir de la cual las viejas generaciones empiezan a abdicar en favor de sus hijos respecto a la toma de decisiones, al ejercicio del poder y al control de ciertos comportamientos (entre ellos el reproductivo) que antes estaban regulados por estrictas normas morales y religiosas. En este contexto histórico y cultural del sur de la India, estos cambios en la relación entre generaciones también están propiciando modificaciones en la relación de género entre los esposos, trayendo consigo profundas implicaciones demográficas (Caldwell, Reddy y Caldwell, 1982).

El acercamiento microdemográfico en México

La investigación microdemográfica también ha dado frutos en México, pues Lerner y Quesnel (1994) han hecho importantes aportaciones en el estudio de la fecundidad en algunas zonas rurales del país. En su opinión, para comprender las transformaciones en las decisiones reproductivas de las personas y de las parejas no basta con imputarle a la extensión de la práctica anticonceptiva el descenso en la fecundidad. Antes bien, proponen la necesidad de considerar cuestiones como:

a) El conjunto de estrategias de la población y de los grupos domésticos en la organización y reproducción de sus unidades de producción.

b) La influencia de factores culturales e ideológicos, así como de ámbitos (institucionales) de intervención en la regulación de la fecundidad.

c) Las distintas temporalidades con las que inciden dichas estrategias, factores e instancias sobre el comportamiento reproductivo.

Estas propuestas llevan a estos investigadores a considerar a la familia como microcontexto pertinente para comprender los comportamientos reproductivos. En este ámbito microsocial y, específicamente, en el área rural mexicana se han reflejado las transformaciones ocurridas en la economía nacional, modificando las prácticas habituales de organización doméstica. La integración de un número cada vez mayor de miembros de la familia campesina a nuevos espacios de socialización en otros ámbitos ha propiciado una redefinición del involucramiento personal y de los papeles en la reproducción familiar producto de la diversificación de trayectorias personales.

Para Lerner y Quesnel (1994) la menor participación directa de la mano de obra familiar en la producción agrícola tiene dos consecuencias relacionadas con el comportamiento reproductivo: la percepción de diferentes o nuevos costos en relación con los hijos —en educación y crianza—, así como el surgimiento de nuevas trayectorias al interior de la familia, puesto que los hijos varones dejan de contribuir en las actividades económicas de los padres para asistir a la escuela o para involucrarse en actividades económicas fuera de la unidad familiar, en tanto que las hijas en edades jóvenes continúan ayudando a las madres hasta el momento en que también se emplean en actividades externas o se casan. Esta diversidad de trayectorias conduce a la emergencia de ideales diferentes respecto a la reproducción y, por tanto, al tamaño de la familia.

La mayor valorización de la educación de los hijos conduce a la familia a asumir nuevos y mayores costos sin recibir los beneficios de la fuerza de trabajo de sus hijos, alterando así la representación valorativa de la pareja con respecto a los hijos en un corto plazo. Y a largo plazo, pese a que persiste la expectativa de ayuda por parte de los hijos durante la vejez, ésta es cada vez menor entre los padres más pauperizados. Esta sustancial transición representa un momento de cambio y de incertidumbre en cuanto al significado y valorización de una descendencia grande entre las parejas campesinas (Lerner y Quesnel, 1994; Zúñiga y Hernández, 1994; Núñez, 2000).

Las percepciones negativas prevalecientes entre el campesinado mexicano respecto a las condiciones socioeconómicas adversas que enfrenta para sobrevivir, aunadas al incremento en los costos de crianza de los hijos, encuentran su correlato en el número ideal de hijos: para los jefes hombres se constata una estrecha relación entre un menor número ideal de hijos y una actitud más favorable hacia las familias pequeñas, lo que resulta sorprendente ante el supuesto tradicionalismo de los hombres campesinos respecto del tamaño de familia. En cambio, para las mujeres la situación resulta ambivalente dada la persistencia de una fuerte valorización femenina de la maternidad y de la relación más afectiva que establecen con sus hijos. Éstos pueden ser algunos elementos que explicarían los diferenciales entre los ideales y el tamaño de la descendencia real entre las parejas (Lerner y Quesnel, 1994).

Así, en las condiciones existentes en el campo mexicano parecen haber surgido nuevas representaciones en cuanto al tamaño de la procreación, puesto que las parejas campesinas ya no consideran que una descendencia numerosa sea necesaria para la organización de la producción de sus unidades, ni que la ayuda de los hijos en etapas futuras sea un apoyo para su supervivencia (Lerner y Quesnel, 1994; Zúñiga y Hernández, 1994). Éste es el contexto en el que ya existen las condiciones adecuadas para modificar la práctica reproductiva y desde el cual puede entonces analizarse la intervención del Estado y sus instituciones de salud, no sólo en las prácticas reproductivas y de anticoncepción sino también como ámbito de socialización y de difusión de normas y hábitos de procreación (Lerner, Quesnel y Yanes, 1996).

Si ésta es la situación que priva en el ámbito rural mexicano, es de esperar que en las áreas urbanas las modificaciones en el valor que los hijos adquieren para sus padres se hayan exacerbado desde hace tiempo a raíz de los profundos procesos de urbanización, modernización e industrialización llevados a cabo desde mediados del siglo xx. Por ello, teniendo en cuenta estos significativos cambios en el orden demográfico mexicano, Gutmann (1993 y 1996) señala que la transición de la fecundidad mexicana está indudablemente relacionada con los significados y las prácticas de la maternidad y de la paternidad, así como con las identidades de género. De tal suerte que los cambios relacionados con las mujeres —y que se hacen explícitos en más bajas tasas de natalidad— están implicando necesariamente reevaluaciones y cambios entre los varones.

UN CRECIENTE INTERÉS EN LOS AÑOS NOVENTA POR EL ESTUDIO DEL PAPEL DE LOS VARONES EN LA REPRODUCCIÓN

A pesar de la existencia de las barreras mencionadas, es importante destacar que a partir de los años noventa se ha despertado un creciente interés en la investigación demográfica por conocer los roles que los varones tienen en la reproducción. Entre los diversos factores que han tenido que ver con este fenómeno pueden distinguirse algunos (Greene y Biddlecom, 2000):

• La influencia del pensamiento feminista que llamó la atención sobre aspectos no estudiados por los demógrafos debido a su falta de disposición ideológica, tales como el estudio de las relaciones de género y de las relaciones de poder asociadas a los procesos reproductivos.

• El movimiento de las mujeres por la salud que ha dirigido mayor atención demográfica a los varones, que tuvo especial influencia en 1994 en la Conferencia Internacional sobre Población y Desarrollo de El Cairo al cambiar el foco de interés de los programas de planificación familiar e impulsar el enfoque de salud reproductiva. Una de las propuestas más importantes expresada en el programa de acción de dicha Conferencia fue que se necesita realizar esfuerzos para propiciar una responsabilidad compartida de los varones y promover que se involucren de una manera más activa en una paternidad responsable y un comportamiento sexual y reproductivo también responsable.

• El fracaso de la teoría clásica de la transición demográfica para explicar el cambio en la fecundidad en diversos contextos sociales y culturales, que en la práctica ayudó a justificar el apoyo financiero dado a la investigación orientada al control de la fecundidad femenina. Su debilidad para explicar las diversidades demográficas y la supuesta relación entre disminución de la fecundidad y desarrollo quedó evidenciada, por lo que surgieron nuevos estudios que se centraron en el análisis de los papeles reproductivos de hombres y mujeres en distintos contextos culturales.

• Los recientes desarrollos metodológicos que han enfocado su interés en los varones y en las relaciones sociales entre hombres y mujeres. Con ese interés han sido desarrollados modelos analíticos en la economía, la antropología y la sociología que con éxito han logrado acompasar a más de un actor. Estos modelos explicativos han incorporado nuevas variables relacionadas con el conflicto, la negociación y el poder. Al respecto hay que hacer notar otro desarrollo metodológico novedoso en el que se han hecho esfuerzos por combinar los datos cuantitativos y los etnográficos, a fin de estudiar a fondo los diversos aspectos sociales de la fecundidad y ampliar nuestra comprensión de los mecanismos sociales detrás de los fenómenos demográficos. Lo que ha traído como consecuencia una expansión de las unidades de análisis para considerar, además de los individuos, a las parejas y las familias.

A partir de estas importantes propuestas y preocupaciones que intentan recuperar la experiencia masculina en la reproducción, la investigación al respecto se desarrolló en dos direcciones muy diferentes entre sí. Por un lado, se encuentra la investigación orientada a hallar las formas en las que podrían eliminarse los obstáculos que los varones representan, a fin de garantizar una participación más favorable para las mujeres. Y por otro lado, están aquellos esfuerzos que incorporan a los varones pero a partir de una interpretación más amplia de la reproducción en tanto proceso que se desarrolla dentro de un ámbito más extenso, el de la sexualidad. Lo que obliga a considerar las relaciones de poder subyacentes en ella, además de contemplar diversos procesos de negociación que tienen que ver con el uso de anticoncepción, con la determinación del tamaño de la descendencia y con la crianza de los hijos.

La primera lectura ha llevado a desarrollar una investigación orientada a demostrar que la distancia que los varones tienen respecto a la maternidad y la crianza de los hijos, les lleva a constituirse en un problema para las mujeres en cuanto a su fecundidad y un obstáculo al ejercicio de los derechos femeninos sobre sus preferencias reproductivas, que se supone se encaminan a la reducción del tamaño de sus descendencias.

De tal suerte que al considerar a los varones más como accesorios de las mujeres que como objetos (sujetos) de estudio en sí mismos, este tipo de estudios, lejos de contribuir a entender la presencia masculina en los procesos reproductivos y la interacción al interior de la pareja, ha colaborado al establecimiento de estereotipos del comportamiento sexual y reproductivo de los varones, al tiempo que sigue enfatizando a la mujer como la unidad básica de reproducción y continúa enfocando su preocupación en la reducción de su fecundidad. Ejemplo de ello es el conjunto de estudios que conformaron el Programa Mundial de Encuestas Demográficas y de Salud llevados a cabo en diversos países en desarrollo (Figueroa y Rojas, 2002).

La segunda lectura ha planteado la necesidad de analizar la relación entre reproducción y salud, y para estudiar esta vinculación se propone utilizar la perspectiva de género como opción teórica, metodológica y práctica, puesto que obliga al análisis relacional de la reproducción. El análisis de la reproducción a partir de esta perspectiva implica considerar al ámbito de la sexualidad como el espacio en el cual se construyen los procesos y decisiones reproductivas.

El enfoque de las Encuestas Demográficas y de Salud
(Demographic and Healt Surveys)

En las dos últimas décadas del siglo XX se incrementaron sustancialmente los estudios y las encuestas a gran escala que buscaban recoger datos de hombres y de mujeres respecto a su fecundidad. Ejemplo de ello son las más de 50 encuestas llevadas a cabo por el Programa Mundial de Encuestas Demográficas y de Salud (DHS por sus siglas en inglés), sobre todo en África subsahariana y en algunos países de Asia. Sin embargo, a pesar de que este esfuerzo ha contribuido a la estimación de la fecundidad masculina y que ha aportado conocimiento sobre algunas variables relacionadas con las actitudes y comportamientos reproductivos de los varones, hay que señalar que su aproximación analítica se encuentra definida por una orientación problemática *(a problem-oriented approach)* respecto al papel desempeñado por los varones en las cuestiones reproductivas. Se considera que los hombres son de interés para la investigación demográfica en materia de fecundidad en tanto se analice la manera como obstaculizan o se oponen a los deseos de la mujer de planificar la familia. Al hacerlo se contribuye a conformar y generalizar mitos alrededor de la participación masculina en la reproducción.

Al respecto, Greene y Biddlecom (2000) revisan los prejuicios más generalizados respecto a los varones y que han contribuido a oscurecer la comprensión del proceso reproductivo. Entre los más importantes destacan los siguientes:

a) Con frecuencia se asume que los hombres no están bien informados acerca de la anticoncepción, de las características de los diversos métodos en particular, ni del ciclo reproductivo femenino. En contra de esta aseveración, estas investigadoras señalan que existen datos provenientes de investigaciones realizadas en diversos países que demuestran que los hombres están tan enterados como las mujeres de los diversos métodos anticonceptivos, e incluso se han detectado elevados niveles de aprobación masculina para usar anticonceptivos. Un ejemplo de ello son los resultados de una investigación llevada a cabo en Filipinas (Biddlecom, Casterline y Perez, 1996), que mostraron que los hombres filipinos tienen una extensa y bien desarrollada percepción acerca de la planificación familiar y, particularmente, de los atributos de los diversos métodos anticonceptivos.

La existencia de una enorme variedad de procesos de toma de decisiones en torno a la anticoncepción al interior de las parejas, hace necesario que la investigación recupere las especificidades, analizando el grado de comunicación que existe entre los miembros de la pareja para discutir la posibilidad de regular su fecundidad, los niveles de desacuerdo entre ambos vinculados al tipo de relación que tienen, por ejemplo, si es muy inequitativa y prevalece la autoridad masculina o si existen espacios de discusión y conversación respecto a las cuestiones reproductivas (Biddlecom, Casterline y Perez, 1996).

b) Muchas veces se da por hecho que los hombres no son responsables del control de la fecundidad. Sin embargo, de acuerdo con resultados de algunas encuestas DHS, existen reportes de altas tasas de uso de algún método anticonceptivo declaradas por los varones, a veces mayores que las registradas para mujeres casadas.

Es cierto que hay muchos estudios en torno a la aceptación y rechazo masculinos a la vasectomía o al uso del condón como medidas anticonceptivas y de prevención de infecciones, pero al hacer énfasis en el estudio de estos dos métodos se resta importancia al análisis del uso de métodos tradicionales tales como el retiro o la abstinencia, todavía muy extendidos en diversos países.

c) Es común la idea de que los hombres constituyen una barrera para el uso de anticonceptivos femeninos. Por ello, al estudiar el desacuerdo entre los cónyuges en el uso de algún método, generalmente se hace énfasis en los casos en que el varón es el que no quiere emplear la anticoncepción y pocas veces se analiza el caso contrario, cuando es la mujer quien se opone a los deseos de su compañero para usar algún método anticonceptivo o, más aún, cuando los hombres son quienes se resisten al deseo de sus compañeras de querer tener más hijos. De cualquier manera, aunque el varón tenga una predominancia en la toma de decisiones anticonceptivas, o aunque él se oponga al uso de anticoncepción, ello no necesariamente evita que las mujeres usen anticoncepción, ya que con frecuencia ellas usan algún método de control natal con el desconocimiento de sus cónyuges.

d) Es frecuente que se parta del supuesto de que los hombres son más pronatalistas que las mujeres, ya sea porque ellos no enfrentan los costos físicos de embarazos repetidos o porque prefieren tener hijos varones. Sin embargo, existen evidencias provenientes de los resultados de algunas DHS aplicadas a hombres en diversos países en desarrollo y de otras investigaciones que muestran que las preferencias reproductivas de los varones son muy semejantes a las de las mujeres. Pero, aun en los casos en que existan diferencias, ello no implica necesariamente que los varones sean por definición más pronatalistas que las mujeres. Hay que tener en cuenta, de cualquier manera, aquellos casos —muy frecuentes en contextos culturales específicos de algunos países en desarrollo— en que las preferencias reproductivas de los varones estén más asociadas al deseo de tener hijos varones, sobre todo si se trata del primogénito, que al deseo de tener descendencias numerosas.

Por ello, parece necesario poner mayor atención en el análisis de la existencia o inexistencia de desacuerdos entre los cónyuges en los asuntos reproductivos, porque tales desacuerdos pueden deberse más a una falta de comunicación en la pareja que a una clara oposición a los deseos del otro cónyuge por limitar o ampliar el tamaño de la familia. Es frecuente encontrar en la investigación que los cónyuges nunca han discutido entre ellos sus deseos reproductivos. Al respecto, es importante señalar que se ha encontrado que cuando la comunicación es buena entre los cónyuges y se conversa del tema, se incrementa la participación masculina en la práctica anticonceptiva (Greene y Biddlecom, 2000).

De la revisión hecha a algunos de los mitos más frecuentes en las investigaciones del papel masculino en la reproducción se hace necesario plantear el estudio de tres áreas de la relación conyugal que contribuirían de manera sustancial a la comprensión de los procesos y de los resultados reproductivos de las parejas:

a) Las diferencias en las preferencias reproductivas de hombres y mujeres.

b) El nivel de comunicación existente entre los cónyuges.

c) El proceso de toma de decisiones reproductivas y de anticoncepción al interior de la pareja.

A partir de lo expuesto queda establecida la necesidad de plantear otra forma para acercarse al conocimiento del proceso reproductivo de las parejas que evite la estigmatización de cualquiera de sus protagonistas, de manera que la investigación no se dirija a comprobar a toda costa los supuestos de los que se parte, sino a entender con toda su complejidad las interacciones entre hombres y mujeres al momento que deciden reproducirse, controlar su reproducción, espaciar los nacimientos de sus hijos, e incluso entender por qué en algunos casos ni siquiera existen estos espacios de decisión (Figueroa y Rojas, 2002).

Éstas son algunas de las preocupaciones más importantes expresadas por los estudiosos de la salud reproductiva, quienes han señalado la necesidad de analizar de manera relacional los procesos reproductivos en los que concurren las identidades genéricas, femenina y masculina, por medio del ejercicio de la sexualidad en contextos socioculturales específicos (Figueroa, 1998b).

Los estudios del proceso reproductivo desde la perspectiva de la salud reproductiva

El enfoque de salud reproductiva que se había incorporado progresivamente en los espacios académicos, las conferencias internacionales y las agencias vinculadas con las políticas de población,[4] fue recomendado en

---

[4] El creciente desarrollo del cuerpo de conocimientos de los estudios de género, así como los avances políticos del movimiento feminista en el plano internacional contribuyeron a la incorporación de este enfoque en dichos ámbitos (Szasz, 1997).

la Conferencia Internacional sobre Población y Desarrollo celebrada en 1994 en El Cairo, como una dimensión fundamental de las políticas de población (Szasz, 1997).

En dicha Conferencia, la presencia y las propuestas del movimiento feminista fueron determinantes para cambiar el enfoque de las discusiones sobre las cuestiones reproductivas de la población y centrarse firmemente en la importancia de reducir la desigualdad de género y mejorar la salud reproductiva de las mujeres. Las propuestas en torno al concepto de planificación familiar fueron rebasadas y en su lugar se abordaron temas como la igualdad de la mujer y la responsabilidad del varón ante su familia y frente a su actividad sexual y reproductiva (Presser, 2000).

En ese sentido se señaló la necesidad de dejar plasmado en el Programa de Acción el reconocimiento de que es el momento de pasar de las palabras a la los hechos, a fin de corregir los desequilibrios entre hombres y mujeres en materia de derechos y oportunidades en la salud reproductiva (Germain y Kyte, 1995).

En el programa se formularon recomendaciones concretas para alentar a los hombres a asumir con responsabilidad su propio comportamiento sexual y reproductivo, así como promover su activo involucramiento en una paternidad responsable; en la salud y el bienestar de sus compañeras y de sus hijas e hijos; en la prevención de embarazos no deseados o de alto riesgo, así como de enfermedades de transmisión sexual; en el control y en la contribución al ingreso familiar compartidos y la educación, salud y nutrición de los hijos; en el reconocimiento de una valoración equitativa de los hijos con independencia de su sexo y en la necesaria eliminación de la violencia contra las mujeres y los niños y niñas (Germain y Kyte, 1995).

Desde la perspectiva de las ciencias sociales, el enfoque de la salud reproductiva remite al estudio de las condiciones socioeconómicas, políticas, culturales y subjetivas que propician u obstaculizan el bienestar en la sexualidad y la reproducción humanas. En el campo de los estudios sociodemográficos, la reflexión en torno a la salud reproductiva es relativamente reciente. Entre sus objetivos destaca el rescate de la perspectiva de los actores sociales, las identidades, las culturas y las relaciones intersubjetivas en la definición de los derechos reproductivos, manteniendo también el énfasis en el estudio de la influencia de las relaciones de poder y diversas dimensiones de la desigualdad social en la reproducción humana. Así, en cuanto a su objeto de estudio, este enfoque ha implicado, entre otras cosas, rescatar la importancia de la sexualidad y de la participación de los varones en la reproducción humana (Szasz, 1997).

Dixon-Mueller (1996) señala que para estudiar las vinculaciones entre sexualidad y salud reproductiva se hace necesario desarrollar un marco analítico más amplio que incorpore las dimensiones de las actitudes y de los comportamientos sexuales en diversos contextos, así como las variaciones en las dinámicas de poder entre los géneros. En tanto concepto biológico transpuesto por la cultura, la sexualidad deviene en producto social, es decir, en representación e interpretación de las funciones naturales en relaciones sociales jerarquizadas.

Las actitudes y los comportamientos sexuales de hombres y mujeres influyen sobre la elección, adopción y el uso efectivo de la anticoncepción, al tiempo que el uso de un método en particular puede afectar la manera en que las personas perciben el ejercicio de su propia sexualidad y la de sus parejas. Los significados y las creencias acerca de la sexualidad, y por tanto las actitudes y comportamientos sexuales, se encuentran adscritos culturalmente. La construcción social de la sexualidad está vinculada inevitablemente con las concepciones culturales de masculinidad y feminidad, puesto que lo que se constituye como masculino o femenino se expresa en normas e ideologías sexuales (Dixon-Mueller, 1996).

Para esta investigadora, la sexualidad tiene diferentes significados para diferentes personas en diferentes contextos y es por ello que los actos, los significados y las orientaciones de la sexualidad deben ser analizados para grupos sociales particulares, teniendo en consideración que las relaciones sexuales frecuentemente incorporan inequidades de poder basadas en la edad, la clase social, la raza, la situación laboral y, por supuesto, el género. Al respecto, se ha observado que las mujeres se encuentran más limitadas que los hombres para determinar su vida sexual y reproductiva en el sentido de la posibilidad que tienen de escoger si quieren tener relaciones sexuales, con quién, cómo y en dónde. Las diferencias de género en el ejercicio de la sexualidad se expresan también en las diferencias en el tiempo de iniciación y de terminación de la actividad sexual, así como en el número de parejas que se tienen a lo largo de la vida, revelando un doble estándar sexual en casi todas las sociedades. De tal suerte que es imprescindible considerar que las relaciones de poder entre las personas están implicadas en el ejercicio de la sexualidad y por tanto en los resultados respecto a la salud reproductiva.

La perspectiva de la salud reproductiva en la investigación
sobre la reproducción en América Latina y México

Haciendo un esfuerzo por trascender una orientación que privilegia la medición de la fecundidad en la investigación demográfica e intentar avanzar en la comprensión de los procesos reproductivos desde una perspectiva que analiza la interacción social al interior de las parejas, se han desarrollado recientemente en América Latina algunos estudios demográficos basados en encuestas a parejas.

A partir de los resultados de su investigación en el nordeste brasileño, Goldani (1994) señala que la fecundidad actual de la mujer siempre es mayor que la fecundidad deseada, al tiempo que la tasa global de fecundidad de las mujeres está más próxima al número ideal de hijos reportado por los hombres que al número ideal de hijos reportado por las mujeres. Ello implicaría que existe una predominancia de la voluntad masculina en la definición del nivel de la fecundidad. Esta relación de poder al interior de la pareja, en opinión de esta investigadora, sería un tanto mayor en contextos rurales.

Contrasta con esta información la proveniente del análisis del papel masculino en la disminución de la fecundidad en Cuba hecha por Fraga y Álvarez (1998), quienes establecen que el rol protagónico del varón en el curso de la fecundidad se da exclusivamente al inicio de la unión, puesto que ambos integrantes de la pareja deciden tener rápidamente el primer hijo. Sin embargo, a partir de ese momento la mujer cubana se protege con el espaciamiento del nacimiento de los hijos o simplemente al decidir tener solamente un hijo. El varón cubano ve disminuido así su rol protagónico para definir el número y espaciamiento de los hijos, mientras que la mujer dispone de capacidad y posibilidad para decidir sobre el momento para tener a sus hijos y el tamaño final de su descendencia. Hecho que contribuye a explicar los dramáticos descensos de la fecundidad cubana en los últimos tiempos.

Por otra parte, la investigación de Goldani (1994) sugiere que la comunicación entre los casados parecería ser uno de los mecanismos más eficaces de conciliación de las diferencias entre el número ideal de hijos entre hombres y mujeres, sus prácticas anticonceptivas y la fecundidad actual de la pareja. De tal suerte que cuando ambos miembros de la pareja declararon haber conversado sobre el número ideal de hijos que querían se encuentra que sus expectativas están más próximas que las de aquellas parejas que no conversaron al respecto. E incluso el promedio de hijos tenidos por la pareja es bastante menor entre las que conversaron sobre el número ideal de hijos que entre las que no conversaron. De lo que se concluye que la comunicación al interior de la pareja en el nordeste brasileño estaría muy relacionada con las preferencias y con los resultados reproductivos.

A pesar de ello, Goldani (1994) verificó que aunque haya acuerdo entre los miembros de la pareja de que ambos deben decidir sobre el número de hijos, e incluso se declare que la pareja ha conversado no sólo sobre el número ideal de hijos sino también respecto al uso de métodos anticonceptivos, existe un consenso de que la mujer es la responsable del control de la reproducción. Lo que es reflejo de que las opiniones se modifican más rápido que el propio comportamiento.

Los resultados de estos estudios manifiestan que si se hacen esfuerzos por profundizar en el conocimiento de las diferentes opiniones y actitudes de los miembros de la pareja en torno a la reproducción, es posible recuperar elementos fundamentales que permitan analizar y comprender con más detalle sus procesos de toma de decisiones reproductivas y de anticoncepción. Estos trabajos también son indicativos de la importancia de considerar el grado de comunicación entre los miembros de la pareja como variable que contribuye a explicar las diferencias entre el número ideal de hijos y la descendencia real.

En México contamos con importantes resultados producto de investigaciones realizadas en contextos urbanos y rurales con esta perspectiva que propone, ante todo, considerar a la sexualidad no como una variable que se agrega al análisis de las decisiones reproductivas y de anticoncepción, sino como el ámbito en el cual se dan las interacciones entre hombres y mujeres que tienen efectos en su reproducción.

Destacan, en este sentido, las reflexiones que ha hecho Ivonne Szasz (1998) en torno al comportamiento sexual de los hombres mexicanos a partir de la sistematización y análisis de los resultados de diversas fuentes de información desde la perspectiva de género.

De acuerdo con esta perspectiva, la conformación de la identidad genérica masculina descansa en la represión de los aspectos femeninos del sujeto, construyéndose una oposición entre lo masculino y lo femenino. Al definirse un sexo en contraposición al otro se inicia un proceso de simbolización de la diferencia sexual que deriva en una regulación diferenciada de la sexualidad y en una doble moral sexual. La construcción de la identidad genérica en sociedades que simbolizan lo genérico como bipolar y lo masculino como dotado de mayor valor, resulta en una represión de la pasividad en la sexualidad (Lamas, 1996). Por ello, quien se asume como hombre necesariamente debe apuntar hacia la mujer como objeto de su deseo, y para asumirse como hombre se tiene que demostrar serlo a través del desempeño sexual (Szasz, 1998).

Por eso no es extraño encontrar en los resultados de diversas encuestas sociodemográficas y de salud realizadas en México —que han hecho preguntas sobre el comportamiento sexual a grupos de jóvenes urbanos y escolarizados, o a varones urbanos tratando de identificar comportamientos procreativos o de riesgo para la salud— que los comportamientos sexuales declarados por los varones sean marcadamente diferentes de los reportados por las mujeres (Szasz, 1998).

Según estas fuentes de información, los hombres mexicanos inician la actividad coital heterosexual a una edad más temprana y mayoritariamente con parejas con las que no tienen una relación afectiva; declaran un número más variado de prácticas sexuales, incluyendo el autoerotismo, y con mayor número de parejas; una vez que han iniciado la actividad coital heterosexual no inician de inmediato relaciones conyugales, ya que entre el primer coito y la primera unión conyugal de los hombres transcurre un lapso promedio de siete años, tiempo en el que tienen más de una pareja sexual, incluso algunos declaran que continúan teniendo diversas parejas sexuales después de iniciada la vida conyugal (Szasz, 1998).

Por otra parte, señala esta investigadora, algunos estudios en profundidad[5] sobre los significados de la sexualidad para diversos grupos de la población mexicana —basados en etnografías, historias de vida, entrevistas individuales y entrevistas grupales a hombres mexicanos de distintas edades y contextos sociales—[6] coinciden en interpretar que los

[5] Cuyos resultados no pueden generalizarse a conjuntos amplios de la población mexicana, sin embargo permiten conocer y profundizar en los significados de los comportamientos y normas referidos por las encuestas sociodemográficas de salud y psicológicas que han abordado el tema.

[6] Algunos se refieren a jóvenes de grupos populares urbanos, otros a trabajadores urbanos, rurales y migratorios, otros a jóvenes rurales e indígenas, otros a migrantes en los lugares de origen y en Estados Unidos, otros más a varones que frecuentan lugares de encuentro homosexual.

principales reguladores de la actividad sexual para los hombres mexicanos entrevistados no son las intenciones personales, ni la información, sino los valores culturales, la simbolización del género, los discursos sobre masculinidad, las presiones de sus grupos de apoyo, las experiencias socioeconómicas opresivas de dominación étnica, desigualdad de clase, pobreza, desempleo, migración y el cuestionamiento del rol de proveedor.

Estos estudios sugieren que en México el control de la sexualidad no se ejerce en forma íntima, desde la racionalidad de la mente hacia el cuerpo, sino a través de la cultura —los tabúes, los silencios, la escisión entre el ser y lo corpóreo—, la organización social y los controles comunitarios y familiares. La sexualidad en los hombres mexicanos entrevistados es una de las principales formas de representación y reafirmación de la masculinidad, ya que a través de ella se expresa y se mide el poder masculino y se marcan sus límites (Szasz, 1998).

Para los hombres estudiados en estas investigaciones sobre grupos de la población mexicana, la masculinidad requiere ser reafirmada y demostrada constantemente. Los varones mexicanos reciben desde su nacimiento un doble mensaje: por una parte, ser hombre constituye una gran ventaja —en términos de sus características asociadas con la fuerza, protección, valor, asertividad y poder—, y por otra, no se es hombre hasta que no se pruebe serlo, y uno de los caminos preponderantes para probarlo son las proezas sexuales. Por ello, los varones mexicanos están más presionados a probar su masculinidad que sus parejas su feminidad, prueba que está íntimamente asociada al ejercicio compulsivo de la sexualidad (Szasz, 1998).

En los estudios revisados por Szasz (1998), particularmente en los sectores populares, los varones perciben un mandato prescriptivo de tener relaciones sexuales y lograrlas con diversas parejas y temen que se dude de su masculinidad si no prueban su experiencia. Estos mandatos se ejercen a través de discursos, vigilancia y controles comunitarios y se interiorizan en las personas.

De acuerdo con estos hallazgos, parece que en el espacio de la sexualidad entre los hombres mexicanos entrevistados lo masculino está estrechamente relacionado con la actividad y lo femenino con la pasividad. De ahí que no resulte extraño el resultado de una imagen escindida de lo femenino: existen, por un lado, las mujeres decentes que tienen un comportamiento serio y que no manifiestan sus deseos sexuales, y por otro, las mujeres promiscuas quienes están erotizadas y manifiestan activamente sus deseos sexuales. Estos dos tipos imaginarios de mujeres resultan imposibles de integrar en la experiencia de los hombres estudiados. En estrecha relación con esta visión separada de lo femenino existe, para algunos hombres mexicanos, una sexualidad expresada en dos esferas: una vinculada con la vida conyugal que se encuentra restringida en sus prácticas y sujeta a controles y límites, y otra fuera de la vida conyugal con mujeres consideradas promiscuas, fracasadas, trabajadoras del sexo comercial y aun con otros hombres (Szasz, 1998).

Entre los varones mexicanos, la sexualidad es una necesidad biológica a la que no pueden dejar de rendirse y cuando ocurre en el ámbito conyugal se le vincula con relaciones de intercambio y de parentesco, mientras que cuando ocurre fuera del ámbito familiar de la reproducción constituye un espacio de transgresión y prohibición. En la sexualidad conyugal, los temores masculinos están relacionados con la posibilidad de que la mujer demuestre una actitud activa, deseosa, no procreativa frente al sexo, implicando la posibilidad de desear a otros hombres y de ser infiel. Por ello se busca controlar la actividad sexual femenina —al tiempo que se afirma la masculinidad del cónyuge— a través de su restricción, la procreación y las limitaciones para la movilidad femenina fuera del hogar (Szasz, 1998).

Por todo esto Szasz (1998) considera que una sexualidad vivida como lo hacen los hombres mexicanos entrevistados, constituye un serio reto para la participación activa de los varones en la regulación de la reproducción y en la prevención de enfermedades. No en balde Benno de Keijzer (1995) propone tomar en cuenta el concepto del varón como factor de riesgo para la salud de ellos mismos y de sus parejas.

En mi opinión, estos estudios constituyen una contribución importante para la comprensión de la participación masculina en la reproducción y en su regulación, porque rescatan un aspecto clave del comportamiento reproductivo masculino: la vivencia de su sexualidad. Pues, como lo reflejan estas investigaciones, es concebida y ejercida por los varones de manera separada respecto a la reproducción. En ese sentido, no resulta raro que la utilización masculina de algún método anticonceptivo esté relacionada no tanto con la regulación de su fecundidad, sino con el ejercicio de su sexualidad en ámbitos extraconyugales.

Por ello se ha sugerido la necesidad de repensar el comportamiento reproductivo de las parejas como un complejo proceso relacional, potencialmente conflictivo, que necesariamente implica el ejercicio de la sexualidad (Figueroa, 1998b). Por lo cual se propone una definición amplia del comportamiento reproductivo, entendiéndolo como un proceso complejo de dimensiones biológicas, sociales, psicológicas y culturales interrelacionadas que, directa o indirectamente, están ligadas con la procreación. En un sentido amplio e integral comprende todas las conductas y hechos relacionados al cortejo, el apareamiento sexual, la unión en pareja, las expectativas e ideales en cuanto a la familia y a los hijos, la planeación del número y el espaciamiento de los hijos, el uso o no de algún método anticonceptivo, la actitud y relación con la pareja durante el embarazo, el parto y puerperio, la participación en el cuidado y crianza de los hijos y el apoyo económico, educativo y emocional hacia ellos (Figueroa y Liendro, 1995).

Pensar la reproducción como un espacio relacional —que involucra a los dos miembros de la pareja— permite que el comportamiento y el proceso reproductivos hagan referencia a una visión dinámica de encuentros y desencuentros entre los participantes en dicho ámbito, recuperando el carácter social y potencialmente conflictivo de la reproducción sexualizada, ya que la reproducción necesariamente implica el ejercicio de la sexualidad desde la especificidad de cada uno de los participantes: hombres y mujeres. No basta con reconstruir la participación de los hombres en la salud reproductiva de las mujeres, sino que es necesario imaginarlos como actores con sexualidad, salud y reproducción, así como con necesidades concretas a ser consideradas tanto en la interacción con las mujeres como en la especificidad de la población masculina (Figueroa, 1998b).

El estudio de la reproducción no puede olvidar u ocultar el análisis del ejercicio de la sexualidad desde la especificidad de los actores; antes bien, necesita documentar las valoraciones sociales de la sexualidad en contextos específicos, puesto que la sexualidad es el entorno en el cual se construyen los procesos reproductivos. El análisis de la reproducción sexualizada se complejiza al incorporar lo que se sabe en torno a la sexualidad de los varones, especialmente cuando las mujeres la viven en función de la negación de sí mismas y de la satisfacción del otro, mientras que los hombres la experimentan como un proceso de autosatisfacción y de negación de los demás. Si se ignorasen estas referencias se limitaría enormemente cualquier visión integral del proceso reproductivo. Por ello, resulta fundamental interpretar a los varones como personas que construyen una forma de reproducirse al interactuar con su cuerpo, con su sexualidad y con su forma de vivir la masculinidad (Figueroa, 1998b).

En este sentido son relevantes los resultados de la investigación realizada por Arias de Aramburú y Rodríguez (1998) sobre la motivación que algunos jóvenes de sectores medios en la Ciudad de México han señalado respecto al uso del condón. De acuerdo con este estudio, las declaraciones de estos jóvenes muestran que el uso del preservativo en los hombres se encuentra claramente relacionado con la manera como viven su sexualidad. Al visualizarse a sí mismos como siempre dispuestos a aprovechar cualquier oportunidad que se les presente para tener relaciones sexuales, estos jóvenes conciben el uso del condón de dos maneras: una, como protección ante las enfermedades de transmisión sexual cuando se relacionan con mujeres desconocidas o de poca confianza (a las que consideran promiscuas); y otra, como protección contra el embarazo cuando se relacionan con sus novias o esposas.

Existen, por otro lado, hallazgos importantes provenientes de una investigación de corte cualitativo[7] en la que se analizó el papel desempeñado por los varones en el proceso reproductivo y que se llevó a cabo en un ámbito rural mexicano, específicamente en la comunidad de Ocuituco del estado de Morelos (Castro y Miranda, 1998).

En su análisis sobre el significado que tienen la reproducción y la anticoncepción para los varones de esta comunidad rural —en relación con diversos procesos sociales presentes en la localidad—, estos investigadores encuentran que tradicionalmente ser hombre significa "ganarle la voluntad a las mujeres", mientras que ser mujer significa resistir ese acoso, "no fracasar" en esa resistencia. De aquí que esta faceta de la construcción de las identidades genéricas en Ocuituco esté asociada fuertemente con un rasgo característico de la sexualidad y de la reproducción: el temor de los varones de la comunidad a que sus mujeres tengan un hijo de otro hombre, que propicia la existencia de la duda sistemática sobre la propia paternidad. Tal duda se transforma en angustia y se expresa de varias maneras: como amenaza o en forma de violencia ejercida hacia las mujeres porque se sospecha siempre de su fidelidad (Castro y Miranda, 1998).

De acuerdo con los resultados de esta investigación, los varones se encuentran en el centro del proceso reproductivo —en términos del ejercicio del poder, por ser ellos quienes controlan las decisiones fundamentales

---

[7] Basada en entrevistas en profundidad aplicadas a 34 mujeres, 24 varones y 16 informantes clave de la comunidad (médicos, parteras y maestros).

de dicho proceso⁻⁻, puesto que ellos son los que embarazan a una mujer al "hacer uso de ella", cosificándola; mientras que ellas paren hijos para sus maridos. De tal suerte que el proceso de la reproducción en esta comunidad parece iniciar y terminar con el varón como protagonista.

Existe además una sobrevaloración de los hijos varones por sobre las hijas, ya que mientras ellos están destinados a trabajar y aportar ingresos a la familia, ellas "nomás" se van a servir, es decir, van a ayudar en el trabajo doméstico a otros parientes o amistades, pero no ganan un salario por ello (Castro y Miranda, 1998).

La centralidad de los varones en el ejercicio del poder en el proceso reproductivo también queda demostrada, según estos investigadores, cuando se reporta que son ellos quienes deciden si su mujer embarazada puede acudir a un médico o a una partera, y en qué momento hacerlo. Los varones son quienes deciden con quién se atiende un parto y son los que "se entienden" con los médicos en las consultas por embarazo o parto, tomando decisiones junto con el médico en torno a la anticoncepción, decidiendo incluso sobre la esterilización femenina, a veces consultándole a la esposa, pero en ocasiones sin tomar en cuenta la opinión de la mujer. De aquí que muchas mujeres hayan reportado que la planificación familiar sólo puede ser llevada a cabo con la autorización del esposo, de otra manera no se podría (Castro y Miranda, 1998).

En relación con este asunto, estos investigadores observaron que la anticoncepción moderna está potenciando la ansiedad de los hombres en la comunidad de Ocuituco, puesto que con los modernos métodos anticonceptivos los hombres perciben que están perdiendo el control sobre la sexualidad femenina. Tradicionalmente para ellos, la mujer que tiene relaciones sexuales es la señora que se embaraza y que se convierte en madre, no existe otra posibilidad para las mujeres de ejercer su sexualidad. En ese sentido, los anticonceptivos modernos son vistos como *trucos* o una forma de engaño con los que las mujeres pueden confundir a los varones en sus roles de esposos y padres.

La anticoncepción en Ocuituco, de acuerdo con los resultados de esta investigación, está impactando en la construcción social de las mujeres, puesto que se las identifica más de cerca con el *descontrol* y la libertad sexual, dejando a los varones sin posibilidad de controlar la sexualidad femenina.

Por todo ello Castro y Miranda (1998) concluyen que en Ocuituco, ante la moderna anticoncepción se está frente a un complejo fenómeno de reconstrucción de los significados en torno a la reproducción, que pasa por las valoraciones de la sexualidad y alcanza a la propia construcción de la identidad genérica. En su opinión, hay un orden simbólico en movimiento, con reacomodos permanentes; está teniendo lugar una reconfiguración de los significados socialmente adscritos a la reproducción y a la sexualidad que puede estar contribuyendo a una reconstrucción de las identidades genéricas, puesto que ser varón y ser mujer están en vías de significar nuevas cosas.

DISCUSIÓN Y CONSIDERACIONES FINALES

En este capítulo se ha revisado la situación que guarda la investigación demográfica en torno al desempeño de los varones en los procesos reproductivos. En este sentido, descubrimos los hallazgos de las investigaciones demográficas pioneras relacionados con las diferencias de opinión y el grado de incomunicación entre los miembros de la pareja para la determinación del tamaño de la descendencia y la utilización de algún método anticonceptivo. Por su lado, los estudios microdemográficos han puesto de relieve la importancia de considerar los condicionamientos sociales, culturales y familiares que se encuentran detrás de —y por ello contribuyen a explicar— los comportamientos reproductivos de las parejas. En los resultados de estos estudios destacan también los cambios en la percepción de los miembros de la pareja respecto al valor de los hijos, sobre todo a partir de las transformaciones ocurridas en el orden económico y social. Cambios que se reflejan tarde o temprano, y a los que contribuye la "eficiente" oferta de métodos anticonceptivos por parte del Estado, en una disminución de la fecundidad.

Por otra parte, son indudables los avances conseguidos a raíz de la incorporación de la perspectiva de la salud reproductiva en el estudio de la reproducción, particularmente en lo que se refiere al análisis del ejercicio de la sexualidad, puesto que —en tanto ámbito en el que se realizan los procesos reproductivos— constituye un requisito indispensable para estudiar y comprender la presencia masculina en la reproducción y su regulación.

Con ello se evidencia la necesidad de abandonar las estigmatizaciones comúnmente establecidas respecto a la participación de los varones en las decisiones reproductivas y de anticoncepción. También se observó la pertinencia de considerar a la reproducción no sólo como un complejo proceso de toma de decisiones, en las que intervienen diversos factores de orden social y cultural, sino también como un espacio relacional de encuentros entre hombres y mujeres potencialmente conflictivo y cuyo ámbito de realización es el ejercicio de la sexualidad, en el que entran en juego las identidades genéricas masculinas y femeninas, y por lo tanto las relaciones de género.

Así queda demostrada para la demografía la necesidad de superar los estudios sobre la fecundidad femenina y avanzar hacia el análisis del proceso reproductivo, partiendo del entendido de que la reproducción humana es, ante todo, una reproducción sexualizada. De tal suerte que si se tiene en cuenta este planteamiento se podrá avanzar en la comprensión de la presencia masculina en las decisiones reproductivas y anticonceptivas.

II. LOS VARONES EN LA VIDA DOMÉSTICA DESDE UNA PERSPECTIVA HISTÓRICA Y SOCIAL

En este capítulo se sintetizan algunas de las transformaciones más importantes ocurridas en la vida familiar de Occidente en general y de América Latina y de México en particular, considerando el contexto histórico y social en el que han acontecido. Además se recuperan los aportes provenientes de investigaciones realizadas desde la óptica de diversas disciplinas que han profundizado en el estudio de las valoraciones y experiencias masculinas en torno a su presencia en los espacios domésticos y respecto al vínculo establecido con sus hijos en tanto padres.

LOS VARONES Y LAS TRANSFORMACIONES FAMILIARES EN EL MUNDO OCCIDENTAL

Para entrar al estudio del papel desempeñado por los varones en el ámbito doméstico, parece pertinente hacer un breve recorrido histórico por los cambios ocurridos en la organización familiar en el mundo occidental.

En Europa, durante la Edad Media, predominó el sistema de producción familiar caracterizado por la coexistencia de actividades de consumo y producción en el hogar, además de un patrón de interacción de gran densidad sustentado en la mutua dependencia. El jefe del hogar reunía en su persona el papel de gerente de la empresa colectiva y de transmisor de técnicas y habilidades, cuya adopción garantizaba a sus hijos la posibilidad de reproducir el modo de vida familiar en un contexto de cambios sociales y tecnológicos muy lentos (Kaztman, 1991).

En ese tiempo no existía aún la creencia en el instinto materno, puesto que la tarea del cuidado de los niños era conferida tanto a hombres como a mujeres, no implicaba honor ni jerarquía de quienes la cumplían. Muchos niños de las clases populares eran educados por sus padres, quienes, al ser considerados como seres racionales y morales, eran

53

los principales encargados de la disciplina y la supervisión moral de los pequeños.[1] De tal suerte que mientras las mujeres eran valoradas por su fertilidad y no por sus capacidades de crianza, los niños eran considerados trabajadores subordinados en la economía familiar.[2] Sin embargo, ya para los siglos XVII y XVIII, las concepciones europeas acerca de los niños y su crianza empezaron a cambiar, primero en las clases burguesas y después en las aristocráticas. La infancia fue valorada como un periodo especial y valioso de la vida, y estímulo para el surgimiento de una educación de los hijos más igualitaria, en la que se concedía mayor autonomía al hijo (Giddens, 1998).

La decadencia del sistema de producción familiar coincidió con el surgimiento y propagación de la Revolución industrial que produjo grandes desplazamientos de mano de obra, proveniente de actividades de subsistencia en la agricultura así como de talleres de producción doméstica artesanal, hacia actividades asalariadas en la industria. Con la Revolución industrial, la producción extradoméstica se expandió y la sociedad quedó dividida en dos ámbitos diferenciados: el público y el privado. Hecho que permitió consolidar el desarrollo de la familia nuclear y una clara división sexual del trabajo, que implicó la asignación de roles específicos a mujeres y hombres. Las mujeres ya no participan en la producción de bienes y su función se reduce únicamente a la reproducción, en tanto que los varones —convertidos en únicos proveedores de sus familias— desempeñan un trabajo remunerado fuera del ámbito doméstico (Kaztman, 1991).

Con esta separación, el poder y la autoridad patriarcales en el medio doméstico quedaron menguados, particularmente en relación con el patrimonio doméstico y la educación de los hijos, que quedaron en manos de las mujeres. El hogar se constituye así en el ámbito privado de vínculos afectivos, dando forma a la moral materna estrechamente relacionada con la maternidad, la crianza infantil y el cuidado del hogar.

Así, en opinión de Giddens (1998), en ese tiempo tres influencias afectaron a las mujeres en forma decisiva: *a)* la creación del hogar (ámbito de las cuestiones privadas); *b)* el cambio de relaciones entre padres

---

[1] La disciplina del padre ligaba al niño a la tradición, a una interpretación del pasado. La autoridad paterna era reforzada en muchos casos con el castigo físico (Giddens, 1998).

[2] Sharon Hays (1998), *Las contradicciones culturales de la maternidad*, Paidós, Barcelona, citada en Asakura (2000).

e hijos, que implicó su distanciamiento, puesto que la crianza quedaba ya en manos de las mujeres; y *c)* la invención social de la maternidad. De tal suerte que un matrimonio efectivo, aunque no necesariamente gratificante, quedaba sustentado por una división del trabajo entre los sexos, con el dominio del esposo, que asignaba el trabajo retribuido al hombre y a la mujer el de la casa.

En este contexto, adquiere relevancia el confinamiento de la sexualidad femenina al matrimonio. En tanto que la sexualidad masculina aparecía sin problemas, encubierta por una serie de influencias sociales que han sido o están siendo minadas. Estas influencias son las siguientes: *1)* el dominio de los hombres en la esfera pública; *2)* el doble modelo en el ejercicio de la sexualidad (la orientada a la reproducción y el *ars erótica*); *3)* la separación de las mujeres en dos bandos: puras (casaderas) e impuras (prostitutas y brujas); *4)* la definición de la diferencia sexual como establecida por Dios, la naturaleza y la biología; *5)* la problematización de las mujeres como seres difíciles de entender e irracionales en sus deseos y acciones; *6)* la división sexual del trabajo (Giddens, 1998).

Durante el siglo xix, la formación de lazos matrimoniales, para la mayor parte de los grupos de población, llegó a basarse en consideraciones diferentes de los juicios de valor económico. De tal suerte que la "casa" —en tanto ámbito diferente del trabajo y la producción— tuvo importantísimas repercusiones sobre la sexualidad. Una de ellas fue el hecho de que las presiones para constituir grandes familias, característica virtual de todas las culturas premodernas, dejaran paso a las tendencias a limitar el tamaño familiar. Una vez que el tamaño de la familia comienza a limitarse —algo que se origina principalmente desde dentro de la misma familia— la reproducción se socializa, en el sentido de que deja de constituirse como un hecho absolutamente natural,[3] y viene a ser gobernada primariamente por el deseo de tener hijos cuando se desean realmente. Por vez primera, para una masa de población femenina, la sexualidad podía separarse del ciclo crónico de embarazo y parto (Giddens, 1998).

[3] La sexualidad y la reproducción se estructuraban mutuamente en el pasado. Hasta que se socializó totalmente, la reproducción fue extrínseca a la actividad social, en tanto fenómeno biológico. La sexualidad organizaba el parentesco y éste era organizado por ella, a la vez que unía la vida del individuo con la sucesión de las generaciones. Cuando estaba directamente relacionada con la reproducción, la sexualidad era un medio de trascendencia (Giddens, 1998).

La contracción del tamaño de la familia constituyó tanto una condición histórica como una consecuencia de la introducción de los métodos modernos de anticoncepción. El control natal efectivo implica algo más que limitar los embarazos; significa una profunda transición en la vida personal. El resultado es que la sexualidad se ha hecho maleable, abierta a una configuración de diversas formas y a una "propiedad" potencial del individuo. La sexualidad es al fin plenamente autónoma respecto de la reproducción. De hecho, la creación de esta "sexualidad plástica", separada de su integración ancestral con la reproducción, el parentesco y las generaciones, fue la condición previa de la revolución sexual de las pasadas décadas (Giddens, 1998).

Paralelamente a estos cambios en la vida sexual se fueron dando también algunas transformaciones en la relación paterno-filial, ya que si bien a raíz de la invención social de la maternidad se fomentó el distanciamiento entre padres e hijos —de hecho en los manuales de crianza infantil publicados a comienzos del siglo XX se aconsejaba a los padres que no se mostrasen excesivamente amigables con los hijos, ya que su autoridad quedaría debilitada—, posteriormente se reforzó la idea de que los padres deberían fomentar lazos emocionales con sus hijos, pero reconociendo claramente la autonomía de los mismos. De tal suerte que en la sociedad moderna, al poner sobre el tapete la calidad de la relación de los padres con sus hijos, se insiste en que la intimidad debe sustituir a la autoridad paterna (Giddens, 1998).

Los años sesenta del siglo XX marcaron un punto de inflexión en los anales de la familia en los países industrializados, pues el modelo masculino del proveedor único del sustento familiar ya no era la norma. Las tasas de participación de las mujeres casadas indicaban que la mayoría de las familias registraban a los dos cónyuges en la fuerza de trabajo (Kaztman, 1991).

En Estados Unidos, los estudios en torno a la paternidad han tomado en cuenta estas transformaciones sociales para dar cuenta de ciertas modificaciones detectadas en el papel desempeñado por los hombres estadunidenses respecto a la crianza y el cuidado de sus hijos. De hecho, se han propuesto cuatro etapas para analizar la evolución que ha tenido el ejercicio de la paternidad en esa sociedad: 1) el padre como vigilante moral; 2) como un proveedor distante; 3) como modelo de rol sexual; y 4) participante en la crianza de sus hijos (Engle y Breux, 1993).

En la primera etapa, que se extiende del periodo colonial hasta principios del siglo XIX, los padres estadunidenses jugaban el rol principal en el desarrollo de los niños. La influencia de la Iglesia hacía que los padres fueran vistos como guías morales que disciplinaban a sus hijos para evitar que pecaran. Se pensaba que los hombres poseían un razonamiento superior, y que eran mucho menos vulnerables a las pasiones y afectos, a los cuales las mujeres se encontraban sujetas. Como los hombres eran educados en la escuela, debían enseñar las escrituras a sus hijos. Un buen padre era aquel que enseñaba a sus hijos una vida cristiana y correcta. Los padres eran estrictos y severos, y se involucraban con sus hijos particularmente después de la infancia. Los padres interactuaban principalmente con sus hijos varones. El padre era considerado el progenitor más importante, ya que después de una disolución matrimonial él mantenía la custodia de sus hijos.

Los cambios que llevaron a una segunda etapa, de acuerdo con Engle y Breux (1993), ocurrieron a principios del siglo XIX como consecuencia del declive en la influencia de la Iglesia. Los padres siguieron estableciendo el estándar de moralidad, aunque su autoridad era cada vez más distante. La custodia ahora era de la madre y un buen padre era aquel que brindaba sustento económico a sus hijos.

La tercera fase empezó a mediados del siglo XX, cuando la cantidad de hombres que no eran lo suficientemente "hombres" en la segunda guerra mundial se convirtió en preocupación nacional. Se pensaba que la sobreprotección materna y la ausencia paterna implicaban inseguridad en la identidad masculina de los jóvenes, propiciaban la delincuencia y la violencia, y posiblemente tendencias hacia la homosexualidad. Por ello, los padres fueron considerados de gran importancia para el desarrollo del rol sexual de sus hijos varones. También se hicieron esfuerzos para reclutar más maestros varones, pues la preocupación era que la escuela elemental estaba muy "feminizada". En esta época se intentó convencer a los padres de que se acercaran más a sus hijos varones, que fueran sus amigos, que los llevaran al almacén, a pescar, que pasaran más tiempo con ellos y les enseñaran alguna destreza (Engle y Breux, 1993).

La cuarta etapa comenzó a finales de los años sesenta con la emergencia del movimiento feminista y con el incremento de la fuerza de trabajo femenina. A partir de aquí, los hombres estadunidenses empezaron a percibir el valor de su participación en la crianza de sus hijos. Con el desarrollo del concepto del *nuevo padre*, en determinadas publicaciones se impulsó a los padres a ser compañeros en todos los aspectos del cuidado de los bebés y de los niños. Este concepto de nuevo padre nació como resultado tanto de la necesidad de los hombres de desarrollar una relación más cercana y afectiva con sus hijos, como de la demanda femenina, puesto que las mujeres necesitaban de mayor colaboración en el cuidado de los hijos mientras su rol como trabajadoras en actividades extradomésticas se expandía (Engle y Breux, 1993).

El declive del rol de proveedor para los hombres y el incremento del rol económico para las mujeres, ambos por necesidad económica y por preferencia, llevaron a cambios radicales en los roles de madre y padre en las familias estadunidenses (Engle y Breux, 1993; Parke, 1996).

El nuevo padre, conceptualmente hablando, tiene un rol más expandido, ahora él tiende a participar en el cuidado de sus hijos en igualdad de circunstancias que la madre. Tiene una relación más cercana con sus hijos, comparte la responsabilidad con la madre y su dedicación a los hijos libera a la madre para que pueda dedicarse a sus asuntos ocupacionales. Transmite a sus hijos nuevos modelos de roles y establece una relación más cercana y cooperativa con la madre de su hijo. Él ahora asiste a los cursos previos al parto, está presente en el momento del nacimiento de su hijo y ayuda igualmente en el cuidado del bebé durante los años de la infancia temprana. Ha incrementado incluso el contacto con sus hijos jóvenes (Engle y Breux, 1993; Parke, 1996).

Este cambio conceptual del rol paterno ha sido impulsado en Estados Unidos con la expectativa de que el padre se involucre en el cuidado de sus hijos pequeños y adolescentes. Sin embargo, los cambios en el ejercicio real de la paternidad, al parecer, se han escenificado entre las familias urbanas más educadas. En algunos casos estas modificaciones han conducido a un incremento de su participación en la crianza de sus hijos y en otros han resultado en confusión. A pesar de ello, no son pocos los que opinan que aunque el concepto o la cultura del nuevo padre parezca una realidad ampliamente reconocida, al menos en los Estados Unidos, estos nuevos padres pueden ser más un mito que una realidad. Parece que la cultura de la nueva paternidad ha cambiado más que la propia conducta de la paternidad, ya que los padres pueden estar técnica y físicamente presentes, pero funcionalmente ausentes (Engle y Breux, 1993).

En este sentido, Engle y Breux (1993), basándose en estudios comparativos de diversas culturas, intentan establecer ciertas generalizaciones acerca del papel desempeñado por los padres en las sociedades contemporáneas:

• El rol de padre es reconocido en todas las sociedades, aunque esta persona no sea el genitor o padre biológico.

• Los padres pueden ser tan afectuosos y participativos en la crianza de sus hijos como las madres. Son capaces de cuidar a sus hijos, sean pequeños o mayores. Diversos investigadores han observado a algunos padres en una interacción afectuosa y cariñosa con sus hijos pequeños y jóvenes. Lo que es prueba de que los padres pueden proveer este tipo de cuidado responsable a sus hijos, aunque muchos otros no lo hagan.

• El involucramiento de los padres en el cuidado de sus hijos pequeños y jóvenes es más limitado que el de las madres.

• Los padres no incrementan el tiempo destinado al cuidado de sus hijos, aun cuando la madre esté trabajando.

• Los padres tienden a involucrarse más en la relación con sus hijos varones que con sus hijas.

Los cambios familiares y el papel de los varones en América Latina

Los prolongados procesos de transformaciones sociales y económicas ocurridas en los países de industrialización temprana contrastan con la relativa rapidez con que en las sociedades latinoamericanas se produjeron transformaciones socioeconómicas de importantes efectos para la organización familiar (Kaztman, 1991).

El acelerado proceso de industrialización y urbanización registrado a principios del siglo xx en América Latina propició que el ajuste de las estructuras familiares a las nuevas circunstancias estuviera sujeto a presiones contradictorias, particularmente entre las familias migrantes del campo a la ciudad. Por un lado, la inercia de los patrones culturales tradicionales y el traspaso de pautas de fecundidad rurales a las ciudades empujaban hacia el mantenimiento de la mujer en el hogar y la asignación del papel de proveedor a los varones. Sin embargo, por otro lado, las dificultades para satisfacer las necesidades de los hogares —sobre todo de sectores populares— propiciaron, en buena medida, la necesidad de que las mujeres complementaran de alguna manera los insuficientes ingresos de sus compañeros. Aunado a estos procesos han de tenerse en cuenta los avances en los niveles educativos de la población y la rápida reducción de la fecundidad, que amplió la disponibilidad laboral de las mujeres casadas (Kaztman, 1991).

Todos estos procesos contribuyeron a cuestionar el rol del varón como proveedor único en las familias y la centralidad del poder y la autoridad familiares en la figura del jefe del hogar, así como al debilitamiento de la imagen paterna como modelo para las nuevas generaciones.[4] La situación de crisis iniciada en los ochenta en las sociedades latinoamericanas no ha hecho sino deteriorar aún más la capacidad de los hombres de estratos populares urbanos para satisfacer las necesidades básicas de sus familias, e incrementar considerablemente la tasa de participación de las mujeres casadas (Kaztman, 1991).

Beatriz Schmukler (1996) comenta que, en efecto, los cambios en el sistema de autoridad familiar en diversos países de América Latina han estado vinculados a una flexibilización del sistema de roles familiares, puesto que la salida de la mujer al ámbito laboral contribuyó a cuestionar un ejercicio de la autoridad familiar claramente jerarquizado. Sin embargo, advierte que en estos procesos de cambio se observa una superposición de modos tradicionales de simbolizar la autoridad y la división sexual del trabajo, junto con comienzos de negociaciones para una mayor igualdad.

Reflejo de ello es la diversidad de formas que adquiere el ejercicio de la paternidad en algunas sociedades latinoamericanas. En ese sentido, De Keijzer (1998) ha dado cuenta de algunas formas de ser padre entre los varones contemporáneos:

• El padre ausente, muy relacionado con los hogares de jefatura femenina. La ausencia de estos padres puede deberse a distintas causas, entre ellas, la fuga ante un embarazo inesperado y no deseado; la migración, que propicia el escaso contacto —únicamente por temporadas— del padre con su núcleo familiar y sus hijos; el divorcio o separación, que convierte a los padres en vespertinos o de fin de semana; y finalmente la desaparición del padre por muerte.

• El padre o patriarca tradicional, quien se encuentra muy identificado con su papel de proveedor de la familia, se siente incómodo en terrenos que considera "femeninos", como el cuidado de los niños o las tareas domésticas, y que cree que mostrar cariño a sus hijos o recibir apoyo como

Todos estos elementos probablemente han contribuido a debilitar la autoestima de estos hombres, y a propiciar en ellos apatía, retraimiento y la pérdida de confianza en la propia capacidad para asumir las obligaciones de esposo y padre. Circunstancias que probablemente contribuyan a explicar el comportamiento "irresponsable" de estos varones (Kaztman, 1991).

padre puede restarle autoridad u hombría. Estos varones son rara vez un factor de negociación en su familia, puesto que optan más por la violencia y el ejercicio de su autoridad cuando sus expectativas no se cumplen.

• El padre "neomachista", quien aparece en familias en las que ya se negocian las decisiones; este padre "permite" que la mujer trabaje fuera de casa —aunque prefiere que ella no gane más que él— pero mantiene un marco de referencia con un claro encuadre machista.

• El padre que pretende ser igualitario y a veces lo logra, quien desarrolla su capacidad de empatía y logra un acercamiento afectivo importante con sus hijos e hijas. Este tipo de padre es una especie en construcción que enfrenta frecuentes críticas y burlas de algunas de sus redes sociales más cercanas.

En este mismo sentido, y para revisar la distancia que existe entre los procesos reales de cambio y los procesos de democratización de las familias,[5] Schmukler (1996) propone la revisión de los siguientes aspectos que implicarían tal democratización:

• Una flexibilización de la división sexual del trabajo doméstico, con una participación más igualitaria de ambos cónyuges y de los hijos en las responsabilidades domésticas.

• La participación igualitaria de ambos miembros de la pareja en las decisiones de consumo.

• Participación más igualitaria de ambos cónyuges en las tareas de generación de ingresos y en el control de los mismos.

• Distribución igualitaria y justa de los recursos familiares para todos sus miembros, sin distinción de sexo ni edad.

• Quiebre del autoritarismo y la violencia en las relaciones conyugales y entre padres e hijos.

• Responsabilidad igualitaria en las prácticas de anticoncepción y en las tareas reproductivas por parte de ambos cónyuges.

• Derecho a la participación igualitaria en actividades extradomésticas de diverso tipo.

---

[5] Que significa una mayor igualdad en varios planos de la vida familiar, suponiendo conflictos y negociaciones de las parejas de acuerdo con las etapas de su ciclo vital, en varios aspectos tales como la división sexual del trabajo doméstico, las decisiones familiares, la generación y el control de los ingresos, la distribución de los recursos familiares, la violencia y el autoritarismo, las prácticas anticonceptivas de la pareja y la realización de actividades extradomésticas (Schmukler, 1996).

De acuerdo con Kaztman (1991), se trataría de estimular la presencia del hombre en la vida familiar, al tiempo que se otorgue un lugar central a la transmisión de imágenes favorables a una distribución más equitativa del poder de decisión intrafamiliar, a una menor diferenciación de tareas en función del sexo y a generar en los hombres actitudes más flexibles con respecto a su papel en el hogar.

Giddens (1998) propondría ir más lejos al plantear las posibilidades democratizadoras que la transformación de la intimidad implica no sólo en el área de la sexualidad, también en las relaciones entre padres e hijos y otras formas de parentesco y amistad. Esta democratización de la vida íntima requiere como condiciones la existencia de un contrato oscilante —como herramienta sujeta a la negociación y a la discusión abierta de los dos compañeros de pareja sobre la naturaleza de la propia relación—, autonomía y comunicación libre y abierta como medio de expresión de las necesidades individuales y por el cual la relación se organiza reflexivamente. Este modelo democrático presupone igualdad, no paridad completa, sino un acuerdo equitativo negociado. Debe negociarse un cierto equilibrio de tareas y recompensas que cada uno juzgue aceptables. Se podría establecer una división del trabajo, pero que no sea la heredada del pasado ni que esté basada en criterios preestablecidos o impuestos por recursos económicos desiguales que pesan sobre la relación.

En América Latina, como en el resto del mundo, el relativamente reciente interés por conocer el desempeño masculino en la vida doméstica recibió un decidido impulso a partir de las preocupaciones expresadas en la Conferencia Internacional sobre la Población y el Desarrollo de El Cairo en 1994, respecto a la necesidad de fomentar el involucramiento masculino tanto en las decisiones reproductivas como en las cuestiones de la vida doméstica (Germain y Kyte, 1995).

Una de las propuestas más importantes del Plan de Acción de dicha Conferencia fue la relacionada con la necesidad de realizar esfuerzos para propiciar una responsabilidad compartida de los varones y de promover que se involucren de una manera más activa en una paternidad responsable y en un comportamiento sexual y reproductivo también más responsable (Greene y Biddlecom, 2000).

El énfasis ha sido puesto ya no sólo en el comportamiento sexual y reproductivo de los varones, sino también en el compromiso y la responsabilidad de los padres hacia sus hijos e hijas una vez que han nacido.

En este sentido, destaca el interés que algunos organismos regionales, como la Comisión Económica para América Latina y el Caribe (CEPAL), están mostrando para definir estrategias de investigación, de monitoreo y de acción sobre las prácticas de responsabilidad paterna en la región latinoamericana.

Se ha propuesto definir a la paternidad como un compromiso directo que los progenitores establecen con sus hijos e hijas, independientemente del tipo de arreglo familiar existente con la madre. Se pretende resaltar la indisolubilidad del vínculo paterno con los hijos y flexibilizar el papel del padre y de la madre en la crianza, tomando en cuenta el bienestar de los menores más allá de la manutención económica, considerada tradicionalmente como la única responsabilidad masculina hacia sus hijos (CEPAL, 2002).

Desde esta perspectiva, en la región latinoamericana la paternidad hoy en día está experimentando un proceso de transformación que implicaría un relajamiento de las obligaciones de protección y seguridad económica, y un redireccionamiento hacia un incremento de las contribuciones de tiempo paterno dedicado al cuidado de los hijos e hijas, hacia una mayor conciencia acerca del deseo de tener hijos, así como a mayores expresiones de afecto y cercanía hacia ellos. Se reconoce, sin embargo, que para la implantación de este nuevo modelo de paternidad siguen existiendo obstáculos importantes, tales como la persistente inequidad en la distribución de las responsabilidades domésticas entre padres y madres, y la violencia como medio para resolver los conflictos al interior de las familias (CEPAL, 2002).

LAS TRANSFORMACIONES FAMILIARES Y EL DESEMPEÑO MASCULINO EN LA VIDA DOMÉSTICA EN MÉXICO

La necesidad de conocer en el ámbito familiar mexicano el grado de inequidad que prevalece en la distribución de tareas y responsabilidades familiares y domésticas, así como de dar cuenta de una posible ampliación de las funciones paternas ha llevado a proponer la realización de estudios desde una perspectiva de género.

De acuerdo con esta postura, las identidades femenina y masculina son construidas históricamente según lo que cada cultura considera "femenino" o "masculino", por ello debe quedar claro que estos criterios se han ido transformando en el tiempo (Lamas, 1996). Así, un estudio de este tipo requiere de una combinación de estrategias analíticas que den cuenta de los desfases temporales entre las construcciones culturales y los comportamientos individuales, entre la expresión objetiva de esas prácticas y su referente subjetivo, así como entre los discursos y las acciones de las personas. Esta dimensión relacional del género constituye una forma particular de abordar las diferencias y las similitudes entre lo masculino y lo femenino, puesto que las experiencias y comportamientos de un sexo tienen que ver con las experiencias y comportamientos del otro. El género hace referencia a las relaciones sociales existentes entre los hombres y las mujeres que se construyen a partir de las condiciones sociales que estructuran las opciones de los comportamientos individuales y que difieren dependiendo del ámbito de referencia en que participan las mujeres y los hombres. Esta perspectiva relacional del género implica finalmente la articulación de la categoría de género con otras categorías de diferenciación social, tales como la edad, la generación, la etnia y la clase social (Szasz y Lerner, 2003).

Es por ello que las experiencias de paternidad de los varones han de ser analizadas como hechos sociales más que individuales y, por supuesto, tomando en consideración el contexto histórico y social al que pertenezcan. Hay que considerar que las pautas y los patrones de comportamiento de los individuos en el interior de la familia encuentran su origen en dominios variados de la sociedad, entre los que destaca la dimensión cultural cuya influencia se extiende a la conformación de los valores, las creencias y percepciones que se manifiestan en diversos grados y formas en la propia cotidianidad de los sujetos y en la vida familiar. Por lo tanto resulta indispensable estudiar los valores que sirven de fundamento a las imágenes y prácticas sociales predominantes acerca de la conformación de las familias, del ejercicio de la sexualidad, de la dinámica en las relaciones de pareja, de la división del trabajo, así como de las formas de convivencia entre géneros y generaciones (Salles y Tuirán, 1998).

En el ámbito familiar la perspectiva de género ha contribuido a hacer visibles las inequidades existentes en la división del trabajo entre hombres y mujeres. Se sabe que a lo largo de la historia de las sociedades y culturas humanas, tradicionalmente la maternidad y la reproducción doméstica han constituido los rasgos definitorios de la identidad femenina. La maternidad, en contraposición al trabajo extradoméstico, termina por constituirse en el eje organizador de las vidas de las mujeres y es en muchas ocasiones solamente a través de ella que obtienen legitimidad y reconocimiento social (Nájera *et al.*, 1998).

Los estudios recientes en torno a las identidades masculinas dan cuenta de la existencia de una forma de ser hombre que se ha constituido en el referente y la norma de lo que debe ser un varón. De acuerdo con este modelo de masculinidad dominante, los hombres adultos se caracterizan, entre otras cosas, porque trabajan de manera remunerada, constituyen una familia, tienen hijos, son la autoridad y los proveedores del hogar. La paternidad —en el sentido de concebir y engendrar hijos— es uno de los pasos fundamentales del tránsito de la juventud a la adultez, un desafío que ha de superarse. El padre es una persona importante, pues es el jefe o cabeza de la familia y su trabajo le permite ser proveedor, asegurando con ello su papel como máxima autoridad en el ámbito doméstico. Así, la paternidad y el trabajo son elementos constitutivos y fundamentales del modelo de masculinidad dominante que dan sentido a la existencia vital y cotidiana de los hombres (Olavarría, 2002).

En México, las transformaciones en la vida económica ocurridas durante las últimas décadas del siglo xx y principios del xxi, han contribuido a modificar la vida familiar de manera sustantiva. Las continuas crisis han provocado una marcada escasez de las oportunidades de trabajo asalariado y un acelerado deterioro del poder adquisitivo de los trabajadores, hecho que ha trastocado las formas organizativas de la vida cotidiana en los hogares mexicanos. Ante la brusca disminución de sus ingresos en términos reales, las unidades domésticas de diversos sectores sociales tienden a colocar a un mayor número de sus integrantes en actividades remuneradas (Tuirán, 1994).

Los análisis sociodemográficos sobre las familias mexicanas han dado cabal cuenta de la reestructuración en los arreglos laborales de los hogares y la consiguiente modificación en los roles desempeñados tradicionalmente por hombres y mujeres, puesto que ante la creciente incorporación de las mujeres al mercado de trabajo, el desempeño de los varones mexicanos como jefes de sus hogares y como proveedores exclusivos del sustento familiar ha entrado en cuestionamiento (Oliveira, 1994).

Para comprender mejor las transformaciones ocurridas en el seno de las familias mexicanas conviene partir de una definición amplia y completa de la familia, como la propuesta por Salles y Tuirán (1998): las familias constituyen ámbitos de relaciones sociales de naturaleza íntima, donde conviven e interactúan personas emparentadas, de géneros y generaciones distintas. En su seno se construyen fuertes lazos de solidaridad, se entretejen relaciones de poder y autoridad, se reúnen y distribuyen los recursos para satisfacer las necesidades básicas de los miembros del grupo y se definen obligaciones, responsabilidades y derechos con arreglo a las normas culturales y de acuerdo con la edad, el sexo y la posición en la relación de parentesco de sus integrantes.

En este sentido, se observan algunos rasgos tendenciales en las transformaciones familiares en la región latinoamericana y en México, tales como el hecho de que la familia ya no se puede caracterizar como una unidad de producción, la pérdida del poder patriarcal aunado a un creciente proceso de individuación y afianzamiento de la autonomía de los miembros del grupo familiar, y el retroceso de las visiones y las prácticas que reducen el ejercicio de la sexualidad humana a las tareas de la reproducción (Salles y Tuirán, 1998).

Respecto a las transformaciones culturales, estos investigadores han detectado la emergencia de núcleos cuestionadores de los valores tradicionales. Mientras que unos ponen en tela de juicio las normas que rigen y controlan la vida de la pareja y los papeles usualmente asignados a hombres y mujeres, cuyos resultados son la trasformación de los vínculos que unen a los cónyuges —cada vez menos dependientes de normas externas a la relación—, otros se refieren a la búsqueda de mayor equidad entre los géneros y a la distribución del poder en el espacio familiar, trastocando las prácticas legitimadoras de la autoridad centrada en el varón investido de su papel de proveedor.

Acompañan a estas transformaciones de orden cultural ciertos cambios en la composición y la estructura de las familias. Mientras se observa una reducción del tamaño de las familias, se incrementan las separaciones y los divorcios de las parejas, así como las relaciones sexuales antes del matrimonio; se amplía también el número de hogares en los que la mujer realiza un trabajo extradoméstico; se profundizan los niveles y el número de familias en situación de pobreza, y se registra un aumento en el número de hogares monoparentales encabezados por mujeres (Salles y Tuirán, 1998).

Si bien la creciente inserción de las mujeres mexicanas en la actividad económica ha ampliado sus aportaciones monetarias dirigidas a satisfacer las necesidades de consumo básico de los hogares, al tiempo que ha significado un cambio importante en los papeles masculinos y femeninos tradicionales, con el desplazamiento de la figura del hombre como proveedor único, ello no ha implicado necesariamente una modificación profunda de la división intrafamiliar del trabajo, de forma que se permita garantizar una responsabilidad compartida de hombres y mujeres en la realización del trabajo doméstico y la crianza de los hijos. De hecho, esta tensión entre la creciente inserción laboral femenina y las cada vez mayores dificultades que enfrentan los varones para desempeñar el rol de proveedores exclusivos del sustento familiar es vivida en forma conflictiva en no pocos hogares mexicanos (García y Oliveira, 1994).

Acerca del ejercicio del poder en el ámbito doméstico, todavía persiste, principalmente entre los sectores populares, un patrón caracterizado por una mayor autoridad masculina a pesar de la creciente participación de las mujeres en el proceso de toma de decisiones sobre la procreación y la educación de los hijos (Oliveira, 1998).

Las relaciones asimétricas entre los cónyuges se manifiestan en diferentes ámbitos de la vida, sin embargo son más marcadas en la esfera de la sexualidad y de la división del trabajo. Estos ámbitos de la vida familiar son más resistentes al cambio que otros, sus transformaciones ocurren en tiempos y ritmos distintos, y se dan en forma selectiva, principalmente en áreas urbanas y en los sectores sociales más privilegiados (Oliveira, 1998).

Por lo que hace a la división del trabajo familiar, se ha observado que la dimensión de la vida doméstica que permanece sin mayores modificaciones es la responsabilidad femenina ante el trabajo doméstico y la crianza de los hijos, ello tanto en los sectores medios como entre los populares urbanos, a pesar de los cambios registrados entre las generaciones más jóvenes. Los resultados de diversas investigaciones han dado cuenta de que los varones se involucran apenas de manera esporádica en las labores de la casa, y cuando se logra su participación muchas veces se debe a la presión ejercida por sus cónyuges y cuando ellas desempeñan una actividad extradoméstica (García y Oliveira, 1994; Oliveira, 1998).

Las transformaciones en la división intrafamiliar del trabajo han sido lentas debido, en gran medida, al fuerte arraigo que tienen las concepciones socialmente aceptadas respecto a los papeles masculinos y femeninos. Hay evidencias de que en México, por lo general, las mujeres de mayor edad pertenecientes a los sectores populares consideran que son responsables del trabajo doméstico y sus cónyuges de la manutención del hogar. En cambio, entre las generaciones más jóvenes, las esposas que trabajan en actividades extradomésticas presionan más a sus cónyuges para que participen en las labores de la casa (Oliveira, 1998).

Existen estudios disponibles sobre el grado de autonomía de las esposas frente a sus cónyuges que sugieren que las condiciones materiales de vida son un eje central de diferenciación de las relaciones de pareja. Se ha encontrado que las mujeres más jóvenes, las que han logrado un mayor nivel de escolaridad, las que desempeñan actividades asalariadas, aquellas que controlan mayor cantidad de recursos y que asumen un mayor compromiso con su actividad extradoméstica son más propensas a establecer relaciones de género más igualitarias frente a sus cónyuges. Entre estas mujeres prevalece la idea de que su contribución monetaria es fundamental para la manutención de sus hogares; ellas participan en la toma de decisiones familiares sobre la administración del presupuesto, la procreación y la educación de los hijos; además tienen en gran medida garantizada su libertad de movimiento. Por el contrario, en los sectores populares los cambios en las relaciones de género han sido más lentos, puesto que las mujeres frecuentemente afirman que su contribución económica al hogar no es esencial, aunque lo sea en la práctica. En estos casos la situación es más compleja puesto que cuando las mujeres perciben ingresos semejantes o superiores a los de sus cónyuges, los varones pueden sentir amenazada su masculinidad, su papel como proveedores principales de sus hogares y su autoridad en la familia, de tal suerte que las relaciones familiares se hacen más opresivas para las mujeres. Por lo general estas mujeres consideran que sus maridos son los responsables del sustento familiar y por ello piden su autorización para salir de casa. Son las mujeres jóvenes de estos sectores sociales las que defienden activamente sus derechos y se esfuerzan por cambiar los patrones tradicionales que aún prevalecen en las relaciones de pareja (Oliveira, 1998).

Este hecho, así como las diferencias generacionales hacen necesario abandonar la visión de la familia como un conjunto indiferenciado de individuos para concebirla más bien como un microcosmos con pautas organizativas sustentadas en relaciones de poder (Salles y Tuirán, 1998).

Las imágenes y las prácticas de los padres mexicanos

Aunque recientes en el país, son evidentes los cambios reflejados en diversos anuncios publicitarios, así como en una variedad de programas televisivos y radiofónicos, películas, revistas y aun en los periódicos respecto a una nueva manera de ser padre. Esta importante transformación de la imagen paterna difundida en el país a través de los medios masivos de comunicación puede ser considerada como un factor de significativa influencia en las reflexiones y percepciones de las generaciones más jóvenes de varones en cuanto a su paternidad.

En diversas publicaciones[6] que circulan en las grandes ciudades del país y que están dirigidas principalmente al público de sectores medios se ha venido promoviendo desde hace algunos años una actitud más participativa de los padres en la crianza y el desarrollo de sus hijos. En ellas se llega a señalar que la pauta de que el padre es la ley y la madre el amor —que ha caracterizado a la familia durante siglos— hoy en día ha cambiado puesto que la imagen del padre es igualmente necesaria para la formación de los hijos (Torres, 1997).

Hasta mediados del siglo pasado y sobre todo hasta la década de los años sesenta el padre era básicamente una figura de autoridad y sostén económico que se mantenía al margen de los eventos fundamentales de la crianza de los hijos, pues los roles sociales habían asignado esta función a la mujer; sin embargo, actualmente se empieza a experimentar un cambio, ya que los padres modernos tienen un mayor interés por involucrarse en la esfera emocional, educativa y de atención de sus hijos (Cortázar, 1996).

Se establece que el padre también debe cambiar pañales, platicar con el pequeño, sonreírle y darle el biberón, cuestiones que muchas veces olvidan o creen que no les corresponden. En ese sentido se plantea la existencia de una diversidad de padres, ya que mientras algunos siguen apartados de la crianza de los hijos, otros participan activamente en la misma y otros más son quienes cuidan directamente a los hijos. En ello tienen que ver los diversos cambios económicos e ideológicos que tienen lugar en nuestra sociedad, que están propiciando una nueva definición de lo que es ser padre (González, 1998).

---

[6] Revistas como *Padres e hijos, Kena, Men's Health* en español, así como en los suplementos especiales del día del padre del periódico *Reforma*.

Incluso se proponen diversas maneras en que los padres contemporáneos pueden sentirse involucrados durante los embarazos de sus compañeras, estableciendo contacto con sus hijos hablándoles y tocando el vientre de las madres. El padre no puede faltar al parto, se señala, pues aunque hasta hace poco no era factible que un hombre pudiera entrar a la sala de partos, hoy en día diversos estudios señalan la conveniencia de que el varón asista al parto porque se considera que incluso puede ser un gran colaborador (Cortázar, 1996).

En estas publicaciones se habla también del establecimiento de una nueva relación paterna con los hijos, pues se ha de intentar ser más un amigo de los propios hijos que un padre estricto y regañón (Castillo, 1998). Se propone entonces que el vínculo del padre con los hijos debe sustentarse más en la comunicación y la amistad que en la distancia y la autoridad. Atrás quedaron los tiempos en que el cine mexicano reflejaba y promovía una imagen paterna —al estilo porfiriano— caracterizada por ser inflexible, dura, severa y autoritaria (Ramón, 1998).

A la difusión de estas imágenes acerca de una *paternidad alternativa* en el país habría que agregar, por supuesto, que fenómenos tales como las dificultades que con mayor frecuencia enfrentan los varones mexicanos para desempeñar el papel de proveedores únicos del sustento familiar, la consecuente reestructuración en los arreglos laborales de los hogares, la creciente incorporación de la mujer al mercado de trabajo, así como el incremento en las oportunidades educativas, entre otros, están repercutiendo, no únicamente en la vida de las familias mexicanas —al trastocar los roles desempeñados tradicionalmente por hombres y mujeres, y generar muchas veces tensiones y conflictos—[7] sino también, muy probablemente, en la percepción de las generaciones más jóvenes de varones respecto a su desempeño en la vida familiar.

En ese sentido, destacan los avances logrados por los estudios antropológicos y sociológicos sobre la masculinidad en el país que han analizado las valoraciones y experiencias de algunos varones en el ámbito doméstico, sobre todo entre sectores medios y populares de la Ciudad de México.

Los estudios de Gutmann (1996) y Vivas (1993, 1996) reportan coincidencias en la opinión que los varones por ellos entrevistados (de sectores populares en el primer caso y de sectores medios en el segundo)

---

[7] Oliveira, 1994 y 1999.

expresaron sobre los roles desempeñados por hombres y mujeres en el ámbito doméstico. Estos entrevistados señalaron que es obligación de los hombres proveer a sus familias del sustento económico, en tanto que las mujeres deben hacerse cargo del cuidado de los niños y de la casa. En este sentido, es importante señalar la percepción que tienen los varones de sectores medios respecto a la dificultad para cambiar patrones de conducta muy arraigados ya que, según ellos, enfrentan obstáculos provocados por su propio aprendizaje para el cabal cumplimiento de los roles masculinos que han de desempeñar.

De acuerdo con los varones de sectores medios entrevistados por Vivas (1993), aunque ellos participan en las decisiones sobre el uso de anticonceptivos y el número de hijos deseado, son sus esposas quienes tienen la última palabra al respecto. Ellos reconocieron que tienen fuertemente arraigada la idea de que la familia pequeña vive mejor y, por ello, el número promedio de hijos entre ellos es de dos. Sin embargo, cuando es el varón quien desea tener otro hijo y su compañera no, entonces según ellos la responsabilidad por evitar el embarazo recae fundamentalmente en ella. Esta actitud masculina, entre los sectores medios, respecto al control natal es muy similar a la reportada por Gutmann (1996) entre los varones de la colonia Santo Domingo, pertenecientes al sector popular, ya que en opinión de estos entrevistados la regulación de la fecundidad es responsabilidad de la mujer, quien incluso debe conseguir los condones para su compañero. A pesar de ello, es importante destacar el hallazgo que Gutmann (1993, 1996) reporta de la actitud de abierto rechazo entre sus entrevistados para demostrar su "machismo" teniendo muchos hijos.

En el significado que los varones otorgan a su paternidad existen interesantes coincidencias en los hallazgos de Vivas (1993) y Gutmann (1996). Para los varones entrevistados de ambos sectores sociales, ser padre ha significado sobre todo asumir una función de formador y guía para sus hijos, de manera que sienten la necesidad de enseñarles habilidades y destrezas para valerse por sí mismos en el futuro.

Sin embargo, también hay algunas diferencias en las apreciaciones masculinas acerca de la valoración que tienen de sus hijos en su vida cotidiana, puesto que para los varones de sectores medios (Vivas, 1993) el nacimiento de sus hijos ha implicado tener que realizar cambios en sus rutinas diarias y un incremento en la actividad doméstica que requiere de su participación, lo cual ha propiciado, en su percepción, trastornos en su actividad laboral. En cambio, los varones entrevistados por Gutmann

(1993) manifestaron que el tener hijos para ellos ha sido lo más natural y maravilloso del mundo, después del matrimonio, porque significa demostrar sus habilidades procreativas al probar su virilidad y porque tienen el placer de su compañía. Por eso muchos de ellos expresaron que sienten gran placer al contar con un trabajo que les permite estar con sus hijos mientras trabajan.

Cabe señalar que los varones de sectores populares reconocieron que establecen una diferenciación muy marcada para asumir sus obligaciones como padres de acuerdo con el sexo de sus hijos. Y esto se comprobó claramente al encontrar que la interacción que establecen con sus hijos varones, sobre todo con los mayores de tres o cuatro años, es más cercana y continua. Estos entrevistados dijeron que acostumbraban llevar consigo a sus pequeños durante su tiempo libre y sobre todo los fines de semana al ir de compras o visitar a los amigos. También manifestaron que les gusta enseñar a sus hijos hombres las habilidades técnicas necesarias para cumplir en un futuro con sus responsabilidades. Situaciones que no compartían con sus hijas (Gutmann, 1996). Hay que señalar que Nava (1996) también encuentra entre sus entrevistados de estratos medios, el reconocimiento de que establecen relaciones distintas con sus hijos e hijas.

Sin embargo, de acuerdo con los resultados de los estudios de Vivas (1996) y Nava (1996), hay indicios de que se está registrando en nuestro país un cambio en las representaciones que los padres de sectores medios tienen sobre sí mismos, sobre todo si se les compara con la figura tradicional del hombre fuerte, proveedor único que detenta la autoridad familiar y ante el cual la esposa y los hijos se subordinan.

Al parecer, entre los padres de sectores medios está empezando a existir una nueva norma de relación paterna basada más en la amistad y el compañerismo con sus hijos que en el ejercicio de autoridad. Este reajuste de las funciones paternas se encuentra acompañado de otros cambios en la organización familiar, tales como un mayor respeto de la personalidad de los niños y hacia sus elecciones. Estos padres consideraron que sostienen una relación menos autoritaria y más profunda con sus hijos, de mayor cercanía, presencia, comprensión, participación y comunicación que la que ellos tuvieron cuando niños con sus propios padres (Nava, 1996).

En los hallazgos reportados por Hernández Rosete (1996), Gutmann (1996) y Nava (1996) son interesantes las coincidencias respecto a las diferencias que detectan en el ejercicio de la paternidad distintas generaciones. Estos investigadores encuentran que los varones más jóvenes, tanto de sectores medios como populares, asumen una paternidad más activa, participativa y cercana a sus hijos —sobre todo en la atención y el cuidado de sus hijos, así como en el apoyo en la realización de las tareas escolares y en el juego— que aquellos de generaciones más antiguas, quienes se caracterizan por centrar su participación en responsabilizarse del bienestar físico y material de sus hijos, y enseñarles a ser futuros proveedores.

Por todo ello, Hernández Rosete (1996) y Gutmann (1993 y 1996) coinciden en proponer que el ejercicio de la paternidad debe ser estudiado y entendido como un proceso de construcción social, conyugal y familiar. De hecho Gutmann (1996) señala que si la identidad femenina en nuestro país ya no está tan estrechamente vinculada con la maternidad, entonces la masculinidad también puede estar siendo, al menos parcialmente, reconstruida. Y ello se constata, en su opinión, cuando para la mayoría de sus entrevistados el activo, consistente y de larga duración ejercicio de la paternidad constituye un ingrediente central en el significado de ser hombre y de lo que los hombres hacen.

DISCUSIÓN Y CONSIDERACIONES FINALES

En este capítulo se ha hecho una revisión de las transformaciones más importantes experimentadas por las familias latinoamericanas y en particular las mexicanas durante los últimos tiempos, y que han afectado tanto los papeles que tradicionalmente habían venido desempeñando hombres y mujeres como las relaciones establecidas entre sus miembros. Particularmente interesante fue el estudio del desempeño masculino en el ámbito doméstico tomando en cuenta las modificaciones ocurridas recientemente en la organización y en las relaciones familiares durante las últimas décadas en el país.

Los estudios sobre paternidad han venido a enriquecer el campo de análisis en la diferenciación de las actitudes y relaciones que los varones establecen con sus hijos e hijas, así como la posibilidad de observar los cambios que ha registrado el involucramiento masculino en la crianza y el cuidado de los hijos.

SEGUNDA PARTE

I. PROCEDIMIENTOS METODOLÓGICOS

Teniendo en cuenta las significativas transformaciones ocurridas en la fecundidad de las parejas mexicanas durante las últimas décadas del siglo xx —que han significado una disminución importante en el tamaño de las descendencias de las familias mexicanas—, así como los importantes cambios detectados en las estructuras y dinámicas domésticas en el país, es pertinente llevar a cabo una investigación sociodemográfica de corte cualitativo que profundice en el análisis de la presencia masculina tanto en los procesos reproductivos de las parejas como en la vida doméstica de sus hogares.

Para ello se retoman algunos de los avances alcanzados en las investigaciones desarrolladas en materia demográfica en torno a la fecundidad masculina y la participación de los varones en los procesos reproductivos, así como aquellos logros de los estudios referidos al análisis de las transformaciones en la vida doméstica y en los papeles desempeñados por hombres y mujeres en la sociedad mexicana.

En este capítulo se describe la estrategia metodológica desarrollada para llevar a cabo esta investigación centrada en la recuperación de las percepciones que los varones tienen de sí mismos respecto a su participación en los procesos reproductivos, a su desempeño en la vida doméstica y al vínculo que establecen con sus hijos. De esta orientación surgió la necesidad de recurrir a una muestra de tipo intencional y a emplear la entrevista en profundidad como herramienta de recolección de información.

Con este estudio se pretende explorar y comprender el vínculo que existe entre la conformación de las decisiones y las prácticas reproductivas de los varones mexicanos y las valoraciones y experiencias de su paternidad. Los cambios generacionales que se están observando en los deseos de las parejas mexicanas de procrear pocos hijos, muy probablemente están relacionados con algunos cambios en las valoraciones y actitudes de los varones —en tanto padres— respecto a sus hijos. Sin embargo, para su constatación, es necesario emprender un estudio que aborde con mayor profundidad el papel que desempeñan los varones mexicanos en sus procesos reproductivos, además de su participación en la vida doméstica, enfocando las transformaciones que están ocurriendo en la relación paterno-filial. Como puede observarse, lo que se intenta es hacer un esfuerzo por vincular, teórica y empíricamente, el estudio del ámbito de la reproducción biológica con aquel de la reproducción social.

Para ordenar este acercamiento exploratorio se han establecido los siguientes objetivos:

• Analizar el papel desempeñado por los varones en los procesos de toma de decisiones y en las prácticas reproductivas en el contexto de la pareja.

• Conocer las diversas formas de distribución de responsabilidades domésticas en el interior de los hogares, así como las actitudes y el desempeño de los varones frente a la asignación de dichas responsabilidades.

• Indagar sobre los distintos niveles y formas que asume la participación masculina en la crianza y el cuidado de sus hijos.

Para orientar el estudio se parte de dos hipótesis. La primera de ellas tiene que ver con la existencia de cambios en el ejercicio de la paternidad en México. Siendo más significativos o notorios entre aquellos varones que tienen mejores condiciones de vida y acceso a mayores niveles de escolaridad y que pertenecen a generaciones más jóvenes. Es probable que estos varones estén adoptando con mayor frecuencia modelos de comportamiento nuevos en relación con sus decisiones reproductivas y con su desempeño en la vida doméstica, a diferencia de lo que ocurre entre los varones de generaciones anteriores y de sectores populares, quienes tienen menores niveles de escolaridad y/o que son mayores.

Por otro lado, es muy probable que el hecho de que las mujeres, parejas de estos varones, desempeñen una actividad laboral fuera de casa contribuya a modificar un ejercicio tradicional de paternidad al cuestionar el papel de los varones como proveedores únicos del hogar y al generar condiciones propicias para una participación más activa de los padres, tanto en la crianza de sus hijos como en el trabajo doméstico.

Las preguntas centrales a las que se pretende responder con esta investigación son las siguientes:

a) ¿Cuál es el papel de los varones en los procesos reproductivos?

b) ¿Cuál es su desempeño cotidiano como padres en el ámbito doméstico? [1]

c) ¿Existe alguna relación entre la conformación de las decisiones reproductivas de los varones y la expresión que asume el ejercicio de su paternidad?

d) ¿Hay diferencias en estas dos cuestiones si tomamos en cuenta la generación, el sector social o la actividad económica de sus cónyuges?

Para dar respuesta a estas interrogantes se han establecido dos dimensiones analíticas que sirven de guía a todo el proceso de investigación:

1) El papel del varón en los procesos de toma de decisiones y en las prácticas reproductivas. En esta dimensión se estudian las percepciones y opiniones masculinas respecto al ejercicio de su sexualidad, la utilización de métodos anticonceptivos, la determinación del tamaño de su descendencia, la regulación de su fecundidad y el grado de comunicación establecido con su pareja sobre estos asuntos. También se analizan las características del vínculo que los varones establecen con sus respectivas parejas durante los embarazos y los partos, además de la posible articulación entre las decisiones reproductivas y de anticoncepción —reflejadas en un descenso significativo de la fecundidad— y las modificaciones en el ejercicio de la paternidad.

Las preguntas a responder como parte de esta dimensión analítica son las siguientes: ¿Por qué, cómo y cuándo el varón decide ser padre?; ¿cuál es la participación del varón en el proceso de toma de decisiones respecto a la procreación y la regulación de la reproducción?; ¿qué nivel de comunicación existe entre los cónyuges para tratar estos asuntos?; ¿cómo se define el tamaño de la descendencia?

2) El desempeño masculino en el ámbito doméstico. Aquí se hace un análisis de la dinámica organizativa en el interior de los hogares, el papel de los varones en la distribución de las responsabilidades domésticas, el significado atribuido al hecho de ser padre, el valor asignado a los hijos y el nivel de participación de los varones en el cuidado y la crianza de sus hijos. Es también de interés estudiar la existencia de modificaciones generacionales en el ejercicio de la paternidad y sus vínculos con posibles cambios en la participación masculina en la toma de decisiones reproductivas.

---

[1] Hago referencia a tres cuestiones fundamentales: la crianza y el cuidado de los hijos, el trabajo doméstico y la manutención del hogar.

Las preguntas relativas a esta dimensión de análisis son: ¿Qué importancia tiene el *ser padre*?; ¿cuál es el significado que los varones otorgan a la paternidad?; ¿qué tipo de relación establece el varón con su pareja y con sus hijos en el ejercicio de su paternidad?; ¿qué tanto se encuentran los varones involucrados en la crianza y el cuidado de sus hijos?; ¿cuál es la expresión cotidiana que asume la paternidad?; ¿cómo se distribuyen las responsabilidades y las actividades en casa?

Estas dos dimensiones analíticas, las relaciones entre ellas y las preguntas propuestas en cada una de ellas fueron abordadas a partir de la distinta experiencia de varones mexicanos, habitantes de la Ciudad de México, de acuerdo con su generación, sector social y la actividad económica de sus cónyuges.

Se consideró conveniente rescatar estas diversidades en la paternidad porque se coincide con De Keijzer (1998) en el sentido de que la paternidad es una posición y función que va cambiando históricamente y tiene variaciones notables de una cultura a otra, así como entre las distintas clases sociales y etnias de un mismo país.

La conformación de las decisiones y las prácticas reproductivas, así como el desempeño como padres en el ámbito doméstico, asumen entre los varones características muy diferentes dependiendo de:

• La edad, que remite no sólo a distintas etapas del ciclo de vida individual y familiar, sino también a una ubicación distinta en el tiempo histórico y social.

• El sector social, que determina las condiciones económicas, educativas y socioculturales en las que los individuos viven y son socializados.

• La condición laboral de la pareja, puesto que la actividad económica femenina es un factor que puede introducir importantes cambios en la organización y en las relaciones intrafamiliares.

LA CIUDAD DE MÉXICO COMO ÁMBITO DE LA INVESTIGACIÓN

Se eligió como ámbito espacial de esta investigación a la Ciudad de México porque actualmente en ella se sintetizan los más importantes cambios demográficos, económicos y sociales experimentados en el país. De manera que la vida familiar en esta ciudad constituye un magnífico escenario para averiguar cuál es, hoy en día, la participación de los varones en la dinámica de sus familias, particularmente en lo que respecta a las decisiones reproductivas y las responsabilidades domésticas y de crianza.

La Ciudad de México,[2] como es bien sabido, constituye el centro financiero, económico y político del país. Su zona metropolitana inicia su conformación en los años cuarenta, cuando cuantiosos contingentes de población, mayoritariamente rurales, migraron a ella. Este fenómeno potenció el crecimiento natural de su población y provocó que la mancha urbana se expandiera hacia los municipios aledaños del Estado de México.

En lo que se refiere a su dinámica demográfica, hay que destacar que es una de las más pobladas del mundo. Sin embargo, a pesar de que su crecimiento ha disminuido en forma importante durante las últimas décadas: de 5.87% anual entre 1940 y 1950, a 5.3 entre 1960 y 1970, 4.2 de 1970 a 1980 y 1.39 en el lapso 1995-2000 (Negrete, 2000b), su población ha registrado un crecimiento mayor que el de la población nacional. Sus habitantes han visto incrementar su número de 1.7 millones en 1940 a 2.9 en 1950, 5.1 en 1960, 8.6 en 1970, 13 en 1980, 15.8 en 1990,[3] y finalmente a 17.9 hacia el año 2000 (Camposortega, 1992; Garza, 2000b).

[2] En este trabajo empleo como sinónimos los nombres de Ciudad de México, Zona Metropolitana de la Ciudad de México y Área Metropolitana de la Ciudad de México. En ese sentido, cabe aclarar que la Zona Metropolitana de la Ciudad de México comprende las 16 delegaciones que forman el Distrito Federal, además de algunos municipios conurbados del Estado de México, cuyo número varía en el tiempo entre 16 y 40, a los cuales se agrega alguno del estado de Hidalgo.

[3] Las tasas de crecimiento por su agregación esconden fuertes diferencias al interior del área metropolitana. El Distrito Federal y los municipios conurbados del Estado de México han venido creciendo a tasas muy diferentes: mientras el primero ha disminuido marcadamente su crecimiento anual registrando entre 1980 y 1990 a una tasa de 0.2%, los municipios conurbados han conservado altas tasas de crecimiento, para el mismo periodo registraron una tasa de 5%. Lo que ha sucedido entonces es que se ha incrementado la importancia del Estado de México dentro de la Zona Metropolitana de la Ciudad de México (Camposortega, 1992).

Esta transformación demográfica fue resultado del acelerado crecimiento económico experimentado por el país entre 1940 y 1980, pues la capital fungió como el núcleo principal donde se concentró la creciente producción industrial y las más dinámicas actividades terciarias, atrayendo masivos flujos migratorios que impulsaron su explosivo crecimiento (Garza, 2000a). El crecimiento de la Ciudad de México puede explicarse por diversos motivos: las altas tasas de inmigración, la expansión física de la ciudad hacia las localidades vecinas y el alto crecimiento natural, al menos hasta 1970 (Negrete, 2000b).

Sin embargo, su crecimiento natural ha cambiado en el tiempo, pues ha pasado de 3.2% entre 1950 y 1970 a 2.5 entre 1970 y 1980, y a 1.8 entre 1980 y 1990. Lo mismo ha acontecido con su crecimiento social que ha variado de 2.5% entre 1950 y 1960 a 2.2 entre 1960 y 1970, y hacia finales del siglo xx se estimó cercano a cero (Negrete, 2000b).

En cuanto a la mortalidad, la Ciudad de México ha observado tasas inferiores que los niveles nacionales. Entre 1950 y 1960 la tasa bruta de mortalidad era del orden de 12.9 por mil, en tanto que en 1995 era sólo de 4.7 por mil. La mortalidad infantil también ha disminuido, pasando de 28.5 por mil nacidos vivos en 1990, a 22.5 en 1995 (Morelos, 2000). Así, la esperanza de vida de la población capitalina se ha incrementado considerablemente.

Por lo que se refiere a la fecundidad, también se han registrado cambios importantes, pues la tasa ha variado de casi seis hijos por mujer en 1970 a 2.5 en 1990.[4] Por lo que se refiere a la tasa bruta de natalidad en la Ciudad de México, hay que señalar que si bien había permanecido constante hasta los años sesenta, en alrededor de 43 nacimientos por cada mil habitantes, a partir de entonces ha disminuido continuamente, alcanzando 37 nacidos vivos por mil entre 1970 y 1980, 27.8 en 1990 y 23.8 en 1995 (Morelos, 2000). Hasta 1970 la tasa bruta de reproducción excedía las dos hijas por mujer, pero entre 1980 y 1990 disminuyó a 1.3 hijas por mujer. De tal suerte que si se compara con el nivel nacional y con el resto de las entidades federativas, la Ciudad de México registra actualmente las tasas de fecundidad más bajas en el país (Camposortega, 1992).

---

[4] De acuerdo con los datos del Conteo de Población y Vivienda de 1995, la tasa global de fecundidad en el país era de 2.8 hijos por mujer, en tanto que en el Distrito Federal ese indicador era de 2.2, el más bajo en toda la República.

Respecto a la edad en la que la población mexicana se une por primera vez, en el nivel nacional se observa una tendencia a retrasarla paulatinamente. De tal suerte que, de acuerdo con los datos del Conteo de Población y Vivienda, en 1995 la edad media a la unión era de 21.5 años, en tanto que las mujeres mexicanas se casaron o unieron en promedio a los veinte años y los varones lo hicieron poco después de cumplir los 23. El Distrito Federal[5] es la entidad donde tanto varones como mujeres se casan o unen más tardíamente, la edad media a la primera unión en 1995 fue de 22.6 años; en tanto que los varones se unieron o casaron a los 24.2 años y las mujeres a los 21.3 (INEGI, 1997).

Hacia 1995 el Distrito Federal[6] se encontraba entre las entidades federativas que contaban con las proporciones más altas de hogares encabezados por mujeres con el 21% del total de hogares, en tanto que en el nivel nacional esta proporción era de 17.8% (INEGI, 1997).

El promedio de escolaridad de la población de 15 años y más en el Distrito Federal[7] en 1995 era de 9.9 años (lo que implica que rebasa ligeramente la educación básica completa, que comprende primaria y secundaria) en el caso de los hombres, en tanto que para las mujeres era de 8.9 años (un año menos que los varones). Estos promedios fueron superiores a los registrados en el nivel nacional: 7.5 y 7.0 años, respectivamente (INEGI, 1997).

Como centro de atracción para los migrantes la Ciudad de México ha tenido un papel destacado desde la primera mitad de este siglo, y principalmente en los años cuarenta como resultado, en parte, del modelo de desarrollo vigente que priorizó al sector industrial sobre el agrícola. Esta atracción migratoria se hizo más intensa durante la década de los cincuenta y se mantuvo constante durante los años sesenta. Prueba de ello es que, de acuerdo con los resultados del censo de 1990, el 24% de los residentes en el Distrito Federal había nacido en otra entidad, y el 24% de los residentes en los municipios conurbados provenía de estados distintos al Estado de México y al Distrito Federal[8] (Camposortega, 1992). Sin em-

---

[5] No se cuenta con datos para la Ciudad de México.

[6] No se cuenta con datos para la Ciudad de México.

[7] No se cuenta con datos para la Ciudad de México.

[8] Los estados que más aportan migrantes son: Hidalgo, Morelos, Tlaxcala, Puebla, Querétaro, Veracruz, Oaxaca, Guanajuato y Michoacán (Camposortega, 1992).

bargo, desde mediados de los años setenta el Distrito Federal comienza a perfilarse como una zona de expulsión de población. Durante el periodo 1970-1990 se observó una desconcentración de la población capitalina hacia los municipios mexiquenses conurbados.

En el flujo de migrantes hacia la capital predomina la población rural con poca escolaridad, que se ubica en ocupaciones de baja calificación y bajo salario dentro de la estructura ocupacional de la urbe, como los servicios domésticos. En cambio, quienes abandonan la capital tienen en general mayores niveles educacionales que los de la población en los lugares de destino (Negrete, 2000a).

El mercado de trabajo en la Ciudad de México es uno de los mayores del mundo, con tasas de participación más o menos constantes desde los años cincuenta. Sin embargo, la participación económica femenina se ha incrementado significativamente en la última década. En 1970 y 1990 —de acuerdo con los censos de población y vivienda— la participación total podía estimarse en 47.6 y 46.4% respectivamente, en tanto que la masculina era de 70.6 y 67.3; y la femenina de 27.0 y 27.4 respectivamente. Según datos de la Encuesta Nacional de Empleo Urbano (ENEU) —que permite medir de manera más completa la actividad económica de la población— para el segundo trimestre de 1998, la participación económica total fue del orden de 56.3%, mientras que la masculina era de 75.5 y la femenina de 39.0 (García y Oliveira, 2000).

La composición sectorial de la actividad económica en la Ciudad de México indica que a partir de los años setenta las actividades industriales pierden importancia, en tanto que el sector terciario —ocupando el comercio un lugar central en su interior— ha aumentado su participación. De acuerdo con los censos de población y vivienda, en 1970 el 2.8% de los ocupados se encontraba en el sector primario, el 40.4 en el secundario y el 56.8 en el terciario; mientras que en 1990, el 1.1% de los ocupados se encontraba en el sector primario, el 32.0 en el secundario y el 66.9 en el terciario. Y de acuerdo con los datos de la ENEU, para el segundo trimestre de 1998, los datos son: 0.6% en el primario, 24.9 en el secundario y 74.5 en el terciario (García y Oliveira, 2000).

Según las estadísticas oficiales, el desempleo no es muy importante en la ciudad; el verdadero problema lo constituye el subempleo, es decir, los trabajadores empleados en el sector informal o por muy bajos ingresos, que han registrado un incremento importante en las últimas décadas.

En resumen, podemos considerar a la Ciudad de México como el ámbito que sintetiza las grandes transformaciones ocurridas en el país, tanto en términos demográficos, al registrar los descensos más importantes en las tasas de mortalidad y fecundidad, como en términos sociales y económicos, al constituirse en un centro privilegiado del acelerado desarrollo económico y urbano. El estancamiento de su producción industrial, el dinamismo de las actividades terciarias, la existencia de importantes contingentes de población de origen rural con poca escolaridad, el crecimiento del subempleo y la pobreza, así como su continua expansión hacia el Estado de México han contribuido a su conformación como uno de los mercados de trabajo más importantes del mundo y como ámbito en el que se expresan las grandes diversidades y desigualdades de la sociedad mexicana.

LA PERTINENCIA DE UN ACERCAMIENTO CUALITATIVO

En tanto que esta investigación ha implicado la necesidad de recuperar para su análisis la reflexión que los propios hombres tienen sobre su participación en los procesos y decisiones reproductivos, además de la visión que tienen de sí mismos como padres, tomando de sus palabras parte de sus trayectorias vitales, es conveniente llevar a cabo un acercamiento metodológico cualitativo.

La aproximación cualitativa requiere que el(la) investigador(a) se involucre muy cercanamente con los sujetos de investigación, al tiempo que debe conocer el contexto a partir del cual pueda entender el comportamiento de las personas dentro del sistema de significados empleado por el grupo particular de la sociedad que se trate (Martínez, 1996). Este tipo de investigación trabaja con fuentes de información muy particulares, tales como las biografías, historias de vida, autobiografías, documentos, imágenes, observación participante y entrevistas. Utiliza también relatos detallados y diversos en contenido que dificultan un tanto el análisis de la información porque no cuenta con respuestas sistemáticas ni estandarizadas, sino con una abundante y compleja información acerca de las vivencias y las percepciones de los sujetos sociales. En este sentido, conviene señalar que este método de investigación intenta sobre todo analizar relaciones sociales y no tanto relaciones entre variables.

La posibilidad de recuperar la autopercepción y la experiencia de los individuos en sus decisiones y prácticas reproductivas, y en su paternidad, me llevó a plantear el relato de vida[9] como el método más eficaz para los propósitos de esta investigación. Esto es así, porque los relatos de vida pueden ayudar a revelar las experiencias inmediatas vividas tal y como los miembros de la sociedad se las representan, además de que pueden dar cuenta de las interpretaciones que los actores construyen sobre esa experiencia, y permiten analizar las restricciones y opciones que enfrentan en su cotidianidad y a lo largo de su existencia.

El relato de vida es especialmente adecuado para captar la realidad subjetiva —lo vivido subjetivamente—, pues documenta las experiencias de las personas: cómo interpretan, comprenden y definen el mundo que las rodea. Permite observar qué es lo que definen como problemático en la vida y particularmente en su vida, muestra la representación de las experiencias inmediatas de vida y evita imponer a las experiencias vividas un orden y una racionalidad ajenos, como puede suceder con la utilización de instrumentos muy estructurados de recolección de información (Valdés, 1989).

Otra virtud de los relatos de vida es que se centran en la totalidad de la experiencia de vida, colocan al individuo en el conjunto de sus experiencias de vida y al mismo tiempo en el contexto sociohistórico más amplio en que vive. Por ello, al tiempo que permite entender los momentos críticos en la vida de los sujetos, también facilita observar la intersección entre la historia individual con la historia de la sociedad a la que pertenecen. Los discursos provenientes de los relatos de vida de los entrevistados permiten así mismo analizar las construcciones significativas de su comportamiento en los distintos ámbitos de la vida. Relatar la vida no equivale a vaciar una colección de eventos vividos en el pasado y en el presente, más bien se trata de un esfuerzo de significación que el entrevistado realiza al tomar distancia para mirarse a sí mismo, y en el que reconstruye y estructura imágenes de su vida, mismas que se acercan

---

[9] Se distingue aquí entre historia de vida y relato de vida como lo hace Teresa Valdés (1989). Historia de vida sería la historia de una vida construida no sólo con elementos del relato de la persona en cuestión, sino también con material proveniente de diversos documentos como certificados de nacimiento, de salud, judiciales, además de testimonios de familiares y amigos, etc. Mientras que el relato de vida sería la historia de una vida tal y como la cuenta la persona que la vivió.

a la construcción de una noción de la propia identidad (Valdés, 1989). La construcción de la historia de la propia vida refleja la manera en que el individuo representa aquellos aspectos de su pasado que son relevantes en su actual situación.

La herramienta utilizada en esta investigación para la recolección de los relatos de vida de los varones es la entrevista en profundidad.[10] Esta técnica de recolección de información, que consiste en la realización de una conversación profesional con una persona, implica un proceso de comunicación en un marco artificial de acopio de datos, en el que se crea una relación intensa, fruto de la convivencia entre entrevistado y entrevistador, y se transmite la experiencia del primero. Aquí cabe señalar que la comunicación no verbal, en el contexto de la entrevista, adquiere en ocasiones mayor importancia que la propia comunicación verbal (Ruiz Olabuénaga e Ispizúa, 1989).

En la entrevista en profundidad el investigador busca encontrar lo que es importante en la mente de los informantes, sus significados, perspectivas e interpretaciones, el modo en que ellos ven, clasifican y experimentan su propio mundo. Con esta herramienta se intenta lograr que el individuo transmita oralmente al entrevistador su definición personal de la situación. Lo que implica un proceso de inmersión por parte del entrevistado, con la colaboración del entrevistador que asume un papel activo, ya sea dirigiendo dicha inmersión a partir de un guión de preguntas, o limitando su participación al mínimo y dejando que sea el actor quien lleve la iniciativa de la conversación (Ruiz Olabuénaga e Ispizúa, 1989).

Para llevar a cabo las entrevistas en profundidad se diseñó una guía de entrevista que permitió conducir la conversación sostenida con cada uno de los entrevistados alrededor de los temas objeto de este estudio. (La estructura y el contenido de dicha guía puede consultarse en el anexo II de este libro.) Importa señalar que para el diseño se realizó un trabajo de operacionalización ("traducción") de las dimensiones analíticas propuestas y sus conceptos en preguntas específicas redactadas en un lenguaje sencillo y comprensible para los entrevistados.

---

[10] En este caso se retoma a Grawitz (1975) para señalar que en la entrevista en profundidad el encuestador sugiere el campo a explorar y tiene libertad para conducir la entrevista, así como el encuestado para responder. En este tipo de entrevista el objeto está centrado en el individuo, y el encuestador observará el contenido y analizará los datos en forma cualitativa.

La selección de la muestra

Para llevar a cabo este estudio ha sido conveniente contemplar como población en estudio a aquellos varones que habitan en la Ciudad de México, casados o unidos, convivientes con su pareja, con la que han procreado al menos una hija o un hijo.[11]

En virtud de las características y los objetivos de esta investigación fue conveniente utilizar una muestra intencionada que, lejos de asegurar la representatividad estadística de los casos analizados, permitió más bien conocer en profundidad un número limitado de casos.

La muestra se conformó a partir de ciertos criterios, que al propio tiempo que permiten obtener cierta heterogeneidad entre los casos, contribuyen a ordenar y controlar esa heterogeneidad. Dichos criterios se derivan de los objetivos y de los supuestos de que se parten para realizar este estudio.

Cabe recordar que es un propósito rescatar las diversidades en las experiencias masculinas respecto a sus decisiones y prácticas reproductivas, así como a su desempeño como padres en el ámbito doméstico, considerando su sector social, generación y la actividad económica de sus cónyuges. De tal suerte que la selección de los varones entrevistados ha sido determinada por los siguientes criterios:

a) Corresidencia y convivencia con su pareja y con los hijos que ha procreado con ella, porque es de interés conocer la expresión cotidiana del vínculo que los varones establecen con ellos.

b) Pertenencia a un rango de edad de entre 20 y 65 años, de manera que fuese posible que hubieran pasado por la transición de la paternidad. Considerando que la edad remite a una ubicación determinada de los individuos en el tiempo histórico y social, es conveniente para efectos de este estudio separar en dos grandes grupos de edad a los entrevistados:

• De los 20 a los 44 años, considerados como padres jóvenes.

---

[11] Es importante aclarar que para esta investigación se tomó en cuenta solamente a una parte del universo familiar mexicano: familias constituidas a partir de uniones o matrimonios estables, cuyos cónyuges conviven o han convivido con sus hijos. Por lo que quedaron fuera de la consideración para este estudio las experiencias reproductivas y de paternidad al margen de la unión o del matrimonio, y aquellas experiencias parentales y familiares de tipo homosexual.

- De los 45 a los 65 años, considerados como padres mayores.

Se estableció esta división porque sería muy probable que los varones ubicados en el primer grupo de edad —a diferencia de los que se encuentran en el segundo grupo— pertenecieran a aquellas generaciones que recibieron una influencia determinante de las transformaciones que, en el orden demográfico, económico y social ha sufrido el país en las últimas tres décadas, y de las que se ha dado cuenta en apartados anteriores.

Por otro lado, es importante señalar que para comparar las experiencias reproductivas y de paternidad entre los entrevistados se tuvo en cuenta el hecho de que la edad remite también a distintas etapas del ciclo de vida personal y familiar.

c) Pertenencia a sectores medios o populares porque constituyen dos de los agrupamientos sociales fundamentales de la sociedad urbana mexicana que han sido considerados para su estudio en diversos trabajos de investigación, a fin de dar cuenta de su heterogeneidad y diferenciación social y cultural. Para la caracterización de dichos sectores sociales se retomó la propuesta de García y Oliveira (1994):

- Pertenecientes a sectores medios, aquellos varones con ocupaciones no manuales, con algún grado de escolaridad superior a la secundaria, y que habitan en colonias que cuentan con los servicios básicos de agua y electricidad, pavimentación en las calles y otros servicios como el telefónico.

- Pertenecientes a sectores populares, aquellos varones con ocupaciones manuales, con escolaridad menor que la preparatoria, y residencia en colonias con infraestructura urbana precaria en cuanto a la dotación de agua, electricidad y pavimentación en las calles.

d) Actividad económica femenina, en función de si las parejas de estos entrevistados estuvieran participando o no en el mercado laboral (o que lo hubieran hecho con anterioridad a la fecha de la entrevista), porque, como se ha señalado, el trabajo remunerado femenino puede constituir un elemento que cuestione y modifique la imagen del varón como proveedor único del sustento del hogar, así como la división tradicional del trabajo familiar.

Así, de acuerdo con estos criterios se conformó una muestra intencional de 16 casos que quedó distribuida de la siguiente manera:

Condición de actividad de la cónyuge	*Sectores sociales*			
	Medios		*Populares*	
	Jóvenes (20-44 años)	*Mayores (45-65 años)*	*Jóvenes (20-44 años)*	*Mayores (45-65 años)*
Cónyuge trabaja	2	2	2	2
Cónyuge no trabaja	2	2	2	2
Total	4	4	4	4

ACERCA DE LOS PADRES ENTREVISTADOS

Durante la segunda mitad de 1997 y la primera mitad de 1998 fueron entrevistados 16 varones que al momento de la entrevista eran padres y convivían con su pareja. El contacto con ellos se hizo por medio de amistades, conocidos, ex compañeros de trabajo e incluso de familiares, utilizando el procedimiento de "bola de nieve", yendo de un entrevistado hacia sus conocidos. Los padres entrevistados, en su mayoría, fueron contactados y localizados a partir de criterios tales como su ocupación, el grado de escolaridad alcanzado y su nivel de ingreso, por ello la gran mayoría de las entrevistas se llevó a cabo en el lugar de trabajo de estos varones, aunque cabe aclarar que algunos padres pertenecientes a sectores medios fueron entrevistados en sus hogares.

Hubo mucha facilidad en el establecimiento de contactos con los padres jóvenes de sectores medios, quienes tuvieron una gran disposición para ser entrevistados, hecho que contrasta con las dificultades para contactar y lograr entrevistar a los padres mayores de 44 años de sectores populares, quienes mostraron ciertas resistencias a ser entrevistados. De hecho, algunos de ellos se negaron contundentemente a ser entrevistados.

Los padres de sectores medios

En su gran mayoría nacieron en la Ciudad de México, lugar en el que han vivido toda su vida, de tal suerte que su ámbito de socialización ha sido eminentemente urbano. Casi todos cuentan con un nivel de escolaridad de licenciatura e incluso algunos con grado de maestría. Sus cónyuges, en cambio, tienen un promedio de escolaridad de tercero de secundaria, aunque hay un par de casos con nivel de licenciatura. Estos varones son profesionistas con ocupaciones de diseñador industrial, funcionario universitario, analista de sistemas, microempresario, arquitecto y coordinador de ventas. En tanto que las cónyuges de estos varones que trabajan de manera remunerada tienen ocupaciones como supervisora delegacional, microempresaria, guionista de programas educativos y edecán. Las familias de estos entrevistados viven en casas o departamentos —cuya propiedad detenta o está pagando la mayoría de ellos— en colonias bien equipadas en lo que a servicios básicos e infraestructura se refiere.

Se caracterizan por haberse unido en edades no tan tempranas —como es el caso de los varones de sectores populares—, pues en promedio lo hicieron a los 27 años, edad muy superior a la media registrada en 1995 para los hombres del Distrito Federal, que era de 24.2 años. Sus cónyuges se unieron en promedio a los 22.6 años, poco más de un año más tarde que el promedio de las mujeres en el Distrito Federal en 1995.

Algunos años después de haberse unido conyugalmente, estos varones fueron padres, aproximadamente a los 29 años en promedio. Los padres mayores de 44 años al momento de ser entrevistados estaban casados (en matrimonio civil y religioso), condición que sólo corresponde a la mitad de los padres jóvenes (menores de 45 años), ya que la otra mitad vivía en unión libre con su compañera.

Entre los padres jóvenes de estos sectores sociales predomina la conformación de hogares nucleares y descendencias de dos hijos en promedio.[12] En tanto que entre los entrevistados mayores de 44 hubo algunos

---

[12] Cabe señalar que aunque para estos entrevistados y sus parejas todavía no han concluido su periodo reproductivo, algunos de ellos expresaron un claro deseo de no incrementar el número de hijos que tienen.

casos con hogares de tipo extendido.[13] De cualquier manera, el promedio de hijos entre estos varones es de tres.

Es interesante destacar que estos hombres, por lo general, provienen de familias un tanto más numerosas que las que ellos han conformado, ya que los mayores tuvieron en promedio tres hermanos, mientras que los jóvenes en promedio contaron con cinco hermanos. Resalta también el hecho de que la mayoría de estos entrevistados —tanto jóvenes como mayores— siendo pequeños sufriera la pérdida de su padre, en algunos casos por abandono y en otros por defunción.

Finalmente, hay que comentar que los hogares de estos padres se caracterizaron por no contar con servicio doméstico, pues solamente un caso fue la excepción.

Los padres de sectores populares

Provienen en su totalidad de áreas rurales de los estados de México, Puebla, Veracruz, Oaxaca, Michoacán y Jalisco, en donde nacieron y vivieron buena parte de su infancia y adolescencia, hasta que, siendo jóvenes, migraron a la Ciudad de México en busca de trabajo.

Los entrevistados mayores de 44 años arribaron a la Ciudad de México probablemente durante la década de los años cincuenta, época en que la migración proveniente del campo fue más intensa. Estos varones han vivido en esta ciudad aproximadamente 40 años. Los jóvenes, en cambio, forman parte de corrientes migratorias mucho más recientes, correspondientes a los años setenta y ochenta. De tal suerte que viven en la Ciudad de México desde hace aproximadamente 20 años.

Si consideramos su proveniencia del ámbito rural del país y su condición de migrantes adolescentes o jóvenes a la Ciudad de México en busca de trabajo, es lógico que su nivel de escolaridad sea de primaria completa en algunos casos, en tanto que otros más no lograron terminarla. Ambos niveles se encuentran por debajo del promedio estimado en 1995 para el Distrito Federal, que era de primaria y secundaria completas. La mayoría de las cónyuges de los entrevistados mayores de 44 años

---

[13] Los hogares extendidos están conformados por un núcleo familiar y otros parientes.

tampoco concluyó la educación primaria, en tanto que las compañeras de los jóvenes sí la completaron.

Al momento de la entrevista todos estos varones tenían ocupaciones manuales, pues se trata de albañiles, auxiliares de intendencia, auxiliar de restaurante, chofer y jardinero. En los casos en que sus compañeras se han incorporado a una actividad remunerada, lo han hecho en el servicio doméstico, como auxiliar de restaurante o atendiendo un puesto en el mercado. Los ingresos de estos varones son precarios y la mayoría de estas familias vive en colonias y barrios populares.

Todos estaban casados y se unieron siendo muy jóvenes, en promedio a los 20 años —poco más de cuatro años antes que el promedio de los varones en 1995 en el Distrito Federal—, y fueron padres muy pronto, aproximadamente un año después. Sus cónyuges se unieron con ellos aproximadamente a los 19.6 años en promedio, casi dos años más temprano que el promedio para las mujeres en el Distrito Federal en 1995.

Aunque estos entrevistados han conformado predominantemente hogares nucleares, hay que hacer notar que la mitad de los padres jóvenes entrevistados vive en hogares extendidos. El tamaño de sus descendencias difiere al tomar en cuenta sus edades, ya que los padres jóvenes han procreado en promedio dos hijos; en tanto que el número promedio de hijos entre los entrevistados mayores de 44 años es de casi seis hijos, casi cuatro más que el promedio de hijos por mujer para el Distrito Federal en 1995.

Casi todos provienen de familias numerosas, pues los jóvenes tienen en promedio cinco hermanos, en tanto que los mayores cuentan con cuatro hermanos en promedio. Entre la mayoría de estos varones también privó la ausencia o pérdida de sus padres cuando fueron pequeños; los motivos fueron el abandono, la migración o la defunción.

Las generaciones de padres

Al tratar de ubicar a los entrevistados de acuerdo con su edad en el tiempo histórico y social, puede decirse que los padres jóvenes de ambos sectores sociales[14] —a diferencia de los mayores— recibieron una clara

---

[14] Que pertenecen a generaciones nacidas entre 1954 y 1975.

influencia de diversos acontecimientos y procesos ocurridos en México durante las tres últimas décadas del siglo xx, particularmente la extensa difusión —iniciada en 1974— de modernos métodos anticonceptivos impulsada por los programas nacionales de planificación familiar y que fue acompañada de la extensa campaña publicitaria en favor de la reducción del tamaño de las familias;[15] la incorporación de la educación sexual en los programas escolares;[16] la difusión de un nuevo ideario respecto a la figura del padre; así como la creciente incorporación de las mujeres a la actividad económica remunerada y el consiguiente cuestionamiento del varón como único proveedor del sustento familiar.

Por lo que se refiere a la planificación familiar entre las parejas mexicanas, la información proveniente de diversas encuestas realizadas en el país es indicativa de que la difusión de la moderna anticoncepción ha dado resultado, pues se detecta que es cada vez mayor el nivel de conocimiento —aunque no el uso— de los diversos métodos anticonceptivos entre la población masculina joven, si se le compara con la población de generaciones mayores. También se ha constatado que entre la población masculina, la escolaridad constituye una variable que interviene de manera importante en el conocimiento y en el uso de métodos anticonceptivos (ssa, 1990; García y Figueroa, 1992).

EL MÉTODO DE ANÁLISIS DE LA INFORMACIÓN

El trabajo cualitativo requiere que el(la) investigador(a) dé sentido a una amplia y rica información, que identifique patrones significativos y que logre comunicar la esencia de lo que los datos revelan. Al recuperar el punto de vista de sus sujetos de estudio, este tipo de investigación puede profundizar en los significados de sus experiencias personales y obtener una comprensión del mundo más próxima a la manera de sus entrevistados (Martínez, 1996).

[15] La campaña más conocida y recordada por muchos en el país es aquella cuyo eslogan era: "La familia pequeña vive mejor".

[16] Particularmente en el nivel de la enseñanza secundaria, constituyéndose en una importante fuente de información sobre la sexualidad y la reproducción humanas para las jóvenes generaciones de padres.

El reto para la investigación cualitativa es entender y describir en profundidad, si es necesario a través de conceptos teóricos, el movimiento de las sociedades y la conformación y transformación de las relaciones sociales a partir de la unión de los fragmentos de conocimiento que ha encontrado por diversos caminos y en los relatos de sus entrevistados. Por ello, la fase de análisis de la información es también un proceso de síntesis; el análisis sólo estará completo cuando la red de relaciones sociales se haya entendido y se pueda decir algo más sobre el todo del que forma parte el grupo en estudio (Martínez, 1996).

Usualmente la primera tarea en la etapa de análisis de la investigación cualitativa es la descripción, ya que a partir de un primer análisis descriptivo se pueden ir contestando preguntas básicas, a la vez que se va reuniendo y ordenando toda la información para hacerla más manejable. Después viene la tarea de la interpretación, en la que se tendrá que hacer el esfuerzo por comprender y explicar los hallazgos, contestando a los por qués. El análisis de la información implica buscar patrones, temas, categorías, variables, relaciones y procesos a través de contrastaciones, comparaciones y agrupaciones. Éste es un momento crucial de la investigación, puesto que el(la) investigador(a) debe mostrar sensibilidad para buscar explicaciones y patrones alternativos a sus propuestas iniciales de investigación (Patton, 1990; Huberman y Miles, 1994).

Para llevar a cabo la interpretación de la información proveniente de las entrevistas realizadas ha sido pertinente utilizar el método tipológico propuesto por Max Weber como una herramienta analítica idónea. La construcción y utilización de tipos ideales —entendidos más como representaciones ideales que como esquemas reales— ofrece la posibilidad de establecer, representar y comprender de forma pragmática las relaciones y los tipos de relaciones que existen entre determinados factores, además de aclarar cómo han podido influir en algunos casos concretos de la realidad (Weber, 1977).

Acerca del método de análisis tipológico

Max Weber (1977), preocupado por la comprensión de la realidad social e histórica, propuso la creación de tipos ideales como mecanismo que posibilita la comprensión del sentido que los agentes sociales dan a su propia conducta. En este procedimiento analítico se parte de casos concretos para elaborar tipos ideales —generalizaciones que no representan la realidad objetiva— que sirven para conocer el significado cultural de las relaciones sociales que existen en la realidad concreta.

El tipo ideal se obtiene mediante la acentuación unilateral de uno o varios puntos de vista y mediante la reunión de gran cantidad de fenómenos individuales, difusos y discretos, que pueden darse en mayor o menor número —e incluso pueden faltar— y que se suman a los puntos de vista unilateralmente acentuados, con la finalidad de obtener un cuadro homogéneo de ideas. Empíricamente resulta imposible encontrar en la realidad este cuadro de ideas en su pureza conceptual porque se trata de una utopía (Ruiz Olabuénaga e Ispizúa, 1989).

La utilidad del tipo ideal en la investigación se relaciona con la posibilidad de determinar, en cada caso particular, la proximidad o lejanía entre la realidad y la imagen ideal. Se trata de un concepto límite, puramente ideal, para compararlo con la observación de la realidad. Además, es conveniente mencionar que se pueden elaborar uno o varios tipos ideales sobre un mismo fenómeno o proceso social, de los cuales ninguno se parece al otro, al mismo tiempo que ninguno se encuentra en la realidad. Sin embargo, cada uno puede presentarse como una representación válida de la realidad a estudiar (Weber, 1977).

La construcción del tipo ideal como una construcción de una acción rigurosamente racional con arreglo a fines, sirve para comprender la acción real influida por "irracionalidades" de toda especie (afectos, errores), como una desviación del desarrollo esperado de la acción racional.[17] Sin embargo, este procedimiento no debe ser interpretado como un prejuicio racionalista, pues la palabra tipo ideal debe entenderse en sentido lógico y no real, es decir, no significa que "deba ser" así, o que constituya un modelo a imitar. En este sentido, su utilidad puede ser evaluada en tanto sirva para explicar el significado de un fenómeno o proceso, la relación con otros fenómenos o procesos y la causa del mismo. Con esto ha de quedar claro que el tipo ideal es sólo un recurso metódico, no un objetivo; es un instrumento, no una meta de la investigación (Weber, 1977; Ruiz Olabuénaga e Ispizúa, 1989).

---

[17] Aunque puede ser controversial esta definición de Max Weber respecto a la acción real de los individuos, con la cual incluso se puede disentir, cabe aclarar que el uso en esta investigación de los tipos ideales y de la definición que de ellos hace Max Weber es únicamente como una herramienta analítica.

Por otro lado, es necesario distinguir entre la construcción del tipo ideal y la aplicación de éste como esquema interpretativo de las acciones reales concretas. En la aplicación de los tipos ideales nos encontraremos con que los actores reales pueden trascenderlos. Los actores reales sí pueden abrirse a nuevas opciones de acción, están sometidos a temores y angustias, tienen historia y aprenden de su experiencia, ajustan su acción a nuevas condiciones (Valdés, 1989).

La comparación entre los tipos ideales y los actores reales puede llevar a revisar la propia construcción de los tipos y, eventualmente, a visualizar la influencia de otros elementos en la acción, los cuales constituyen la explicación de por qué no se observaría el comportamiento esperado. Lo que interesa al (la) investigador(a) es construir una pauta de interpretación que haga posible la comprensión de los motivos subjetivos de las significaciones que las acciones tienen para los propios actores (Valdés, 1989).

Como parte del tipo ideal, el *tipo extremo* implica una operación de ordenamiento que se utiliza ante la dificultad de establecer las fronteras de las clases. En este tipo cada una de las categorías sirve como "tipos puros" que funcionan como parámetros entre los cuales se van ordenando los individuos o grupos en estudio. Entonces, este tipo se construye más como una medida de orden que como un mecanismo de diferenciación cualitativa de atributos clasificados. De tal manera que los casos individuales se van caracterizando por su aproximación o lejanía respecto a cada tipo extremo. El tipo funciona así como un criterio de comparación en términos de menor a mayor. El objetivo es ordenar el caso en función de una cualidad en relación con el tipo extremo (Velasco, 2001).

En el caso de este estudio se trata, en principio, de comprender el sentido de las prácticas reproductivas y de paternidad, tratando de averiguar si existen diferencias entre varones de acuerdo con su generación, sector social y la actividad económica de sus cónyuges.

Para llegar a este conocimiento cabe recordar que se parte de la hipótesis de que aquellos varones que tienen mejores condiciones de vida y acceso a mayores niveles de escolaridad, o que son más jóvenes, adoptan más fácilmente modelos de comportamiento nuevos relacionados con sus decisiones y prácticas reproductivas, así como con su desempeño como padres en la vida doméstica de sus hogares, a diferencia de aquellos varones de sectores populares con menores niveles de escolaridad o que son mayores.

También se ha considerado que el hecho de que las mujeres, parejas de estos varones, desempeñen una actividad laboral fuera de casa contribuye a modificar el ejercicio tradicional de la paternidad, al cuestionar el papel del varón como proveedor único del hogar y al generar condiciones propicias para una participación más activa de los padres en la crianza de sus hijos y en la realización del trabajo doméstico.

Justamente en función de esta hipótesis, es fructífera la elaboración de *dos tipos ideales extremos de paternidad: uno tradicional y otro moderno.* Estos dos tipos ideales extremos de paternidad constituyen una medida de orden a partir de la cual los casos empíricos pueden irse clasificando, por su cercanía o lejanía, con cada tipo extremo. Sin embargo, es muy poco probable encontrar en la realidad cualquiera de estos dos tipos ideales extremos. Ellos, en tanto conceptos límite, puramente ideales, sólo constituyen una herramienta analítica que ayudará a establecer una gradación en las diversas experiencias reproductivas y de paternidad de los hombres entrevistados.

A partir de la comparación de los casos concretos de padres con los dos tipos ideales extremos de paternidad es lógico que surjan diversas clases de casos empíricos: desde las que se acerquen al tipo ideal del padre tradicional hasta las que se alejen tanto de éste que terminen aproximándose al tipo ideal del padre moderno, quedando entre ambos extremos un sinnúmero de clases de padres.

Con este ejercicio analítico se pretende encontrar los elementos que permitan comprender las diferencias registradas en la experiencia de la paternidad de los padres entrevistados, que involucra desde sus actitudes en torno a la reproducción y su regulación, hasta la relación que establecen con sus parejas y sus hijos en el espacio doméstico.

Es conveniente insistir en que estamos hablando de una generalización teórica, a través de la abstracción, y no empírica, a partir de la propia información recolectada. Para lograr esta generalización teórica necesitamos maximizar las diferencias entre los dos tipos extremos de paternidad, agrupando determinadas características o atributos para cada uno de ellos.

Caracterización de los tipos ideales extremos de paternidad

Para definir los atributos necesarios para la construcción de los dos tipos ideales extremos de paternidad, así como los rasgos que definen a estos atributos, se tomaron en cuenta no sólo los objetivos y las dimensiones analíticas propuestas para esta investigación, sino también los planteamientos más importantes de la literatura revisada en los capítulos precedentes respecto a los temas de interés, al igual que el contexto histórico y social en el que han tenido lugar las transformaciones de los papeles que hombres y mujeres han desempeñado en el ámbito familiar.

A partir de todo esto, se proponen cinco atributos o dimensiones particulares de la vida familiar para caracterizar a los dos tipos ideales extremos de paternidad, a saber:

a) El papel del varón en la decisión de tener hijos y en la regulación de la fecundidad (anticoncepción).

b) El papel del varón en las etapas centrales del proceso reproductivo (embarazo, parto y posparto).

c) El ejercicio cotidiano de la paternidad y la participación masculina en la crianza y el cuidado de los hijos.

d) La participación masculina en el trabajo doméstico.

e) La importancia de la paternidad y su articulación con el rol de proveedor.

Para caracterizar a los tipos ideales extremos de paternidad es necesario acentuar en diferentes sentidos los rasgos particulares de cada uno de los atributos (dimensiones particulares) propuestos, como se hará a continuación.

Primer tipo: *El padre tradicional*

1. El papel del varón en la decisión de tener hijos
    y en la regulación de la fecundidad (anticoncepción)

Este tipo de padre establece una relación de pareja caracterizada por la existencia de un importante grado de incomunicación entre los cónyuges, así como por la inexistencia de espacios de discusión, sobre todo en temas relacionados con la sexualidad, el tamaño de la descendencia y el control de la fecundidad.

Esta falta de comunicación entre los miembros de la pareja lleva a que predomine la voluntad masculina en la definición de un elevado nivel de fecundidad. De manera que la inequidad en la relación de pareja queda reflejada en el poder ejercido por el varón en la toma de decisiones en torno al tamaño de la descendencia.

La actitud autoritaria de estos padres tradicionales se encuentra relacionada con un fuerte condicionamiento de tipo cultural que los lleva a continuar con ciertos patrones reproductivos caracterizados por una alta valoración de una descendencia numerosa.

Esta valoración que se tiene de los hijos propicia que estos hombres no perciban la posibilidad de limitar el número de hijos a procrear a través de la regulación de la fecundidad conyugal, ni que busquen información al respecto. Por ello estos varones no están informados acerca de la reproducción humana, de la anticoncepción, ni de las características de los diversos métodos.

Recurrir a la anticoncepción para regular la fecundidad conyugal no es una posibilidad para estos hombres, quienes generalmente rechazan que sus compañeras usen algún método anticonceptivo. Esta negativa masculina a usar algún método anticonceptivo constituye un mecanismo de control sobre la sexualidad de la mujer —la cual se considera indisolublemente vinculada con su función reproductora—, pues estos varones temen que al permitirse el uso de la anticoncepción se fomente la infidelidad femenina y, por tanto, se propicie la duda sobre la propia paternidad.

De acuerdo con este modelo, contar con una descendencia numerosa contribuye a asegurar el prestigio masculino entre los miembros de su comunidad. La necesidad de demostrar la virilidad y la hombría lleva a estos hombres a desear y, por lo tanto, a hacer todo lo posible por tener a su primer hijo inmediatamente después de realizado el matrimonio. Los hijos varones son preferidos y más valorados que las hijas, porque se considera que los hijos de sexo masculino —a diferencia de sus hermanas— pueden contribuir a la sobrevivencia familiar.

2. El papel del varón en las etapas centrales del proceso reproductivo
    (embarazo, parto y posparto)

Para estos varones la sociedad está diferenciada en dos ámbitos: el público y el privado, que implican una clara división sexual del trabajo y una asignación de roles específicos a mujeres y hombres. Las mujeres no participan en la producción de bienes, y su función se reduce únicamente a la reproducción.

En tanto que el papel masculino está asociado a las actividades desarrolladas en el espacio público, tales como: la educación, el trabajo, la actividad política, etcétera. En consecuencia estos varones rechazan asumir cualquier responsabilidad en los espacios reproductivos, por considerarlos femeninos y, por tanto, opuestos a su referente de identidad masculina. Por ello, los espacios y los momentos intermedios del proceso reproductivo, como el embarazo, parto y puerperio, son considerados de competencia exclusivamente femenina, en los cuales no es culturalmente aceptada la intervención y participación activa de los varones.

Atendiendo a estos mandatos culturales, este tipo de padres se encuentran alejados de sus cónyuges durante el embarazo, ausentes en el momento del parto y sin participar en los cuidados de sus hijos recién nacidos.

3. El ejercicio cotidiano de la paternidad y la participación masculina en la crianza y el cuidado de los hijos

Este tipo de padre se caracteriza por ser severo y estricto, se erige como guía moral y espiritual de sus hijos a quienes debe disciplinar con firmeza, recurriendo generalmente a los castigos y reprimendas. Estos hombres, por lo general, no desarrollan una relación afectuosa con sus hijos porque consideran que ello vulnera su autoridad en la familia. Prefieren interactuar con sus hijos una vez que empiezan a hablar y caminar, mostrando predilección por los hijos varones.

La relación que establecen con sus hijos está caracterizada por ser autoritaria, lejana y poco cariñosa. No interactúan con sus hijos mediante el juego o el esparcimiento. Su participación en la crianza de sus hijos se limita a la disciplina y corrección de comportamientos, así como a la transmisión de valores morales, técnicas y habilidades; y de ninguna manera participan en el aseo, la alimentación o el cuidado de sus hijos. Ello porque consideran que corresponde a la madre por naturaleza brindar afecto, cuidar y criar a los hijos.

Asumen que su papel como padres es el de asegurar, en tanto proveedores del hogar, el bienestar físico y material de sus hijos; y, en tanto formadores y transmisores de valores, el que sus hijos varones aprendan a ser futuros proveedores.

4. La participación masculina en el trabajo doméstico

Para este modelo de paternidad sigue vigente la división tradicional del trabajo por sexo, que asigna a los hombres la responsabilidad de trabajar en el ámbito extradoméstico a cambio de un ingreso monetario, para asegurar la manutención de sus hogares. En tanto que la actividad femenina está destinada a desarrollarse en el espacio de lo privado, de lo propiamente doméstico, al frente de la crianza y el cuidado de los hijos, la alimentación de todos los miembros de la unidad doméstica, así como el cuidado y la limpieza de la infraestructura del hogar.

Este ordenamiento cultural lleva a estos varones a rechazar abiertamente cualquier participación en las labores domésticas, por considerarlas del dominio exclusivamente femenino.

5. La importancia de la paternidad
y su articulación con el rol de proveedor

Estos hombres consideran que es obligación exclusiva de los varones, en tanto padres y jefes del hogar, proveer a sus familias del sustento económico desempeñando un trabajo remunerado fuera del ámbito doméstico. En consecuencia, no contemplan la posibilidad de que su cónyuge salga de casa para trabajar, y para evitarlo establecen prohibiciones y diversos obstáculos.

La negociación no es considerada como posibilidad para llegar a acuerdos en las decisiones familiares y conyugales; estos varones pueden incluso optar por la violencia cuando al ejercer su autoridad sus expectativas no se cumplen.

El papel de proveedor que les corresponde a ellos en forma exclusiva constituye una condición para el establecimiento de una relación de pareja inequitativa y de relaciones intrafamiliares caracterizadas por la centralización del poder y la máxima autoridad familiar en la figura del padre, que al mismo tiempo es el jefe del hogar.

Segundo tipo: *El padre moderno*

1. El papel del varón en la decisión de tener hijos
y en la regulación de la fecundidad (anticoncepción)

En este modelo los padres establecen relaciones de pareja equitativas y democráticas, de manera que se propicia la existencia de espacios de discusión y abierta comunicación entre ambos miembros de la pareja, quienes expresan sus necesidades individuales y opiniones respecto a temas relacionados con la sexualidad, el tamaño de la descendencia y el control de la reproducción.

Estos hombres conversan abiertamente con sus compañeras sobre sus expectativas reproductivas, de manera que concilian sus diferencias y llegan a acuerdos entre sí respecto al tamaño de la familia. La reproducción conyugal está definida por el deseo de tener hijos sólo cuando se desean realmente.

Para estos varones la sexualidad y su ejercicio ya no tienen una articulación directa con la reproducción. Esta última ya no es considerada como un hecho natural sin control. El ejercicio de la sexualidad es concebido como plenamente autónomo respecto a la reproducción, la cual puede ser regulada. De tal suerte que no sólo reconocen la posibilidad de que se puede influir en el propio comportamiento reproductivo, sino que además buscan informarse sobre los diversos métodos anticonceptivos.

Ello les permite contar con una extensa y bien desarrollada percepción de la planificación familiar y, particularmente, de los atributos de los diversos métodos. De manera que entre ellos existen elevadas tasas de uso de anticoncepción. Al asumir una actitud de corresponsabilidad en la regulación de la fecundidad junto con sus compañeras, están conscientes de la necesidad de ampliar su participación mediante el uso de métodos masculinos de control natal, tales como el preservativo, la vasectomía y el retiro.

Para estos hombres una descendencia pequeña es garantía de que los hijos alcanzarán un elevado nivel educativo que les permitirá más tarde contar con amplias posibilidades de conseguir un buen empleo cuando deban independizarse de sus padres. En este caso la calidad de los hijos —reflejada en los costos de su alimentación, educación, salud, vestido y esparcimiento— es mucho más importante que la cantidad de hijos.

Es por ello que este tipo de padres, por lo general, no establece diferenciación o preferencia alguna por sus hijos de acuerdo al sexo, pues considera que hombres y mujeres tienen, en principio, las mismas posibilidades de contar con un buen nivel educativo a partir del cual aseguren un empleo y su independencia.

2. El papel del varón en las etapas centrales del proceso reproductivo (embarazo, parto y posparto)

Para este tipo de padre el estar presente y participar en las etapas centrales del proceso reproductivo —embarazo, parto y posparto— constituye una experiencia valiosa, puesto que considera que los procesos y las tareas reproductivas son responsabilidad de ambos miembros de la pareja. Por ello busca involucrarse en el proceso de embarazo, asistiendo con su cónyuge a las visitas al médico y al estar pendientes del crecimiento y desarrollo de sus hijos en el vientre materno, así como de las necesidades y atenciones que su compañera pueda requerir durante ese periodo.

Su elevada motivación para estar presente en las etapas centrales del proceso reproductivo lleva a este tipo de padre a estar presente en el momento del nacimiento de sus hijos y a participar en el cuidado y la alimentación de sus hijos recién nacidos, desarrollando una pronta relación de empatía con ellos.

3. El ejercicio cotidiano de la paternidad y la participación masculina en la crianza y el cuidado de los hijos

Estos padres consideran que la infancia de sus hijos es un periodo especial y valioso de la vida, por ello consideran de alto valor su participación en la crianza de sus hijos, participando activamente en todos los aspectos relacionados con el cuidado de sus bebés y de sus hijos cuando son niños. Participan de manera cotidiana en el aseo, la alimentación y el cuidado de sus pequeños.

De acuerdo con este modelo de paternidad, estos hombres perciben la necesidad de desarrollar y fomentar una relación más cercana y afectuosa con sus hijos —no temen perder autoridad por ello— como parte de su desarrollo personal y como expresión de un rol paterno mucho más expandido que el de proveedor económico del hogar.

Existe en ellos una preocupación por transmitir a su descendencia nuevos modelos de roles familiares, estimulando una educación más igualitaria, sin establecer distinciones de sexo en sus hijos, y concediendo autonomía a sus pequeños.

La nueva norma de relación paterna para este tipo de padres, lejos del autoritarismo, normas morales y disciplinarias rígidas o la violencia, está basada en la amistad y el compañerismo con sus hijos, respetando la personalidad de los niños y sus elecciones. Esta nueva forma de relación con los hijos se expresa en la vida cotidiana mediante la participación en el cuidado, los juegos y el apoyo en la realización de las tareas escolares.

4. La participación masculina en el trabajo doméstico

En este modelo de paternidad, los varones han roto con la idea tradicional de la posición privilegiada de los hombres en la familia, asumiendo actitudes mucho más flexibles con respecto a su papel en el hogar y a la división del trabajo intrafamiliar. Por ello, negocian y establecen un equilibrio de tareas que cada miembro de la pareja y de la familia juzgue aceptable. De tal suerte que participan de manera igualitaria con sus cónyuges en las responsabilidades domésticas.

5. La importancia de la paternidad y su articulación con el rol de proveedor

Para estos padres el modelo masculino del proveedor único del sustento familiar ya no opera más, por ello no encuentran problema para compartir con sus compañeras la responsabilidad de la manutención de sus hogares, puesto que han establecido con ellas una relación de pareja democrática e igualitaria, en donde las decisiones conyugales y familiares se toman a partir de acuerdos negociados.

Así, ambos cónyuges participan de manera igualitaria no sólo en las tareas de generación de ingresos, sino también en el control de los recursos de sus hogares. La alternancia en el ejercicio del poder entre los cónyuges permite el surgimiento de espacios para la democratización de las relaciones intrafamiliares, propiciando un nuevo balance entre derechos y obligaciones no sólo entre los miembros de la pareja, también entre padres e hijos.

TERCERA PARTE

I. LA EXPERIENCIA DE LOS VARONES EN LOS PROCESOS REPRODUCTIVOS

Tomando en cuenta los cinco atributos (dimensiones particulares) elegidos para caracterizar a los dos tipos ideales extremos de paternidad (tradicional y moderna) y los casos a estudiar, divididos en cuatro subgrupos (padres jóvenes de sectores medios, mayores de sectores medios, jóvenes de sectores populares y mayores de sectores populares), se elaboraron en total 20 matrices de datos. Estas matrices constituyeron un valioso instrumento para vaciar de manera ordenada la información proveniente de las entrevistas a fin de facilitar la comparación entre los casos y su contrastación con los modelos ideales extremos de paternidad propuestos.

El trabajo de contrastación sistemática permitió, para cada uno de los cinco atributos (dimensiones particulares) estudiados, la ubicación u ordenamiento de los casos empíricos en una escala de medición o *continuum*, cuyos extremos son precisamente ambos tipos ideales de paternidad, de acuerdo con su cercanía o lejanía respecto a dichos modelos. Con esta especie de escala se estableció una gradación en las diversas experiencias reproductivas y de paternidad de los varones entrevistados. Este capítulo y el siguiente contienen los resultados de este trabajo de contrastación, interpretación y análisis.

En este capítulo en particular, se analiza el desempeño de los padres entrevistados en el ámbito reproductivo, distinguiendo dos temáticas básicas: una que tiene que ver con los procesos de toma de decisiones reproductivas y de anticoncepción que estos varones viven junto con sus parejas a lo largo de su vida conyugal; en tanto que la otra hace referencia a las vivencias de los entrevistados durante las etapas o fases centrales del proceso reproductivo, es decir, los embarazos, partos y pospartos de sus compañeras.

EL PAPEL DEL VARÓN EN LA DECISIÓN DE TENER HIJOS Y EN LA REGULACIÓN DE LA FECUNDIDAD (ANTICONCEPCIÓN)

Para indagar acerca del desempeño de los varones entrevistados en las cuestiones reproductivas, se tomó en cuenta el análisis de aspectos tales como: el nivel de desarrollo de la percepción en la posibilidad de controlar la propia capacidad reproductora, el grado de comunicación existente entre los cónyuges para tomar sus decisiones reproductivas, así como la existencia de reflexiones y acuerdos entre los cónyuges respecto al inicio de su reproducción, al tamaño de su descendencia y a la regulación de su fecundidad. En el caso de los padres mayores, se revisó también la decisión que en el interior de la pareja se tomó para dar por terminado el periodo reproductivo.

Después de analizar la información proveniente de las entrevistas realizadas, que las diferencias más importantes en las respuestas de los varones se encuentran al separarlos por generaciones, aunque, como se verá, la pertenencia a uno u otro sector social introduce matices importantes entre ellos.

Los padres mayores

Los padres de sectores populares

Los testimonios de este grupo de varones en torno a su reproducción permitieron detectar un patrón muy homogéneo entre ellos y llevó a ubicarlos muy cerca del extremo ideal del padre tradicional. Estos entrevistados se caracterizaron por tener un muy bajo nivel de comunicación con sus cónyuges para hablar sobre todos los temas concernientes a la reproducción de la pareja. No consideraron necesario ponerse de acuerdo con sus compañeras sobre el momento de iniciar su vida como padres, ni sobre el número de hijos que la pareja tendría, y tampoco sobre su espaciamiento. Sólo algunos de ellos consideraron la posibilidad de controlar la fecundidad de la pareja cuando percibieron, con cierta angustia, que el tamaño de su descendencia era muy grande. Estos varones mostraron una muy incipiente percepción de las posibilidades de regular su propia fecundidad, por ello el nivel de utilización de algún método de control natal entre ellos es sumamente bajo.

El limitado nivel de comunicación establecido entre estos entrevistados con sus parejas está muy relacionado con el hecho de que la regulación de su fecundidad fue un asunto del que pocas veces reflexionaron y del que tuvieron muy poca información.

Al igual que en el caso de los padres jóvenes de sectores populares, el ámbito de socialización durante su infancia y parte de su adolescencia fue el rural. De tal suerte que para la mayoría de estos padres, las fuentes de información sobre la sexualidad y la reproducción fueron los compañeros de la escuela. A estas pobres nociones se agregan los aprendizajes obtenidos una vez que arribaron a la Ciudad de México y tuvieron sus primeras experiencias sexuales —fundamentalmente en el ámbito de la prostitución y los cabarets—, y en algunos casos al platicar con los amigos:

> Siempre hay información, siempre hay compañeros mayores que tú en el pueblo, en la escuela, que dan la información. Pero siempre la vives porque ves a los animales, o sea que no requiere que te platiquen. Si tú convives entre cincuenta reses, a menudo ves todo el proceso, prácticamente ves el milagro de la vida. Entonces la vida te ha dado la información. Yo creo que de eso no requeríamos información.
> *P:* ¿Y sobre la anticoncepción?
> *R:* Yo no recuerdo eso, pero es probable que cuando tenía 16 años, aquí en la ciudad, porque en el pueblo no se sabía nada de eso.
> *P:* ¿Y cómo te enteraste?
> *R:* Quizá por comentarios, porque con esos años, aquí tienes amigos y de hecho ya a esa edad empiezas a ir a los cabaretuchos, estás suelto y es donde empiezas a adquirir la información, de pronto te vas sorprendiendo, pero es un aprendizaje rápido (auxiliar de intendencia, 53 años, cónyuge no trabaja, cuatro hijos).

> Pues claro, uno sabe que a través de una relación puede suceder eso. [...] pero sí, tuve relaciones con prostitutas, esos fueron mis primeros pasos, no tuve una novia, no tuve que seducir a una mujer sino que me fui por ahí donde me decían que había que ir. Pero sí, estaba claro que al haber una relación con una mujer había el riesgo de dejarla embarazada.
> *P:* ¿Y sobre la anticoncepción?
> *R:* No, no, no se entendía de eso, yo no lo escuché, o sea que yo vivía en otro mundo y no escuché eso, lo vine a escuchar ahora, a partir de este problema que se socializó más, fue el problema que estamos [viendo] actualmente del

SIDA, antes se hablaba de otras enfermedades, pero yo no oía que tenía que usarse el preservativo, no (auxiliar de restaurante, 62 años, cónyuge trabaja, tres hijos).

Hay que agregar que la mayoría de estos entrevistados dijo no haber escuchado, sino hasta hace muy poco, información alguna sobre los métodos de control natal, muy probablemente porque cuando eran jóvenes todavía no estaba en marcha en el país el Programa Nacional de Planificación Familiar. No es extraño entonces que ninguno usara anticoncepción durante las experiencias sexuales tenidas antes de unirse y tampoco durante buena parte de su vida conyugal:

No, nunca, nunca [usó anticoncepción] y no sé si [sus compañeras sexuales] tomarían otro tipo de cosas, yo no lo supe, pero directamente la cosa esa que le llaman condón o cualquier otro tipo de protección, ciertamente yo no me enteré. Es que el hombre no es una mujer, el hombre es un perro común y corriente, entonces, de pronto la necesidad, la ignorancia y la irresponsabilidad, y ve uno a una mujer que le atrae y el resultado es ése. Nosotros no vemos eso, es un riesgo que tienes que correr (auxiliar de intendencia, 53 años, cónyuge no trabaja, cuatro hijos).

El inicio de su vida como padres fue considerado por la mayoría de estos entrevistados, como el resultado lógico —casi natural— de haberse casado, de tal suerte que tuvieron a su primer hijo durante el primer o segundo año de matrimonio. La planeación de la llegada de su primer hijo no formó parte de sus reflexiones ni consideraron necesario hablarlo con sus compañeras:

No, créame que no lo pensé [cuándo ser padre], no, yo nomás pensé en casarme y como un resultado lógico así, tú dices: "pues te casas, van a venir los hijos" [...] pero te digo, ni lo programamos, ni dijimos "tal fecha lo vamos a tener", nada. Nuestra relación era así (auxiliar de restaurante, 62 años, cónyuge trabaja, tres hijos).

En este sentido vale la pena destacar la presión social que comúnmente se ejercía sobre estos varones para que lograran el primer embarazo inmediatamente después de la unión matrimonial:

En ese tiempo, el pensamiento de esa gente, de ese tiempo, nosotros pensábamos que cuando un matrimonio tardaba en tener su primer hijo, decíamos: "Bueno, ¿qué pasa?'". Y luego los hombres siempre nos jugamos las bromas más pesadas ¿no? Nosotros, los hombres de aquel tiempo decíamos: "¿qué pasó?, pues ¿qué?, eso es de rápido, de ya, ¿no?" (auxiliar de restaurante, 62 años, cónyuge trabaja, tres hijos).

Estos padres, al igual que los jóvenes de estos sectores, registran edades promedio muy tempranas a la unión y a la paternidad, alrededor de los 20 años. Respecto a su experiencia como padres en esas edades, ellos mismos expresan lo siguiente:

Bueno, pues es que en realidad en esas cosas uno no piensa: "Bueno, pues voy a ser papá y ya", porque en esa edad que tiene uno, como que no piensa, todo lo toma a juego (maestro albañil, 54 años, cónyuge no trabaja, ocho hijos).

Pues yo creo que para el ser humano lo más importante es reproducirse, porque nace, vive y sí, se tiene que reproducir, nada más que muchas de las veces, yo puedo decir esto, me casé muy joven, nada más el impulso de unirse a una pareja, pero ni siquiera una visión de cómo va a ser nuestra vida, cómo vamos a encauzar a los hijos, todo eso se fue dando sobre la marcha (auxiliar de restaurante, 62 años, cónyuge trabaja, tres hijos).

El número de hijos deseado por la mayoría de estos entrevistados fue una cuestión de la que nunca hablaron con sus esposas, de manera que no conocen siquiera cuáles eran las expectativas reproductivas de sus cónyuges. Por ello, el espaciamiento de los nacimientos de sus hijos y el tamaño de su familia no fueron resultado de haberlo conversado o planificado entre la pareja:

O sea que hoy se programan, hoy deciden cuándo van a tener [un hijo] y a los cuántos años lo van a tener y cuánto tiempo van a darle [de] espacio al primero, en fin, es una cosa más programada. No, nosotros no, entonces cuando a estas alturas me dicen: "¿Cuántos hijos tuviste?" Tres. "¡Uh! pues te planificaste." No, ni siquiera me planifiqué, ni siquiera eso. Yo digo que fueron los hijos que el destino, como soy creyente digo: y que Dios me dio, y bienvenidos, pero así de que haya pensado, no.
P: ¿Y cuántos hijos le hubiera gustado tener?
R: No, pues nunca lo pensé [...] aunque de repente digo: "¡Qué bueno que son tres!", porque a lo mejor los ligaba yo con, siempre trabajando los dos, no hay tiempo, no hay entonces más hijos. Pero nunca lo comentamos así

como pareja, porque como que veíamos que no era necesario comentarlo, ya de la última hija, ya dijimos: "¿Vendrá otro?, pues quién sabe, solamente Dios sabe, ¿para qué nos preocupamos?" (auxiliar de restaurante, 62 años, cónyuge trabaja, tres hijos).

Así, el tamaño de sus descendencias —que en promedio es de casi seis hijos— quedó definido, en algunos casos, por la incipiente comunicación entre la pareja, la falta de información respecto a las diversas formas de controlar la fecundidad, y por la inexistente percepción de la posibilidad de incidir sobre el propio comportamiento reproductivo, puesto que estos varones y sus compañeras nunca utilizaron anticoncepción alguna a lo largo de toda su vida. De tal suerte que la conclusión del periodo reproductivo en estas parejas se llevó a cabo hasta que las mujeres alcanzaron la menopausia:

No [usó control natal], porque nadie me había platicado de eso, o sea que yo con mi esposa no sabía de eso todavía, ya habría, pero nosotros nunca los usamos, nunca [...] No, nadie nos contó: "hay esto para que no [...]", no, nadie [...] y empezamos a tener familia, familia, hijo, hijo, y ya cuando quisimos ya [eran ocho hijos]: "¡Ah, caray!, como que ya son muchos ¿no?" Y ya en eso, ya nos pusimos de acuerdo: "Oye, como que ya vamos muy adelantados". Ya en eso nos pusimos a pensar y "pues hasta ahí le paramos", ya le dije a ella que francamente yo ya no sabía ni qué hacer. Yo quería que se curara [esterilizara], pero ella dijo: "No, yo no quiero cosas de esas, mejor aquí vamos a ver qué hacemos", y dijo: "eso ya no, ahí que quede" (maestro albañil, 54 años, cónyuge no trabaja, ocho hijos).

Sin embargo, en otros casos, ante un tamaño de familia que ya se consideraba grande, fue la iniciativa de estos padres la que puso fin a la etapa reproductiva de la pareja. En un caso la pareja optó por el retiro como forma de control natal y en el otro por la esterilización femenina, que él propuso al médico para que se llevara a cabo:

Sí, de plano ya veíamos que es muy duro tener los hijos, y luego para tener varios hijos, y luego que no estudien [...] le digo [a ella]: "no, pues ya, hasta ahí. A ver cómo le hacemos para que ya no tengas [hijos], mejor te operas y ya". *P*: Entonces, usted lo sugirió y ¿ella estuvo de acuerdo? *R*: Sí, sí, hablamos con el médico y le dije yo que ya quería [...] que se iba a operar. Y dijo el médico: "¿Están de acuerdo?"; "Sí" (jardinero, 60 años, cónyuge trabaja, siete hijos con tres parejas).

Los padres de sectores medios

Los testimonios de estos padres sobre su comportamiento y actitudes acerca de su reproducción me permitieron observar que si bien se alejan significativamente del esquema ideal del padre moderno y se acercan al tipo ideal del padre tradicional, no los colocan del todo en ese sitio extremo. La diversidad y heterogeneidad en sus respuestas obligaron a poner atención en los matices.

En algunos casos se detectó una actitud propicia para discutir y llegar a acuerdos con sus cónyuges sobre algunos de los asuntos de la reproducción de la pareja, tales como la regulación de la fecundidad mediante la utilización de algún método anticonceptivo para espaciar los nacimientos de sus hijos, así como la forma de dar por concluida la vida reproductiva de la pareja. Sin embargo, cuestiones tan importantes como la decisión de cuándo ser padres por primera vez o el número de hijos deseado no fueron objeto de conversaciones con sus cónyuges en ninguno de estos casos:

No, no, no había pláticas, no había pláticas, es que todos esos rollos [ponerse de acuerdo con la pareja para planear los hijos] siento que es demagogia que sale en la televisión, es que es cultural, siento que [...] mira, yo nunca me puse a pensar en la planeación de manera racional y si lo llegué a pensar era puro rollo, pura filosofía barata que no tenía nada que ver con mi conducta, no, yo nunca lo dije, ni lo tuve tan claro como lo tengo ahorita, no, pero en mi subconsciente yo tenía la hipótesis de que podía yo mantener a tres hijos, cuatro hijos, no tenía caso que yo me empezara a preocupar de tenerlos, juntos o espaciados, sí, yo creo que tal vez a la altura del tercer hijo, me iba a poner a pensar ya sobre cuándo iba a llegar el cuarto, si es que llegaba, sí, porque de alguna manera mi preocupación no era que llegaran así, seguiditos, no, la preocupación quizá se daba en función del estado de la mamá, ahí era la otra parte, pero esa parte mi esposa la asumió como suya, de cuidarse ella. Pero no eran pláticas así, como dicen: "a ver, ¿cuántos hijos tienen? y ¿cuándo vamos a tener hijos?", no, yo pienso que éste es un problema cultural que uno asume más o menos conscientemente (funcionario universitario, 57 años, cónyuge no trabaja, tres hijos).

No resulta extraño saber que la posibilidad de regular su fecundidad no haya sido percibida por estos varones desde el momento en que inician el ejercicio de su sexualidad, antes bien, en su mayoría expresaron que empezaron a considerar la regulación de su capacidad reproductora una vez que se unieron y que habían tenido a sus primeros hijos, no antes. De tal suerte que la mayoría de ellos no empleó método anticonceptivo alguno en sus experiencias sexuales previas a la unión.

A pesar de que casi todos estos varones tuvieron como ámbito de socialización a la Ciudad de México, ya que fue el lugar donde nacieron, estuvo muy limitado su acceso al conocimiento de la sexualidad y la reproducción humanas, por lo que tuvieron que buscarlo en algunas enciclopedias, libros, revistas y folletines, o con los amigos. Y si obtuvieron por conducto de estos medios algún conocimiento sobre el riesgo de embarazo, no contaron con suficiente información para su prevención. Hay que señalar que en esa época aún no estaba en operación el Programa Nacional de Planificación Familiar, de tal suerte que difícilmente emplearon algún método de control natal en sus experiencias sexuales prematrimoniales:

> Creo yo que los jovencitos que vivimos en esa época, mi generación, recibimos esa clase de datos a través de la información del barrio en el que vivíamos, a través de los comentarios, lógicamente, deformados con alguna intención. Entonces había mucha ignorancia, todo lo que se pudo leer, la inquietud que pudimos tener, pues era en libritos de sexología, folletines casi, pero no, entonces no creo que era lo propio. No había mucha información de enfermedades y todas esas cosas. O a lo mejor no estaba en el medio ese, no tuve la práctica de relacionarme con prostitutas ni nada de eso. A lo mejor eso me alejó de información, pero yo creo que el que se mete en ese medio hace uso de [...] pues la misma situación lo hace preventivo, yo me imagino eso ¿verdad?
> Yo creo que había mucha ignorancia al respecto, yo creo que al tener la experiencia sexual es negativa, hablo yo de esa generación, negativa porque no sabe uno ni qué, es instintivo exclusivamente, está uno pero en medio de la balacera sin casco ni nada (arquitecto, 63 años, cónyuge trabaja, dos hijos).

> Creo que nuestra generación, bueno hablo de nosotros, los de más de cuarenta [años], pues aprendimos en la calle, salvo raras excepciones, y aprendimos mal obviamente, pero claro que ya estaba presente y patente la posibilidad del embarazo, se daba uno cuenta más o menos cómo era (microempresario, 45 años, cónyuge trabaja, dos hijos).

Sin embargo, entre estos entrevistados priva un rasgo que puede identificarse como tradicional, y es que para la mayoría de ellos el matrimonio ha significado el inicio de su vida como padres, por lo cual no consideraron necesario discutir con su cónyuge cuándo empezar a procrear, porque para ellos tener hijos es una responsabilidad que se asume al momento de contraer matrimonio. De tal suerte que ninguno de ellos planeó o controló el nacimiento de su primer hijo. Así, en algunos casos se tuvo al primer hijo durante el siguiente año de ocurrido el matrimonio, y en otros, a los dos años:

Pienso que éste es un problema cultural que uno asume más o menos conscientemente, dependiendo del grado de claridad que uno tenga en las ideas, no es producto de reflexiones así, sesudas, que te requieran mucho tiempo, de alguna manera esto está determinado primero, yo diría, por la capacidad, uno tiene siempre presente, o al menos en mi época yo no tenía esta incertidumbre del trabajo, o sea, yo no tenía la incertidumbre de un futuro negro y no tenía la incertidumbre de mi futuro, yo estaba seguro de que tenía posibilidades de tener un buen trabajo y poder sostener a mi familia, nunca tuve dudas. En segundo lugar, siempre pensé que tener familia, que tener hijos, era una responsabilidad que se asumía al momento de contraer matrimonio, para mí no era novedad el compromiso de tener la familia, mantenerla y cuidarla, no, me casé consciente de que órale, le entraba yo al bulto que no sé qué tanto va a pesar. Y tercero, bueno, tengo que hacerlo [porque] es parte del trayecto de esta vida. Entonces me casé consciente que asumía un compromiso muy serio (funcionario universitario, 57 años, cónyuge no trabaja, tres hijos).

Pues se puede decir que pensé en ser padre desde el primer día que me casé, desde el primer día que me casé. Pues tal vez porque no tuve yo [...] no conviví mucho con mi padre, más bien quería yo ver, sentir qué era realmente ser papá, ya que no tuve la oportunidad de convivir con mi papá y pues tenía la [...] quería sentir eso, el ser papá y sí, sí me dio mucho gusto cuando nació mi primer hijo (coordinador de ventas, 65 años, cónyuge no trabaja, cuatro hijos).

Conviene aclarar que la edad promedio al momento de la unión de estos padres es casi un año menor que la registrada por los padres jóvenes de estos mismos sectores sociales: 26.8 años. Lo mismo ocurre con la edad promedio al momento de la paternidad, que es de 28 años.

El número de hijos constituye otro tema del cual la mayoría de estos entrevistados no habló con sus compañeras para ponerse de acuerdo, y esto queda demostrado porque ellos no saben cuántos hijos hubiesen querido tener sus cónyuges, puesto que nunca se lo preguntaron, ni lo comentaron con ellas. Sin embargo, algunos de estos varones tenían definido un número de hijos que consideraban podían mantener con su salario —en un caso tres o cuatro hijos y en el otro dos o tres—, en tanto que en otros casos, aunque no alcanzaron a definir un número determinado, tenían clara la idea de que no tenían un sueldo a partir del cual pudieran tener una familia grande. Así, todos estos padres consideraron conveniente disminuir el tamaño de sus descendencias con respecto a las de sus propios padres:

> Pues no tenía yo un sueldo que pudiera yo tener una familia más grande, de tener más hijos, eso yo creo que también fue algún obstáculo para decidirme a no tener más hijos (coordinador de ventas, 65 años, cónyuge no trabaja, cuatro hijos).

Las descendencias finales de estos varones, que son de tamaño medio (tres hijos en promedio), estuvieron determinadas por diversos factores. Entre ellos, y quizá el más importante en la mayoría de los casos, fue el deseo —puesto en práctica a través de distintos mecanismos— de sus cónyuges de no procrear una familia numerosa:

> Como ella había sido de una familia donde habían tenido un ejército, pues cuando ella llega al matrimonio sus hermanos ya estaban llenos de hijos y ella veía la problemática como pariente entre sus hermanos y no le gustó, dijo: "estar encerrada cuidando toda la vida hijos, está canijo". Desde antes de casarse decidió, quiero recalcar que ella decidió, pero cuando lo platica conmigo, ya ella había tomado esa determinación, y yo digo: "perfecto". Así que ella cayó en blandito, no hubo ni discusión, ni nada por el estilo, [yo] ya tenía la preconcebida idea [de tener poca familia] y ella también (microempresario, 45 años, cónyuge trabaja, dos hijos).

A partir de que los dos primeros embarazos ocurrieron muy seguidos, las mujeres de estos varones tomaron la iniciativa de regular la fecundidad de la pareja. Así, en estos casos, ellas decidieron hacerlo sin comentarlo con su cónyuge, utilizando inyecciones anticonceptivas en un caso y el dispositivo intrauterino en el otro:

> Ya casados, ella optó por el método [...] por los anticonceptivos, a mí no me parecía, o sea no estoy de acuerdo, porque me parecía incorrecto inyectarle

al cuerpo sustancias ajenas, sobre todo químicos, que eran ampolletas, pero mi esposa por asegurar, yo creo que de alguna manera ella también tenía en la cabeza el control del número de hijos. [...] yo siempre en mis pláticas con mi señora, siempre le sugerí: "mira, vamos a utilizar el ritmo, no me gusta que uses sustancias químicas". Pero ella, siempre por tener el control del número de hijos no me decía, pero llegó el momento que tuve que saber que se inyectaba ampolletas, de esas que duran tres meses (funcionario universitario, 57 años, cónyuge no trabaja, tres hijos).

Y en los otros casos, ambos miembros de la pareja comentaron la necesidad de ir espaciando sus embarazos, de manera que en un caso se prefirió —por iniciativa de ella— utilizar el método del ritmo, mientras que en el otro se decidió utilizar el dispositivo intrauterino, a propuesta del médico:

Lo que sí me recuerdo, que ella tenía un sistema de, y creo que ahí fue cuando nos falló, creo que tenía siete días o nueve días antes de su menstruación, llevaba ella el control de cuándo le tocaba, entonces si lo hacíamos no se embarazaba, pero en esa vez creo que nos falló, pero sí más o menos llevábamos un control de no tenerlos tan cerca con ese sistema que ella tenía (coordinador de ventas, 65 años, cónyuge no trabaja, cuatro hijos).

Después de un cierto tiempo, la mayoría de las parejas decidió que continuarían procreando hijos, de tal manera que dejaron a un lado el método de control natal que estaban usando. Sin embargo, las descendencias de estas parejas no crecieron significativamente, pues en un caso los tres intentos de la pareja para embarazarse terminaron en abortos espontáneos, hasta que la menopausia puso fin al periodo reproductivo de la pareja. En otro caso, se concibió al tercer hijo, con el cual la cónyuge consideró que el tamaño de su descendencia no debía crecer más, de tal suerte que sin comentarlo con su esposo decidió ser esterilizada:

Porque cuando vino el tercer niño, ella decidió cortarle la mina a la cigüeña, ella se operó. Ella lo decidió, me dio la sorpresa cuando salió del hospital, obviamente yo tampoco protesté, ni sentí feo, lo tomé como: "está bien". [...] pues ella tomó la decisión, sigue siendo la responsabilidad de la mujer el número de hijos (funcionario universitario, 57 años, cónyuge no trabaja, tres hijos).

En el tercer caso, fue la llegada de una hija —muy deseada por la pareja después de haber procreado tres varones— y la consideración de que cuatro hijos eran suficientes, lo que llevó a la pareja a optar por el retiro como forma de evitar más embarazos y así poner fin a su periodo reproductivo:

> Pues yo pienso que por haber llegado la niña, o sea, lo que nosotros buscábamos era la niña, no sé a la mejor si hubiera salido [otro] hombre, a la mejor le seguimos y tuviéramos cinco o seis [hijos] no sé, pero yo creo que la meta, la ilusión de nosotros era tener una niña y por eso decidimos que ya lo habíamos logrado, ya no teníamos por qué tener más hijos. Dijimos: "creo que ya es suficiente", ella también estuvo de acuerdo y pues: "de aquí en adelante si lo vamos a seguir haciendo, pues vamos a buscarle un método, una cosa". Pero como [ella] no quería usar anticonceptivos, ni nada de eso, pues no depositaba el esperma en ella, y así fue como controlamos, pues esa fue la forma que encontramos para ya no tener más hijos (coordinador de ventas, 65 años, cónyuge no trabaja, cuatro hijos).

Finalmente, en el caso de la pareja que no incrementó el tamaño de su familia después de haber tenido dos hijos, fue la decisión de la cónyuge —con el visto bueno de él— de recurrir a la esterilización femenina lo que determinó la finalización de la reproducción de la pareja:

> De hecho, mi esposa después del segundo embarazo, de mi segundo hijo, ella se operó, le hicieron la salpingoclasia, y bueno, ya jamás quedó embarazada obviamente. Ella me decía que también para los hombres había una operación, y: "¿para quién es mejor?", que me pregunta, y pues a mí me fue fácil, o sea, mi esposa decidió que ella se operaba, te aclaro, ella decidió, y bueno, yo dije: "pues, perfecto" (microempresario, 45 años, cónyuge trabaja, dos hijos).

Los padres jóvenes

Los padres de sectores populares

Los testimonios de estos padres permitieron detectar, en principio, alguna heterogeneidad en sus comportamientos y actitudes reproductivos, sin embargo, hay ciertos rasgos predominantes que llevaron a ubicarlos en un punto intermedio entre los dos tipos ideales de paternidad. Estos entrevistados mostraron, por una parte, un mejor nivel de comunicación con sus compañeras que el que existió entre los padres mayores de sectores medios pero, por otro lado, tienen una limitada percepción acerca de la posibilidad de regular su fecundidad y, por tanto, de su participación en la planificación del tamaño de su familia.

Las conversaciones más comunes con sus cónyuges tienen que ver con el tamaño deseado de familia, el espaciamiento de los nacimientos de sus hijos y la elección del método anticonceptivo utilizado para lograrlo. La mayoría de estos varones no percibió la necesidad de controlar su fecundidad durante las relaciones sexuales tenidas previamente a la unión —con su actual cónyuge o con otras parejas—, ni durante el inicio de la unión. Por ello no utilizaron ningún método de control natal en ese tiempo. La necesidad de regular su fecundidad, sentida por ellos al igual que por sus compañeras, surge hasta después de haber tenido al primero o segundo hijo, momento en el que conversan con sus parejas al respecto.

Su limitado conocimiento de la posibilidad de regular la reproducción tiene relación con el hecho de que en el caso de todos estos varones —cuya socialización durante la infancia y la adolescencia ocurrió en el medio rural— fue poca la información que recibieron en la escuela acerca de la sexualidad, la reproducción y la anticoncepción. Las fuentes de información sobre esos temas fueron las pláticas de la gente grande que escucharon cuando niños en sus pueblos, y más tarde, una vez que emigraron a la Ciudad de México, las películas, la radio, la televisión, algunas revistas y los compañeros de trabajo:

> Yo entendía por pláticas de los señores, que todo hombre o mujer que tuviera una relación sexual, había mucha posibilidad de haber un embarazo [...] ya después estuvieron radiando que "La familia pequeña vive mejor". Cuando se empezó a oír fue como en 1973 o 1974 (auxiliar de intendencia, 43 años, cónyuge trabaja, dos hijos).

> Pues allá en el rancho, pues se juntaba a veces la gente grande a platicar [...] los tíos, todo eso y platicaban, y pues ya de ahí uno va creciendo y ya va con esa mentalidad, de llegar a tener relaciones con alguna mujer pues podía salir embarazada. Sobre los anticonceptivos supe yo por mis medios hermanos o sus esposas que hacían eso, y bueno, y luego que se empezaban a anunciar en el radio, en la tele, y después con el doctor (chofer, 42 años, cónyuge no trabaja, tres hijos).

Pues anteriormente como yo veía muchas películas, pornos y no porno, pues sí me daba así una idea que al tener relaciones dos, tres veces pues sí, y peor si no se cuida uno, sí, sí llega a embarazar a una mujer [...] lo de los anticonceptivos lo supe, lo escuché más bien en cuestión del trabajo por decir, como aquí, ¿no?, que nos ponemos a platicar entre amigos: "no, que esto, que lo otro", nos ponemos a contar, digamos las pocas aventuras que hemos tenido y pues: "que yo ocupo los condones" o "yo ocupo pastillas o equis cosa". Por eso yo más bien los fui a conocer aquí [en el trabajo], porque en la escuela pues poco, poco nos iban advirtiendo, pero no abiertamente y pues más lo he escuchado aquí y en revistas y en programas que veo en veces en la tele, en la radio que pasan (albañil, 22 años, cónyuge trabaja, un hijo).

Respecto al inicio de su vida como padres, resulta interesante observar que en algunos casos fue un embarazo ocurrido durante el noviazgo lo que propició la unión de los cónyuges. En un caso, la paternidad era un anhelo compartido por la pareja, mientras que en el otro el embarazo obedeció más bien a los deseos de ella por tener un hijo de él:

Pues yo ni lo pensé [ser padre], nada más tuve relaciones con mi esposa y ya, porque antes de que yo me la llevara, ella ya iba embarazada y ella me dijo que estaba embarazada [...] porque cuando andábamos de novios [...] ella dijo pues si pensaba un día dejarla, pero que quería tener un hijo conmigo, y a lo mejor eso fue lo que nos unió más, porque sí, cuando me dijo: "estoy embarazada, estoy esperando un hijo", ahí fue cuando más [...] pus sí pensaba casarme, nada más que pasó eso, si no, me viera casado después, y me la llevé (albañil, 28 años, cónyuge no trabaja, dos hijos).

En los otros casos, el primer hijo llegó durante el primer año del matrimonio. Hay que resaltar, sin embargo, que en un caso, ambos miembros de la pareja estaban de acuerdo para que así ocurriese, mientras que en el otro, a pesar de que el padre hubiese preferido retrasar la llegada de su primer hijo, la evidente falta de comunicación entre los cónyuges propició que sus deseos no se cumplieran:

Bueno, yo había pensado que por lo menos estuviéramos un año solos, pero por falta de conocimiento de ella [...] yo no sé si todas las mujeres son así, pero en el caso de mi esposa no con una vez que yo le explique algunas cosas la convenzo, sino requiere un tratamiento, digamos, para convencerla. Como era muy joven, pienso que le daba pena.

P: ¿Como que era un tema difícil de platicar?

R: Ándale sí, porque como es sexo, para mi esposa era algo diferente, no tenía que ver mucho con nosotros en una plática (auxiliar de intendencia, 43 años, cónyuge trabaja, dos hijos).

Es pertinente destacar que estos varones se unieron a sus cónyuges, y fueron padres, a edades muy tempranas si los comparamos con los padres —jóvenes y mayores— de sectores medios. Sus promedios de edad a la unión y a la paternidad son de 20 y 20.8 años, respectivamente.

En cuanto al tamaño de familia, resulta significativo que estos padres expresaran el deseo de tener pocos hijos porque no querían "llenarse de familia". De tal suerte que para la mayoría de ellos dos hijos es un tamaño adecuado para su descendencia. No obstante esta opinión, en algunos casos son sus cónyuges las que han expresado el deseo de tener tres hijos, ante lo cual ellos comentan lo siguiente:

Pues sí, sí hemos platicado y hemos llegado a la conclusión que, por decir, al principio yo nada más quería dos, pero ya después pensé y sí, me gustaría tener tres. En veces nos ponemos a platicar con ella de que, por decir, como ahorita, ya tenemos la idea de, pues ya de tener otro [hijo], y nos ponemos a pensar de que ¿cómo nos veríamos con dos? y ¿cómo nos veríamos con tres? y ahí estamos de: "¿cómo nos veremos, yo con uno y tú con una?". Y el otro, como ya está grande [...]
P: ¿Y entonces así fue como llegaste a la idea de que querías tres hijos?
R: Sí, porque la idea de ella eran tres [hijos] y yo de que no, pues con dos estaríamos bien. Pues ahorita como está la vida pues yo pienso que a dos sí los puedo mantener, pues, bien. Y pues ahorita ya con, como le digo, de tanto y tanto, pues ya me siento también capaz de mantener tres (albañil, 22 años, cónyuge trabaja, un hijo).

Sí, nosotros dos decidíamos todo eso, porque incluso, yo ya no, bueno, yo ya no quería que hubiera la niña que está ahorita, quería ya quedarnos así [con dos hijos], pero ella dijo: "no, pues" [...] y ya nos pusimos a platicar, y dice: "no, pues mira, nada más vamos a encargar a otro bebé y ya después, me opero", y le digo: "bueno". Y así sucedió (chofer, 42 años, cónyuge no trabaja, tres hijos).

En todo caso, es importante destacar que las descendencias de estos padres son pequeñas, pues en promedio tienen dos hijos, aunque un par de parejas considera que todavía no ha concluido su periodo repro-

ductivo. Para espaciar los nacimientos de los hijos posteriores al primero
o segundo hijos, estos entrevistados y sus cónyuges tomaron en cuenta
diversas opiniones y recomendaciones de familiares, amigos y médicos
sobre la conveniencia del uso de algún método anticonceptivo. A partir
de estas consideraciones, los dos miembros de la pareja conversaron para
ponerse de acuerdo sobre el método que utilizarían:

> Pues primeramente, primero se embarazó y nos juntamos y ya, tuvo el niño,
> estuvo como nueve meses sin nada y teníamos nosotros el temor de volver
> a embarazarse pronto y por eso buscábamos nosotros un método pues, con
> qué evitar esos embarazos, con el condón, primeramente usamos el condón
> y, pues, como no nos sentíamos a gusto, ni ella ni yo, y pues queríamos bus-
> car otro. [...] estuvimos platicando digamos un buen tiempo en qué se iba
> a poner para no llenarnos de hijos tan pronto, y fue una vez a visitar a mi
> comadre y ella le recomendó el dispositivo, que era muy bueno, que salía
> bien, no dudamos y sí, fue a ponerse eso (albañil, 22 años, cónyuge trabaja,
> un hijo).

> Con el segundo [hijo] pasó un año y platicamos que ya no íbamos a te-
> ner familia ahorita y fue cuando ella usó el dispositivo, no le quedó, ni la
> inyección, hasta con las pastillas, estuvimos como 10 años tomándolas, y
> luego decidimos suspender para tener la niña (chofer, 42 años, cónyuge no
> trabaja, tres hijos).

El dispositivo intrauterino es el método de control natal preferentemente utilizado por estas parejas, aunque también hay que destacar el
uso de las pastillas anticonceptivas en un caso y la utilización esporádica,
en algunos otros casos, del preservativo y de las inyecciones.

Finalmente, cabe comentar que en algunos casos las parejas han decidido dar por concluido su periodo reproductivo, no piensan tener más
hijos. En uno de esos casos, la pareja decidió —después de haber tenido
tres hijos, por iniciativa de ella aunque a propuesta del médico— optar
por la esterilización femenina; mientras que en otro, después de haber
tenido dos hijos, fue él quien tomó la iniciativa utilizando el retiro como
método de control natal.

Los padres de sectores medios

En concordancia con la hipótesis de que se parte, estos padres evidenciaron comportamientos que pueden ser considerados como modernos —de acuerdo con la caracterización de los dos tipos ideales de paternidad—, mostraron un elevado nivel de comunicación con sus cónyuges para discutir, conciliar diferencias y llegar a acuerdos sobre los asuntos de la reproducción de la pareja. Estos varones hablaron abiertamente y construyeron decisiones junto con sus compañeras sobre temas como el inicio de la reproducción, el espaciamiento de sus hijos, el tamaño de la descendencia deseada y la utilización de algún método anticonceptivo para regular la fecundidad de la pareja:

> Yo estoy convencido de que, desde luego cada uno es individual y tiene ideas, pero siendo una pareja tenemos que formar al final una conclusión de los dos, en la que tenemos que estar los dos de acuerdo, aunque no te guste todo perfectamente de la decisión (diseñador industrial, 29 años, cónyuge no trabaja, un hijo).

> Nos pusimos muy bien de acuerdo, ella quería seguir trabajando: "bueno, vamos a alquilar un departamento y pues para ello necesitamos recursos porque los míos no alcanzan, y para eso necesitamos cuidarnos, por lo tanto vamos a inventar algún otro método, [porque] ya vimos que los otros fallaron", entonces optamos por el dispositivo, pensando que queríamos tener otros bebés por supuesto, pero darle tiempo al tiempo (funcionario universitario, 31 años, cónyuge no trabaja, tres hijos).

No es raro entonces constatar que todos ellos hayan reconocido claramente la posibilidad de que podían influir sobre su propio comportamiento reproductivo desde el momento en que iniciaron el ejercicio de su sexualidad. Estos entrevistados señalaron que contaron con suficiente información sobre su sexualidad en la escuela, desde la enseñanza secundaria, aunque la relativa a los diversos métodos anticonceptivos la adquirieron posteriormente, por conducto de los medios de comunicación:

> *P:* Cuando tuviste tus primeras experiencias sexuales, ¿ya sabías sobre el riesgo de un embarazo?
> *R:* Sí.
> *P:* ¿En dónde te enteraste?

R: Pues en la escuela, sobre todo en la escuela, leyendo, y siempre te enteras. Y sí, era para mí un factor muy importante que sabía que era un riesgo y ni de chiste esperaba ser padre, eso sí era algo que tenía muy claro (diseñador industrial, 29 años, cónyuge no trabaja, un hijo).

[...] ya en la secundaria teníamos algunas clases de biología de este tema y, bueno, acompañado de los amigos a mí pues me llegaba información, folletos, etc. Yo creo que en la escuela en primer lugar y luego en los medios de comunicación. Pues en aquel entonces se divulgaba mucho el programa de planificación familiar, fue un momento de mucha difusión (funcionario universitario, 31 años, cónyuge no trabaja, tres hijos).

De tal manera que antes de unirse con su actual pareja ya estaban bien enterados sobre los diversos métodos de control natal y su forma de utilización. Así, ha sido común entre ellos el uso de anticoncepción, si no en sus primeras experiencias sexuales, sí en las posteriores pero previas a la unión, con otras parejas o con su cónyuge. El preservativo fue el método anticonceptivo utilizado preferentemente por estos hombres en las relaciones sexuales tenidas antes de unirse, aunque también alternaron su uso con las espumas, óvulos, pastillas anticonceptivas y en ocasiones con el ritmo. Aunque en un par de casos, entre estos padres jóvenes, el uso de control natal en esas experiencias sexuales no siempre resultó eficaz, de manera que ante embarazos no deseados se recurrió al aborto.

Regular la fecundidad con su actual pareja —tanto para retardar el inicio del periodo reproductivo como para espaciar la llegada de sus demás hijos— es un asunto que casi todos ellos hablaron abiertamente con sus cónyuges desde el inicio de la unión:

Bueno, nosotros pues teníamos relaciones sexuales antes de casarnos y desde entonces utilizamos el dispositivo. Lo platicamos los dos. Yo llegué a acompañarla antes de casarnos a sus visitas con el ginecólogo. Es un ginecólogo muy abierto y entonces eso ayudó a que no hubiera ningún problema en este sentido y a que nos explicara con toda tranquilidad lo que implicaba el método anticonceptivo que elegimos. Y el dispositivo nos pareció el más conveniente, sobre todo que para nosotros ya no eran relaciones ocasionales, era el más conveniente y de los métodos anticonceptivos de los que más seguridad nos ofrecía para no tener un embarazo. Y la decisión de quitarlo, cuatro años después, fue para poder concebir, pues evaluamos que ya era el momento, era conveniente ya intentar tener hijos (diseñador industrial, 29 años, cónyuge no trabaja, un hijo).

La actitud moderna en torno a su papel en la decisión de tener hijos y en la regulación de la fecundidad de la pareja, quedó más evidenciada en aquellos casos en los cuales los entrevistados prefirieron, junto con sus respectivas cónyuges, esperar un tiempo para tener a su primer hijo, una vez que la pareja hubiese pasado por una etapa de acoplamiento. En un caso pasaron al menos dos años, y en otro hasta cuatro años después de haberse llevado a cabo la unión o matrimonio para que se concibiera al primer hijo:

Nosotros, cuando establecimos vivir juntos y casarnos, pensamos siempre que era necesario como pareja pues tener un tiempo para nosotros, no era una de nuestras prioridades ser padres, entonces la primera etapa de nuestra relación, de nuestro matrimonio, fue como la etapa de asentamiento durante la cual ni se nos ocurría ser papás porque estábamos atentos a superar esa etapa de acoplamiento como pareja (diseñador industrial, 29 años, cónyuge no trabaja, un hijo).

Sin embargo, hubo algunos embarazos inesperados, pues el método anticonceptivo utilizado falló por algún motivo. Estos embarazos fueron finalmente aceptados, en un caso porque la paternidad ya figuraba en los planes de él; en tanto que en el otro, el embarazo propició que se llevara a cabo la unión de la pareja, que era ya un hecho contemplado por ambos:

Pues mira, duramos un buen tiempo, un par de años disfrutamos de estar solos, de estar juntos un buen tiempo. Nos dio resultado la prudencia, o algún otro método anticonceptivo momentáneo, pero estuvimos muy bien sin hijos, después se dio el caso de que quedó embarazada, y pues aceptamos con gusto el embarazo, la nueva paternidad y maternidad, y se dio (diseñador industrial, 33 años, cónyuge trabaja, dos hijos).

Me pasó lo que a tantos otros, que de repente la prevención era, según yo, al máximo y pues resultó, sin embargo, en aquella ocasión resultó una preocupación primaria de, pues de lo económico, tú sabes, vas empezando, bueno, que siempre está uno empezando. Pero no la vi mal, total, pues ni modo, pasó y pasó y ya. No me daba golpes contra la pared, no me echaba a correr, digamos asumo la responsabilidad en ese sentido.
Aunque te voy a decir, a ciencia cierta, seguía yo pensando en que quería tener familia por supuesto, pero sí quería terminar por lo menos la licenciatura, que en ese entonces [todavía] no la terminaba, o sea no estaba previsto en esa fecha.

La idea central era que sí, íbamos a seguir y todo eso, pero sin meternos en problemas, más bien la idea era andar [juntos] a largo o mediano plazo, juntar algo de dinero y poner un negocio y, bueno, bajo ese objetivo pues estamos, estamos platicando: "... y nos vamos a apoyar de esta manera", primero [el control natal] fue natural [uso del método del ritmo] y luego pues alternar el uso del condón. Creo que el que falló fue el condón, porque usábamos la espuma y usábamos el natural un buen rato, pues sí, de repente falló [el condón] ya cuando no nos daba el ritmo (funcionario universitario, 31 años, cónyuge no trabaja, tres hijos).

En todo caso, es conveniente señalar que la edad promedio al momento de la unión entre estos varones es de 27.5 años; mientras que la edad promedio a la paternidad es de 29. Después del nacimiento de su primer hijo, la totalidad de estos entrevistados, junto con sus cónyuges, han regulado su fecundidad para espaciar el nacimiento de sus demás hijos. En algunos casos se empleó el dispositivo intrauterino —que se retiró después de un cierto tiempo para concebir otro hijo—, mientras que en otros las parejas utilizan el método del ritmo, que alternan con el uso del preservativo. Destaca el caso de una pareja que ante embarazos no deseados ha recurrido en dos ocasiones al aborto como método de control natal.

Las descendencias pequeñas caracterizan a estos padres que junto con sus compañeras han decidido tener dos o tres hijos cuando mucho. Las razones para pensar en este tamaño de familia no han sido sólo de orden económico, sino también respecto al tiempo, al afecto y la dedicación que ellos consideran hay que darle a cada hijo:

Ah, pues nos pusimos de acuerdo de manera muy sencilla, los dos teníamos la misma idea de dedicarle lo más posible, todo lo que tuviéramos al menor número de hijos, porque los puedes atender mejor, puedes convivir más con ellos, con un número pequeño darles más amor, más educación, etcétera. Puedes concentrarte más. Un número grande de hijos no, no sería benéfico, entonces somos de la misma idea, de tener poca familia (diseñador industrial, 33 años, cónyuge trabaja, dos hijos).

Pues mira, me gustaría tener dos hijos, creo que más en estos tiempos es complicado, y si después de tener dos a lo mejor resulta que van a ser tres, pero no creo, dos es lo ideal. Y ella está convencidísima, más que yo de que no importa lo que sea, pero que no podemos tener un solo hijo, y pues yo no estoy tan convencido, pero ella sí dos, y a la mejor tres. Creo que una familia más grande implica, si tú te vas a encargar de la manutención de tus hijos, pues que tengas que repartir todo, tu tiempo, tus ingresos, tus sueños, tu todo, y entre más, y a la mejor le toca menos a uno, yo creo que dos o uno es una situación ideal (diseñador industrial, 29 años, cónyuge no trabaja, un hijo).

Entre ellos prevalece en promedio una descendencia de dos hijos, lo cual indica que estos varones y sus cónyuges han llevado a la práctica sus deseos de reducir el tamaño de sus familias respecto al número de hijos que sus padres tuvieron.

Vale la pena destacar que en un par de casos se señaló que en la decisión de no tener más hijos que los acordados entre los cónyuges —un hijo en un caso y dos hijos en el otro— tuvo un gran peso el deseo de las mujeres de continuar con sus estudios y su actividad laboral, puesto que querían seguir desarrollándose en términos personales:

> Tengo nada más dos niñas con mi compañera y no pienso tener más. Y ella de hecho no quiere tener más hijos, no sólo por las niñas, sino porque ella quiere desarrollarse como persona, quiere trabajar, quiere estudiar, quiere terminar su carrera, quiere realizarse. Y pues yo no voy a prohibirle, ni voy a limitarla en su realización como persona. Entonces, lo mejor es nada más tener las dos niñas que tuvimos y ya (diseñador industrial, 33 años, cónyuge trabaja, dos hijos).

EL PAPEL DEL VARÓN EN LAS ETAPAS CENTRALES DEL PROCESO REPRODUCTIVO

Los estudios acerca de la paternidad generalmente consideran el análisis de la relación que el padre establece con sus hijos durante la infancia y/o la adolescencia y difícilmente toman en cuenta el grado de involucramiento a lo largo de sus procesos reproductivos, desde el momento de la concepción de los hijos, el paso por el embarazo y el nacimiento, y la culminación en la etapa de posparto.

Estas etapas están muy marcadas por el género, puesto que por lo general son consideradas de competencia exclusivamente femenina. Tradicionalmente los varones se han mantenido al margen de los eventos y actividades relacionados con estos momentos reproductivos. Sin embargo, para esta investigación es de mucha importancia analizar las actitudes que los entrevistados asumen en cada uno de estos momentos, para diferenciar y matizar el grado en que posiblemente rompen con los roles de género.

Para dar cuenta de ello, habrá que valorar el nivel de interés de estos padres por conocer y atender las necesidades de sus compañeras durante los embarazos, su asistencia a las consultas médicas, su presencia durante los partos y, finalmente, su participación en los cuidados de los recién nacidos.

Hay que destacar la precaución que ha de tenerse cuando se analiza la presencia de los padres en la sala de expulsión durante los partos de sus hijos, puesto que esta idea en sí misma es una construcción social reciente en nuestro país, no es generalizada entre la población y tampoco entre las instituciones de salud.

Hace poco que las propias normas hospitalarias han empezado a modificarse respecto a la exclusión del padre durante los nacimientos de sus hijos. Incluso hoy en día las reglamentaciones divergen de una institución a otra. Y aunque es sabido que en algunos hospitales o clínicas privados está siendo cada vez más frecuente que el padre esté presente —y en algunos casos se incentive incluso su presencia— en los partos de sus hijos, todavía existen muchos hospitales pertenecientes al sector privado y en la gran mayoría de las clínicas y hospitales del sector público (SSA, ISSSTE e IMSS) en donde se mantiene una clara segregación de género durante el parto, considerado como un proceso que compete exclusivamente a la futura madre y en su asistencia al personal médico.

En el análisis de este aspecto, incluyendo la evaluación de las respuestas de estos padres se ha relativizado su rol al preguntarles si hubiesen querido estar presentes en los alumbramientos de sus hijos de haber tenido la oportunidad de hacerlo.

Los padres mayores

Los padres de sectores populares

Estos padres se caracterizaron por tener las actitudes que pueden considerarse más tradicionales de todos los entrevistados; su participación y nivel de involucramiento en las etapas centrales de sus procesos reproductivos fueron francamente nulos. Se mantuvieron al margen durante los embarazos de sus cónyuges y no consideraron necesario poner atención a las necesidades que ellas pudieran haber tenido. Para ellos está todavía vigente la idea de que la mujer ha de ser discreta y aguantadora durante esta etapa, y en ese sentido, consideran que sus esposas cumplieron bien con ese papel:

Mi mujer no es como las otras mujeres que tú ves que andan vomitándose y están pidiendo mugres. Nosotros no vivimos con esas farsas, mi mujer fue discreta, nunca anduvo vomitándose, yo no sé si se aguantaba mucho o era muy grande su deseo de tener al bebé [...] mi mujer siempre fue tranquila y aguantadora, como si nada, no era como esas señoras que se quejan (auxiliar de intendencia, 53 años, cónyuge no trabaja, cuatro hijos).

Fue muy ligera, yo como que ubico que la mujer de campo es una mujer que resiste mucho [...] yo no vi que se quejara: "no me puedo mover hoy", no, todo lo hacía, todo su quehacer, todo (auxiliar de restaurante, 62 años, cónyuge trabaja, tres hijos).

Tampoco estuvieron presentes en el quirófano durante los partos de sus hijos, sin embargo, a diferencia de lo que observamos con los padres jóvenes de estos sectores, la mayoría de ellos aguardó en la sala de espera de la clínica u hospital hasta el momento en que sus hijos nacieron. Para algunos de ellos, el momento del parto fue vivido como un evento que competía exclusivamente a las mujeres y al personal médico, por ello declararon que no les hubiera gustado estar presentes durante los partos de sus hijos, aunque se los hubieran propuesto:

No, no, ya cuando había pasado el parto entonces entrábamos, nos enseñaban a la creatura, pasabas a ver a la mujer, pero en el ínter, en el transcurso del parto no, fueron siempre en el Seguro Social. O a lo mejor a uno nunca, yo nunca se me ocurrió decir: "bueno, yo quiero estar presente".
P: ¿Y si pudiera, lo haría?
R: No, pues no, yo mejor esperaría (auxiliar de restaurante, 62 años, cónyuge trabaja, tres hijos).

No, no estuve en ninguno, ella los tuvo en el [Hospital] Gabriel Mancera, y ya sabes que ahí no te dejan pasar. Nada más llegué a ver al bebé, que lo tienen ahí en la vitrina.
P: ¿Le hubiera gustado entrar?

R: No, claro que no me hubiera gustado entrar, no sé, son cosas que a mí no me gustan (auxiliar de intendencia, 53 años, cónyuge no trabaja, cuatro hijos).

El nivel de involucramiento de estos varones durante los pospartos ha sido mínimo, pues mientras algunos no colaboraron, otros se concretaron solamente a estar pendientes ocasionalmente de sus pequeños cuando la madre descansaba. Solamente en un caso se mencionó que cuando la madre no podía, entonces el padre colaboraba preparando la leche para el bebé. En estos casos también fue patente el vínculo existente entre una muy escasa participación paterna en los cuidados de los recién nacidos y la presencia de las suegras y de las madres de los entrevistados:

> Bueno, siempre vino mi suegra, mi madre igual, vinieron con nosotros, entonces cuando eso, ya sea mi mamá o sea la mamá de ella, son las que ayudaban. Ahora sí que ellas nos decían que ellas hicieron crecer a sus nietos (auxiliar de restaurante, 62 años, cónyuge trabaja, tres hijos).

Los padres de sectores medios

Estos entrevistados se caracterizaron por tener comportamientos y actitudes un tanto homogéneos en su participación durante las etapas centrales del proceso reproductivo, y por lo general mostraron un nivel medio de involucramiento que los puede ubicar en un punto intermedio respecto a los dos modelos ideales de paternidad. Solamente uno de ellos se mostró muy poco interesado en estar presente o participar en estas etapas del proceso reproductivo.

Durante los embarazos de sus esposas, la mayoría de estos padres estuvo pendiente de brindarles atención, algunos cuidados y ayuda en los quehaceres de la casa, sin embargo, ha sido poco el interés mostrado por acompañarlas a las revisiones médicas, pues acudieron sólo en algunas ocasiones.

Ninguno de estos entrevistados estuvo presente durante los partos de sus hijos, sin embargo, es importante destacar que algunos de ellos señalaron que si se les hubiese permitido entrar a los nacimientos de sus hijos lo hubieran hecho, pero que no les fue posible porque las reglamentaciones hospitalarias en el tiempo en que ellos fueron padres no lo permitían:

Pues no, no estuve presente en ninguno de los partos, pero sí, cómo no, sí me hubiera gustado estar, pero pues no, en ese tiempo, en ese tiempo no permitían entrar a uno (coordinador de ventas, 65 años, cónyuge no trabaja, cuatro hijos).

Se alivió en las dos ocasiones en el Seguro [Social], y bueno ahí llega uno y entrega a la esposa y le avisan: "ya estuvo, pase a ver a la creatura y mañana se la damos" [...] no, [en realidad fue] a los tres días; aunque ya con mi último niño sorprendieron porque sabíamos que eran tres días, entonces yo voy, la visito el otro día, me voy a mi trabajo y luego me echan un telefonazo: "¿sabe qué?, ya salió" [...] No, presente no me tuvo, el Seguro no lo permitía en ese entonces, no sé en la actualidad (microempresario, 45 años, cónyuge trabaja, dos hijos).

Otros, en cambio, mostraron un rotundo rechazo a la posibilidad de estar presentes durante los partos de sus hijos:

No, no estuve en ninguno de los partos, pues fueron todos en el ISSSTE, ahí no te dejan entrar.
P: De haber sido posible, ¿te hubiera gustado estar presente?
R: Yo creo que no, no, no me gusta ver sangre, no le encuentro la emoción que le encuentran otros, entonces no, ver ese espectáculo de cirugía, no (funcionario universitario, 57 años, cónyuge no trabaja, tres hijos).

Respecto a su participación en los cuidados y atenciones que sus pequeños recién nacidos requirieron, puede decirse que en casi todos los casos, aunque la relación que establecieron con ellos no fue muy cercana —en términos físicos y emocionales, sobre todo si la comparamos con la que mostraron los padres jóvenes de estos sectores—, su nivel de involucramiento puede ser calificado de medio. Estos varones se caracterizaron por colaborar sobre todo en la preparación de las mamilas y al darles de comer a sus pequeños, así como de estar pendientes de su salud y de llevarlos al médico. Sin embargo, evitaron cambiar pañales y bañar a los bebés:

Sí, les preparaba la leche, les daba de comer, pero nunca los cambié de los pañales, porque sí me daba guácala su excremento. Pero les preparaba de comer, les daba su leche, los llevaba a dormir, los bracilaba de vez en cuando, eso sí, me tenía que levantar si lloraba el niño para ver qué pasaba y taparlo, vigilar que estuviera tapadito. Llevarlo eso sí, religiosamente todas las veces que se enfermaban, porque mis hijos eran enfermizos, sobre todo los primeros, llevarlos cada ocho días, cada quince días, así, pero ya con mucha suerte cada mes al doctor, porque se nos enfermaban, comprarles sus medicinas y todo eso (funcionario universitario, 57 años, cónyuge no trabaja, tres hijos).

Vale la pena señalar que en aquel único caso en el que el nivel de involucramiento masculino durante los pospartos fue prácticamente nulo, la presencia de la suegra y de la madre del entrevistado auxiliando a la madre fue preponderante.

Los padres jóvenes

Los padres de sectores populares

Estos padres parecen tener comportamientos un tanto homogéneos y tradicionales, puesto que por lo general se mantuvieron al margen de los acontecimientos ocurridos durante los embarazos, los partos y los pospartos. Lo que puede ser indicativo de que para estos varones sigue vigente la tradicional segmentación genérica de los espacios reproductivos.

En efecto, estos entrevistados mostraron poco interés en las necesidades o atenciones que sus compañeras requirieron durante los meses de espera previos al nacimiento de sus hijos, señalando que los embarazos de sus cónyuges fueron normales y que no notaron que ellas hubieran tenido algún problema o molestia. Tampoco asistieron a las revisiones médicas:

Sí, ella iba cada mes [a revisión médica], porque en ese entonces yo ya tenía el ISSSTE y ella iba continuamente.
P: ¿Y usted la acompañaba?
R: No, rara la vez fue cuando llegué a acompañarla, ella iba sola.
P: ¿En todos los embarazos?
R: En todos los embarazos, sí, rara la vez cuando yo la llegué a acompañar (chofer, 42 años, cónyuge no trabaja, tres hijos).

La significativa ausencia de estos padres durante estas etapas de sus procesos reproductivos queda reflejada en el hecho de que ninguno de ellos estuvo presente en la sala de espera de la clínica u hospital durante los nacimientos de sus hijos. Todos ellos manifestaron que les fue imposible ausentarse de sus lugares de trabajo para acompañar a sus cónyuges. De manera que no pudieron ver a sus hijos recién nacidos ni a sus compañeras, sólo hasta el día siguiente, e incluso varios días después del parto, cuando sus obligaciones laborales les permitieron:

Fíjese que con ninguno de los dos [partos] estuve esperando. Con el primero la fui a dejar como a las 9 de la noche y me dijeron que fuera al otro día temprano [...] pero no fui al otro día, sino hasta el día que la fuimos a traer, porque yo trabajaba en la mañana en una fábrica y no podía faltar. Y en el segundo [parto] la fui a dejar como a las 11 de la noche y fui hasta el otro día (auxiliar de intendencia, 43 años, cónyuge trabaja, dos hijos).

No estaba yo aquí [en la Ciudad de México], estaba yo trabajando allá por Querétaro, pero pues me avisaron que ya había nacido y pues se siente algo bonito aquí dentro de uno, no sé, ganas de llorar, algo, algo bonito (chofer, 42 años, cónyuge no trabaja, tres hijos).

En lo que respecta al interés por participar y estar presentes en el quirófano durante los partos de sus hijos, ha sido común que declararan que aunque les hubieran permitido no habrían querido estar presentes porque no les hubiera gustado observar el sufrimiento de las mujeres en esos momentos. El poco nivel de involucramiento de estos padres en estas etapas se refleja también en que mientras algunos de ellos tuvieron una muy escasa participación en los cuidados y atenciones de sus hijos recién nacidos —únicamente ayudando a preparar los biberones—, otros no colaboraron en sentido alguno:

No, mi esposa, ella sola [se encargó de los bebés]. En la noche ella se levantaba a calentarles las mamilas. Y yo he visto que ha sufrido mucho con ellos [...] cuando estaban chiquitos, en la noche chille y chille, y ella se levantaba, hasta que se durmieran, a darles su mamila, a cambiarlos (albañil, 28 años, cónyuge no trabaja, dos hijos).

También en estos casos es necesario señalar la relación existente entre la escasa participación de estos varones en estas actividades y la importancia de la presencia de la mamá y cuñadas para auxiliar a la madre en los cuidados de los recién nacidos:

> Pues yo poco le ayudé a cuidarlo, porque le ayudaba mi mamá, o en veces una de mis cuñadas, sí, poco yo le ayudé a cuidar [al bebé], pero ellas sí le ayudaban (albañil, 22 años, cónyuge trabaja, un hijo).

Los padres de sectores medios

Entre estos padres el panorama es un tanto heterogéneo respecto a sus actitudes y comportamientos durante las etapas centrales del proceso reproductivo. Mientras algunos de ellos mostraron una actitud más moderna, al estar muy cerca y pendientes de sus compañeras y de sus hijos recién nacidos, otros en cambio se caracterizaron por un nivel de involucramiento menor que los aleja un poco del esquema ideal del padre moderno.

Respecto a los primeros, su actitud de corresponsabilidad en sus procesos reproductivos quedó expresada en que estuvieron atentos a las necesidades de sus compañeras durante los procesos de embarazo y además asistieron puntualmente a las consultas mensuales con el ginecólogo. Incluso, uno de estos entrevistados asistió junto con su compañera a un curso psicoprofiláctico como preparación para el nacimiento de su hijo:

> Creo que yo me preparé, los dos nos preparamos, pero ya hablando de mí, tomamos un curso psicoprofiláctico, con la intención de informarnos más. Investigamos algunos cursos, encontramos uno que nos parecía muy conveniente, muy completo y, bueno, creo que valió la pena, nos fue preparando para el momento. [Durante el embarazo] estuvimos siempre muy atentos los dos, nunca faltamos a nuestra cita con el ginecólogo, a nuestra cita porque era también asunto mío, estaba embarazado, a mí no me dieron náuseas ni cosas de esas que a muchos hombres les dan, a mí no me dio nada de eso, bueno, yo estuve muy cerca de todo lo que pasaba, estaba todo el tiempo con ella (diseñador industrial, 29 años, cónyuge trabaja, un hijo).

El interés y el sentido de corresponsabilidad de estos padres también se reflejan en el hecho de que estuvieron presentes en la sala de partos junto con sus compañeras durante los nacimientos de sus hijos. Ambos calificaron de impactante y maravillosa esta experiencia:

> A la hora del parto pues es una sensación que no se puede describir ¿no? ¡Sentí y vi el milagro de la vida! Para mí no hay, ¿cómo te diré?, no hay mayor momento que ése. El ver un nuevo ser que tiene movimiento, tiene

vida, tiene sonido, tiene todo, de la nada. De ser dos personas pasan a ser tres personas, y pues se sienten momentos increíbles de alegría, de, de todo ¿no? Te dan ganas de llorar, te dan ganas de gritar, de abrazar, de todo, es el momento más, más feliz [...] Estuve presente en los dos partos de mis hijas. Al principio una sensación muy rara, verla sufrir ¿no? Porque es sufrimiento lo que tienen las mujeres [...] No sé, es muy raro, como estar en un sueño, una pesadilla, no sé, porque no sabes qué hacer. No sabes qué decirle para apoyarla [...] Y los dos partos fueron exitosos y muy, muy padres para ella y para mí (diseñador industrial, 33 años, cónyuge no trabaja, dos hijos).

Entre estos varones predomina una actitud de mucha cercanía y participación en los cuidados de sus bebés, pues colaboraron activamente en el cambio de pañales, al bañarlos y compartiendo los momentos de la lactancia o preparando las mamilas cuando fuera necesario:

Bueno, al principio la [a su hija recién nacida] bañábamos juntos, hemos estado los dos muy de acuerdo en participar en la mayor medida de lo posible, sobre todo yo, porque precisamente las condiciones están dadas para que una mamá, pues, se encargue y el papá no tanto. Entonces hemos intentado que yo también esté involucrado la mayor cantidad de tiempo posible, entonces yo, cotidianamente, cuando menos le hago un cambio de pañal, durante el tiempo que estoy [en casa], lo hago [...] aunque yo estoy un poquito más al margen del baño, los fines de semana cuando he podido, porque ella ya desarrolló sus técnicas y tampoco se trata de que yo interfiera, pero ahí estoy, cuando menos le pongo jabón y le hago cariñitos para que no se enoje y cosas de ésas (diseñador industrial, 29 años, cónyuge trabaja, un hijo).

Por lo que respecta a los otros casos, podemos decir que uno de los varones se caracterizó por tener un grado de involucramiento medio; mientras que el otro tuvo una participación mínima en estas cuestiones. En el primer caso, el padre estuvo pendiente de las necesidades de su compañera durante el embarazo, pero no asistió a las consultas con el médico, y tampoco estuvo presente en la sala de operaciones durante el parto de su hija, aunque dijo que le hubiese gustado haber tenido la oportunidad. Colaboró activamente en la preparación de las mamilas durante las noches y sólo en algunas ocasiones cambió los pañales o ayudó a bañar a su hija. En el otro caso, el padre mostró una actitud de muy poca corresponsabilidad y de mayor lejanía respecto a su compañera y a sus hijos recién nacidos. No estuvo muy pendiente de las necesidades y cuidados requeridos por su cónyuge y tampoco asistió a las consultas mensuales con el médico. No asistió a ninguno de los tres partos de su compañera y comentó que no le hubiera gustado hacerlo aun si se le hubiera permitido. Y finalmente, su colaboración en los cuidados de sus bebés fue prácticamente nula.

Cabe destacar la importancia que adquieren las figuras de las madres y de las suegras de los padres durante los pospartos, quienes pasan una temporada viviendo en los hogares de sus hijos o yernos con la finalidad de ayudar y capacitar a la nueva madre en los cuidados que los bebés necesitan. Al parecer su ausencia o presencia está íntimamente ligada a un mayor o menor involucramiento de los padres en esta etapa del proceso reproductivo.

Es claro que cuando hubo mayor participación de los padres en la atención de sus hijos recién nacidos, las madres y las suegras estuvieron ausentes. En cambio, la activa participación de ellas durante los pospartos coincide con la escasa presencia y nivel de involucramiento de los padres en los cuidados de sus pequeños.

DISCUSIÓN Y CONSIDERACIONES FINALES

En este capítulo hemos analizado las percepciones que los varones entrevistados tienen respecto al papel desempeñado por ellos mismos en la decisión de tener hijos, en la regulación de la fecundidad de la pareja (anticoncepción) y en las etapas centrales del proceso reproductivo (embarazo, parto y posparto).

El análisis de la primera dimensión, relacionada con el papel de los varones en las decisiones reproductivas y de anticoncepción de la pareja, indica que en un extremo muy próximo al tipo ideal del padre tradicional se encuentran los *padres mayores de sectores populares*, quienes comparten rasgos homogéneos en su comportamiento.

Su ubicación cerca de ese extremo se debe a varias cuestiones, entre las que destaca el hecho de que ninguno de ellos logró establecer un mínimo nivel de comunicación con su compañera para hablar de las cuestiones reproductivas de la pareja. Lo que contribuyó, de manera evidente, a la imposibilidad de construir acuerdos con sus cónyuges en ese sentido. Entre estos entrevistados priva un desarrollo prácticamente nulo de la percepción de la posibilidad de incidir en el propio comportamiento reproductivo, que quedó evidenciado en que algunos de ellos nunca usaron anticoncepción a lo largo de sus vidas, en tanto que otros decidieron actuar sobre la fecundidad de la pareja sólo cuando se sintieron agobiados por el continuo incremento de sus descendencias.

A ello hay que agregar la idea compartida por estos padres de que el inicio de su vida matrimonial era por naturaleza también el principio de su vida como padres. Ninguno de ellos consideró necesario discutir o planear con su cónyuge el momento de empezar a tener hijos y tampoco el espaciamiento de los hijos subsiguientes. Resulta lógico entonces que sus primeros hijos llegasen pronto y que estos varones vieran crecer sus descendencias sin control. Ante lo cual, sólo en algunos casos hubo una reacción de la pareja; en uno de ellos optaron por el uso de pastillas anticonceptivas (a propuesta del médico), y cuando fallaron, por el retiro como forma de control natal; en otro caso, fue el varón quien propuso la esterilización femenina, opción que fue llevada a cabo después de que ella aceptara. En los otros casos no hubo reacción alguna y se dejó que el número de hijos se incrementase sin considerar la posibilidad de regular la fecundidad de la pareja hasta la llegada de la menopausia.

Destaca también entre estos padres el hecho de que ninguno considerara necesario platicar con su cónyuge acerca del número de hijos que procrearían juntos. De tal suerte que estos entrevistados no saben siquiera cuántos hijos hubiesen querido tener sus compañeras, puesto que nunca se les ocurrió preguntárselo. Para ellos el tamaño de sus familias y el espaciamiento de los nacimientos de sus hijos quedaron determinados por el azar. No es extraño entonces que el tamaño promedio de las descendencias entre estos padres sea de casi seis hijos.

Próximos a los padres mayores de sectores populares, pero sin llegar a ocupar la misma ubicación extrema, podrían encontrarse los *padres mayores de sectores medios*, quienes se caracterizaron por asumir comportamientos y actitudes un poco menos tradicionales y un tanto heterogéneos. Si bien algunos de estos padres no lograron conformar espacios de diálogo con sus compañeras, ni consiguieron construir acuerdos en las decisiones reproductivas de la pareja, es importante señalar que en otros casos esta posibilidad, aunque un tanto limitada, si existió.

A diferencia de los padres mayores de sectores populares, estos entrevistados en alguna medida contemplaron la posibilidad de incidir en el propio comportamiento reproductivo, que quedó evidenciada en el hecho de que si bien, por lo general, no utilizaron anticoncepción en sus experiencias sexuales previas a la unión, sí lo hicieron una vez que nacieron sus primeros hijos.

Para estos entrevistados, de manera semejante que los padres mayores de sectores populares, opera la concepción de que con el matrimonio se inicia también la paternidad, ya que para ellos tener hijos es una responsabilidad que se asume al momento de casarse. Por ello, los primeros hijos de estos padres arribaron pronto y su llegada no fue discutida ni planeada por la pareja puesto que no se consideró necesario.

A pesar de que, por lo general, estos entrevistados no definieron con su pareja el número de hijos que tendrían y, al igual que los padres mayores de sectores populares, no saben cuántos hijos hubiesen querido tener sus cónyuges, todos consideraron conveniente disminuir el tamaño de sus descendencias respecto a las que sus propios padres tuvieron y a las que calificaron de numerosas. De tal suerte que estos padres tuvieron en promedio tres hijos.

Así, después de haber tenido a los dos o tres primeros hijos, en algunos casos ambos miembros de la pareja comentaron y acordaron utilizar, en un caso, el dispositivo intrauterino (por consejo del médico) y, en el otro, el método del ritmo (a sugerencia de ella), para ir regulando su fecundidad. En los otros casos, ellas decidieron por su cuenta y sin comentarlo con sus maridos utilizar las inyecciones anticonceptivas, en un caso, y ser esterilizada, en el otro.

La finalización del periodo reproductivo en estas parejas también tuvo rasgos heterogéneos; en algunos casos, los cónyuges acordaron la forma en que lo harían, en un caso a través del retiro y en otro con la esterilización de ella. En cambio, en los otros casos, esta cuestión no fue comentada entre los miembros de la pareja, de tal suerte que en un caso, tras varios abortos espontáneos ella alcanzó la menopausia, mientras que en el otro caso —como se había mencionado— ella decidió ser esterilizada sin comentarlo con su esposo.

Por lo que respecta a los *padres jóvenes de sectores populares*, éstos podrían ubicarse en un punto medio entre ambos tipos ideales de paternidad, pues aunque comparten algunos rasgos tradicionales con los padres mayores de ambos sectores sociales, quedaron al descubierto en ellos algunas actitudes que los acercan al tipo ideal moderno.

El nivel de comunicación establecido con sus cónyuges para hablar sobre las cuestiones reproductivas y de anticoncepción de la pareja fue mayor que el observado entre los padres mayores de ambos sectores sociales, puesto que discutieron y acordaron con sus compañeras tanto el tamaño de familia que juntos procrearían, como el espaciamiento entre los embarazos, además de elegir los métodos anticonceptivos que emplearían para ello.

Estos entrevistados consiguieron un mayor grado de desarrollo en su percepción de las posibilidades de regular la propia capacidad reproductora, ya que si bien durante las experiencias sexuales tenidas previamente a la unión estos varones no usaron anticoncepción, después de haber tenido a su primer o segundo hijo, estos padres conversaron y se pusieron de acuerdo con sus compañeras sobre la conveniencia de utilizar algún método de control natal para limitar el tamaño de sus familias.

A pesar de ello, conviene señalar que por lo general estos entrevistados comparten con los padres mayores de ambos sectores sociales la idea de que la unión conyugal es al mismo tiempo el momento en que ha de iniciarse la procreación. Incluso en algunos casos, fue el embarazo de su compañera lo que determinó que se llevara a cabo la unión de las parejas.

No obstante haber iniciado su vida como padres a edades tempranas, sus descendencias no se han incrementado de manera sustancial, puesto que todas las parejas han recurrido al empleo de anticoncepción para lograrlo y así tienen en promedio dos hijos. De hecho, en algunos casos las parejas han decidido no procrear más hijos; en un caso, ella propuso ser esterilizada, mientras que en otro, él optó por el retiro. El dispositivo intrauterino ha sido el método más utilizado, aunque también se han empleado las pastillas anticonceptivas y ocasionalmente el preservativo y las inyecciones.

Los padres que claramente se acercan al esquema ideal moderno de paternidad son los *padres jóvenes de sectores medios*, entre quienes se dan comportamientos bastante homogéneos. Las razones para localizarlos así son diversas, y entre ellas destaca el hecho de que estos varones han logrado conformar, junto con sus cónyuges, espacios de discusión en los que ambos miembros de la pareja concilian sus diferencias y van estructurando sus decisiones reproductivas y de anticoncepción.

Todos ellos han alcanzado un alto grado en el desarrollo de la percepción de la posibilidad de regular la propia capacidad reproductora, que quedó demostrado en el hecho de que generalmente utilizaron algún tipo de anticoncepción durante las experiencias sexuales tenidas antes de unirse. Entre los métodos empleados en estas relaciones sexuales predomina el uso del preservativo y del ritmo, siguiendo en orden de importancia el uso de pastillas anticonceptivas, los óvulos y las espumas. Una vez unidos, estos varones continuaron utilizando anticoncepción para regular la fecundidad de la pareja.

Otra característica de estos entrevistados, que ha sido fundamental para considerarlos próximos al tipo ideal del padre moderno, es que para la mayoría de ellos el inicio de su vida conyugal no implicaba necesariamente el comienzo de su vida como padres. De tal suerte que desde el inicio de la unión platicaron y acordaron con sus respectivas cónyuges la utilización del dispositivo intrauterino en algunos casos, mientras que en otros la combinación del método del ritmo con el uso del preservativo para aplazar la llegada de su primer hijo. Sin embargo, la falla del preservativo en un caso y el método del ritmo en otro, propició la concepción inesperada de los primeros hijos en un par de casos. A pesar de ello, es importante comentar que estos padres registran en promedio las edades más altas a la unión y a la paternidad, si los comparamos con los otros grupos de padres.

Interesa también destacar que el tamaño promedio de la descendencia de estos padres jóvenes es de dos hijos. Y, aunque aún no ha terminado el periodo reproductivo para la mayoría de ellos, todos se han pronunciado en favor de tener descendencias pequeñas, con dos o tres hijos como máximo.

Al considerar la actitud de los entrevistados ante los embarazos, partos y pospartos de sus compañeras, es claro que la ubicación de los *padres jóvenes y mayores de sectores populares* es muy próxima al tipo ideal del padre tradicional. En su gran mayoría estos entrevistados se consideraron a sí mismos ajenos a los acontecimientos, casi como espectadores ante lo que ocurría durante los embarazos y los partos de sus cónyuges. Se caracterizaron por no asistir a las consultas médicas y por mostrar poca preocupación por las vivencias o necesidades de sus compañeras durante los embarazos. No estuvieron presentes en el quirófano durante los nacimientos de sus hijos y mostraron rechazo para hacerlo aunque se los hubieran permitido. Y lo mismo ocurrió con los cuidados que sus pequeños recién nacidos necesitaron, ya que la mayoría de estos padres se abstuvo de entrar en contacto con sus bebés.

Los *padres mayores de sectores medios* no evidenciaron comportamientos tan tradicionales, de manera que en esta dimensión pueden ser ubicados en un punto medio entre ambos tipos ideales de paternidad. Por lo general, estos varones se mostraron hasta cierto punto implicados en los embarazos de sus compañeras al estar pendientes de sus necesidades y malestares, aunque su asistencia a las consultas médicas fuera esporádica. A pesar de que ninguno estuvo presente en la sala de operaciones durante los partos de sus hijos, algunos de ellos comentaron que les hubiera gustado estar presentes si se les hubiera permitido. Y por lo que respecta a su involucramiento en los pospartos, éste puede ser calificado como de nivel medio, ya que a pesar de que evitaron cambiar los pañales o bañar a sus pequeños, fueron muy colaboradores en la preparación de los biberones y al darles de comer a sus hijos. Importa señalar que también estuvieron pendientes de la salud de sus bebés.

Entre los *padres jóvenes de sectores medios* el panorama no resulta tan homogéneo como en la dimensión anterior, puesto que algunos de estos padres mostraron una actitud de gran involucramiento y participación en los eventos de las etapas centrales del proceso reproductivo; mientras que en otros casos, sus comportamientos resultan heterogéneos. Por todo ello se dificulta la localización de este grupo cerca o lejos de uno de los dos tipos ideales de paternidad.

En algunos casos, estos padres asistieron con regularidad a las consultas médicas mensuales durante los embarazos de sus compañeras, estuvieron presentes en la sala de expulsión durante los partos de sus hijos y colaboraron activamente en el cambio de pañales, la preparación de los biberones y el baño de sus hijos recién nacidos. De tal suerte que este pequeño grupo de padres puede ser ubicado muy próximo al tipo ideal del padre moderno.

La actitud asumida por los demás es diferente; en un caso, aunque el padre no asistió a las revisiones médicas de su compañera, estuvo pendiente de sus necesidades y malestares durante el embarazo; aclaró que a pesar de no haber estado presente durante el parto de su hija, le hubiera gustado presenciarlo. Este entrevistado colaboró en la preparación de los alimentos de sus bebés, aunque evitó participar en el baño y el cambio de pañales de su hija recién nacida. Así, este padre estaría ubicado en un punto medio entre ambos tipos ideales de paternidad. En cuanto al último caso, llama la atención su actitud de abierto rechazo a participar en cualquiera de estas fases centrales del periodo reproductivo, con lo cual su localización estaría sin duda muy cercana al tipo ideal del padre tradicional.

Con base en lo anterior puede decirse que entre los padres entrevistados se vislumbran claras diferencias en las relaciones que establecen con las madres de sus hijos a la hora que deciden reproducirse. Sin embargo, es importante tener en cuenta que estos cambios en las actitudes de los varones no son unidireccionales ni homogéneos, puesto que en algunos casos se da la coexistencia de rasgos tradicionales y modernos al mismo tiempo.

Son diversos los factores que están incidiendo para que tengan lugar estas importantes transformaciones en las actitudes y valoraciones masculinas respecto a su reproducción. Entre estos factores —en concordancia con lo planteado en otros estudios (Caldwell, Reddy y Caldwell, 1982; Lerner, Quesnel y Yanes, 1996 y Castro y Miranda, 1998)— hay que señalar la extensa y permanente difusión del Programa Nacional de Planificación Familiar en nuestro país— iniciada a principios de los años setenta—, que se ha concretado en una amplia oferta de moderna anticoncepción y en el activo papel desempeñado por las instituciones de salud y sus agentes (médicos, enfermeras y promotores de la salud).

La puesta en marcha de los programas de educación sexual en el ámbito escolar es otro factor que ha de tomarse en cuenta en el estudio de estas transformaciones, ya que como se ha podido apreciar, la adquisición de información sobre la sexualidad y la reproducción humanas en la etapa escolar constituye un elemento básico para la conformación de la percepción de la posibilidad de incidir en el propio comportamiento reproductivo. Ambas cuestiones están repercutiendo en los procesos de toma de decisiones reproductivas y de anticoncepción de las parejas a través de la modificación de las valoraciones en la sexualidad y su ejercicio, así como respecto a la propia reproducción y su regulación.

Es claro, sin embargo, que la influencia de estos factores no ha sido igual para nuestros entrevistados, sobre todo si tomamos en consideración su ubicación en el tiempo histórico-social así como sus diferentes condiciones culturales, económicas y sociales. Los *padres mayores de sectores populares* tuvieron un desarrollo casi nulo en la percepción de las posibilidades para incidir en el propio comportamiento reproductivo que se relaciona de manera significativa con una socialización en un ambiente rural durante la infancia y buena parte de la adolescencia, época en la cual contaron con escasa información respecto a la sexualidad y la reproducción humanas. En sus pueblos, al escuchar algunos comentarios de sus compañeros de escuela es cuando obtuvieron algunas nociones que más tarde, al emigrar a la Ciudad de México, siendo adolescentes, complementarían con los aprendizajes obtenidos de sus primeras experiencias sexuales, ocurridas —para la mayoría de ellos— sin protección anticonceptiva en el ambiente de los cabarets y la prostitución.

Así, con este tipo de experiencias y prácticamente sin información sobre los diversos métodos de control natal —ya que no escucharon hablar del Programa Nacional de Planificación Familiar en ninguna parte, porque todavía no estaba en marcha en el país—, algunos de estos padres nunca usaron anticoncepción a lo largo de toda su vida.

En cambio los *padres mayores de sectores medios* —quienes en su mayoría nacieron y han vivido toda su vida en la Ciudad de México— a pesar de no haber contado con información suficiente respecto a la sexualidad y la reproducción humanas, ni sobre los diversos métodos de control natal —porque cuando eran jóvenes aún no estaba en operación el Programa Nacional de Planificación Familiar— mostraron iniciativa al buscarla en enciclopedias, libros, revistas y folletines. De tal suerte que desarrollaron un mayor grado en la percepción de la posibilidad de regular su capacidad reproductora que sus coetáneos de sectores populares, en gran medida debido a sus mayores niveles de escolaridad y mejores condiciones de vida.

Diferente es la situación de los *padres jóvenes de sectores populares:* la escasa noción que adquirieron en sus pueblos acerca de las repercusiones reproductivas del ejercicio de su sexualidad, con la que llegaron a la Ciudad de México siendo adolescentes, se modificó sustancialmente al recibir de manera continua información difundida a través de la radio, televisión, revistas, películas y aun de los propios compañeros de trabajo, del Programa Nacional de Planificación Familiar sobre los diversos métodos anticonceptivos.

En cambio, el alto grado de desarrollo en la percepción de que la propia capacidad reproductora se puede regular, alcanzado por los *padres jóvenes de sectores medios* está muy relacionado con el hecho de que fueron socializados durante su infancia, adolescencia y juventud en un ámbito eminentemente urbano como la Ciudad de México, en donde contaron con suficiente información sobre la sexualidad y la reproducción humanas desde la etapa escolar, particularmente desde la enseñanza secundaria. Información que más tarde se complementó con aquella proveniente de los diversos medios de comunicación, relacionada con el Programa Nacional de Planificación Familiar.

Es importante comentar que en el desarrollo de esta percepción hay aún otros matices a considerar, puesto que todo indica que para los entrevistados de *mayor* edad (de *ambos sectores sociales*) e incluso para los *jóvenes de sectores populares*, opera la percepción de que la mujer se reproduce y por ello le compete la responsabilidad exclusiva. Cuestión que contribuye a explicar por qué la mayoría de estos padres, si bien no se opone al uso de anticoncepción, no asume como propia la responsabilidad de llevar a la práctica la regulación de la reproducción conyugal mediante el uso de algún método anticonceptivo de tipo masculino. Los hallazgos de esta investigación coinciden con los reportados por SSA (1990), Vivas Mendoza (1993), Goldani (1994) y Gutmann (1996) en el sentido de que persiste todavía entre los varones la idea de que sus cónyuges son las responsables exclusivas del control de la fecundidad de la pareja. Sin embargo, importa rescatar la actitud detectada entre los entrevistados *jóvenes de sectores medios*, que parece muy propensa a la corresponsabilidad en el uso de anticoncepción, ya que entre ellos se da un uso frecuente de métodos como el ritmo y el preservativo, que requieren de su activa participación.

Estos resultados —igual que los de otros investigadores (Stycos, 1958; Goldani, 1994; y Greene y Biddlecom, 2000)— contribuyen a valorar la pertinencia de considerar el grado de comunicación establecido entre los miembros de la pareja para discutir los asuntos relacionados con su fecundidad, como un elemento clave para entender los procesos de toma de decisiones reproductivas y sus resultados. Mientras que entre los padres jóvenes de ambos sectores sociales entrevistados se da frecuentemente una actitud propensa a discutir abiertamente con su pareja sobre la conveniencia de regular la fecundidad conyugal, de limitar y determinar el número y el espaciamiento de los hijos que procrearán, así como de emplear algún método anticonceptivo para lograrlo, entre los mayores los desacuerdos en los miembros de las parejas muchas veces estuvieron más relacionados con el grado de comunicación que con la oposición de alguno de los dos a reducir la fecundidad de la pareja. El caso de los *padres mayores de sectores medios* es claramente representativo de que a pesar de que ambos cónyuges desean disminuir el tamaño de su descendencia, las estrategias empleadas por cada uno son distintas e incluso contrapuestas, resultado de la incomunicación entre los cónyuges para discutir y llegar a acuerdos sobre la posibilidad de regular su fecundidad por medio del uso de anticoncepción.

En este estudio también se corrobora un planteamiento antiguo pero de gran vigencia (Stycos, 1958), relacionado con el hecho de que para muchos varones todavía opera la idea de que el inicio de su vida conyugal es prácticamente el comienzo de su vida como padres. Los resultados de esta investigación enriquecen este planteamiento al dar cuenta de la diversidad de circunstancias y valoraciones a partir de las cuales los entrevistados llevaron a la práctica el inicio de su paternidad. Entre los *padres mayores de sectores populares* ha sido común la necesidad expresa de lograr la concepción del primer hijo inmediatamente después de haberse realizado el matrimonio. Estos comportamientos se ajustan a la presión social que en ese tiempo se ejercía sobre estos varones, por conducto de los propios amigos, para dar pruebas de su masculinidad a través de la procreación. Para los *padres mayores de sectores medios* y *los jóvenes de sectores populares* la llegada de los hijos después de la unión es un hecho natural y sobreentendido para ambos miembros de la pareja. En tanto que los *padres jóvenes de sectores medios* son los únicos que decidieron esperar un poco para empezar a tener a sus hijos, una vez que vivieron una etapa de acoplamiento con sus parejas después de haberse unido.

Es interesante constatar que entre los *padres de sectores populares (jóvenes y mayores)* predominan las uniones en edades muy tempranas, a los veinte años en promedio, a diferencia de lo que ocurre con los *padres de sectores medios (jóvenes y mayores)*, quienes se unieron mucho más tarde, aproximadamente a los 27 años en promedio.

Hay otra cuestión de gran importancia en el estudio de las transformaciones del papel desempeñado por los varones en el ámbito de la reproducción y que tiene que ver con los cambios que indudablemente se están registrando en las valoraciones de los padres respecto a sus hijos, y es que los interesantes matices encontrados en esta investigación permiten ampliar algunos conceptos sobre el tema desarrollados por otros autores como Stycos (1958); Caldwell (1982); Caldwell, Reddy y Caldwell (1982); y Lerner y Quesnel (1994) al tiempo que hacen evidente la importancia de considerar la diversidad en las percepciones que los varones —de acuerdo con su pertenencia a distintos sectores sociales y generaciones— tienen respecto a sus hijos y al tamaño de sus descendencias.

Estos hallazgos apuntan a que una actitud más favorable para reducir el tamaño de la familia no parte necesariamente de las mismas valoraciones respecto a los hijos. Para los *padres mayores de sectores populares* definir el tamaño de sus descendencias no fue una cuestión sobre la que reflexionaran o llegaran a acuerdos con sus cónyuges; las grandes descendencias procreadas por estos padres quedaron definidas, en buena medida, por el azar y cada nuevo nacimiento fue valorado con angustia frente al peso económico que implicaba su manutención. En cambio, los *padres mayores de sectores medios* desarrollaron una clara decisión de que querían disminuir el tamaño de su familia en un nivel medio, porque con ello asegurarían a sus hijos un buen nivel de vida y de escolaridad. En ello coincidieron con sus parejas, aunque las estrategias para llevar a cabo tal decisión no fueron planteadas con claridad ni acordadas entre la pareja. La posición que asumieron los *padres jóvenes de sectores populares* junto con sus cónyuges ha sido la de reducir el tamaño de su descendencia porque no querían "llenarse de hijos" y porque querían brindar a sus hijos mejores condiciones de vida y un mayor nivel de escolaridad que los de ellos. Muy diferente fue la valoración de los *padres jóvenes de sectores medios* quienes expresaron, en coincidencia con sus compañeras, que además de desear ofrecer mayores niveles de escolaridad y mejores condiciones de vida a sus hijos, también querían darles suficiente tiempo, atención y afecto, por lo que deseaban tener pocos, cuando mucho dos o tres.

Es de mucha relevancia destacar las diferencias detectadas en el papel desempeñado por las cónyuges de los entrevistados en los procesos de toma de decisiones reproductivas. Las compañeras de los *padres mayores de sectores populares* se caracterizaron por asumir un papel muy pasivo respecto a la vida reproductiva de la pareja, en tanto que la actitud de las cónyuges de los *padres mayores de sectores medios* ha sido muy diferente, puesto que ellas asumieron en la práctica la responsabilidad de limitar el tamaño de sus descendencias. Después de haber tenido los dos o tres primeros hijos, estas mujeres en su mayoría, tomaron la iniciativa para regular la fecundidad de la pareja, proponiendo a su compañero, en un caso, el uso del método del ritmo, o decidiendo, sin comentarlo con su cónyuge, por la esterilización femenina o las inyecciones. Las compañeras de los *padres jóvenes de sectores populares*, en cambio, no mostraron este nivel de iniciativa en nivel individual, ya que las decisiones en torno a la regulación de la fecundidad conyugal fueron resultado del diálogo y el acuerdo entre ambos miembros de la pareja. En tanto que las cónyuges de los *padres jóvenes de sectores medios* mostraron mucha iniciativa en la decisión de no incrementar el tamaño de familia puesto que tenían la intención de continuar con sus estudios y su actividad laboral, por ello convinieron con sus compañeros regular la fecundidad conyugal desde el inicio de la unión y a lo largo de la misma.

Finalmente, en lo que respecta a la presencia masculina en las etapas centrales de los procesos reproductivos, los hallazgos de esta investigación permiten señalar que los varones de todos los sectores sociales y generaciones todavía se sienten ajenos a los eventos de dichas etapas porque los consideran del dominio femenino, prueba de ello es la clara ausencia y la falta de involucramiento de casi todos durante los embarazos, los partos y los pospartos de sus cónyuges. Los únicos que dieron muestras de un cambio en su actitud fueron algunos *padres jóvenes de sectores medios*, que durante los embarazos de sus cónyuges asistieron a las consultas mensuales con el ginecólogo, estuvieron presentes en los alumbramientos de sus hijos y colaboraron en los cuidados y la alimentación de sus hijos recién nacidos.

Particularmente en lo que se refiere a los pospartos, se puso de manifiesto que la lejanía y la participación masculina en la atención y cuidado de sus bebés son directamente proporcionales a la significativa presencia y colaboración de las suegras, madres, hermanas y cuñadas de los entrevistados.

II. LOS VARONES EN EL ÁMBITO DOMÉSTICO

Este capítulo es un análisis del comportamiento de los padres entrevistados en el ámbito familiar o doméstico, en las dimensiones que tienen que ver con el involucramiento paterno en la crianza y el cuidado de sus hijos, la participación masculina en el trabajo doméstico y finalmente, con la importancia que los entrevistados otorgan a su desempeño como proveedores de sus hogares y su actitud frente al trabajo extradoméstico femenino.

EL EJERCICIO COTIDIANO DE LA PATERNIDAD Y LA PARTICIPACIÓN MASCULINA EN LA CRIANZA Y EL CUIDADO DE LOS HIJOS

En este apartado veremos la actitud y el desempeño de los padres respecto a los cuidados y la crianza de sus hijos, así como el grado de cercanía —física y emocional— establecido con ellos. Además analizaremos la importancia que los varones asignan a su propia decisión de cuándo ser padres por primera vez, el deseo de tener hijos varones y la forma que asume la corrección de los comportamientos infantiles.

Los padres mayores

Los padres de sectores populares

Estos varones se caracterizaron por haber mostrado comportamientos muy tradicionales en cuanto al ejercicio cotidiano de su paternidad. Por lo general, aclararon que no tuvieron los criterios necesarios para reflexionar detenidamente sobre el inicio de su vida como padres. Fueron severos y muy poco cariñosos con sus hijos, y su contribución a sus cuidados y crianza fue realmente mínima. Los regaños fuertes, las nalgadas y los manazos fueron los medios con los que corrigieron cotidianamente a sus hijos.

Estos padres dijeron que el hecho de haberse casado tan jóvenes, no les permitió tener criterios o alguna clase de preparación para asumir con mayor responsabilidad la decisión de ser padres. Para ellos, lo normal era concebir al primer hijo a partir de la consumación de la unión conyugal:

> Pues francamente eso de los hijos es una cosa tan difícil que cada día que abres los ojos lo primero es que los encomiendas a Dios, luego piensas que nunca aprendes y que fue un compromiso muy grande tener hijos. Porque siento que para tener hijos deberíamos tener criterio, alguna preparación (auxiliar de intendencia, 53 años, cónyuge no trabaja, cuatro hijos).

Se caracterizaron por haber tenido una relación de muy poca cercanía física y emocional con sus hijos. Por lo general, casi no tuvieron tiempo —excepto los domingos— para atender a su familia porque sus condiciones laborales no se los permitieron. Sin embargo, también comentaron que a pesar de que la relación con sus hijos no era mala y que se llevaban bien con ellos, siempre prefirieron establecer límites y cierta distancia mediante el respeto a su imagen como padres. Todos ellos consideraron que habían sido muy poco cariñosos y un tanto duros con sus hijos:

> Bueno, pues casi no hay tiempo para atender a mi familia, pues casi es una hora o dos, lo más que llego a estar con ellos. El día domingo es cuando estoy más con ellos, porque entre semana son unas dos horas o tres. [...] Y la relación con ellos [sus hijos] es ni muy cerca ni muy lejana, yo me limito también a no rebasarme con ellos porque no, digo que hay veces que [...]no por otra cosa sino porque si uno se quiere llevar con ellos, como que le pierden a uno el respeto. Entonces yo me limito a que no suceda eso.
> P: ¿Usted es cariñoso con sus hijos?
> R· Pues sí soy cariñoso, pero pues hasta cierto punto, tampoco me sobrepaso (maestro albañil, 54 años, cónyuge no trabaja, ocho hijos).

[...] no creas que soy cariñoso, soy un tipo frío, no me gustan los detalles. [...] El padre quiere menos a los hijos que la madre, yo así lo entiendo. Los cuida menos, es menos cuidadoso, es un trabajo diferente del que no puedo opinar mucho (auxiliar de intendencia, 53 años, cónyuge no trabaja, cuatro hijos).

No es extraño que entre ellos haya sido común asumir que el cuidado y la crianza de los hijos es una obligación exclusiva de la madre, aunque ella desempeñe un trabajo fuera de casa, lo que explica su poca participación en esta materia. Solamente algunos de estos padres colaboraron, pero de manera muy escasa —cuando sus esposas estaban enfermas o haciendo el quehacer doméstico—, en los cuidados de sus hijos cuando eran pequeños, preparándoles algunos alimentos, bañándolos, cambiándoles los pañales, vistiéndolos y cuidándolos. En los otros casos el involucramiento fue prácticamente nulo:

Yo, cuando en mi juventud, yo me casé, ahí era el compromiso de la señora su casa, aunque ella trabajaba también, pero ella tenía que dedicarse a las cosas de la casa, a los hijos. Y yo, siempre me gustó el deporte, mis amigos, era otra cosa. Y ya fueron creciendo mis niños y ya los llevé, los empecé a llevar al juego, adonde yo andaba, pero que yo les pusiera una atención de niños, así de que hay que bañarlos o que lavar la ropita de los niños, no, no.
P: ¿Y alguna vez le tocó cuidar a sus hijos?
R: No, no, siempre los dos estábamos con ellos, así de que me dejara ella un día que fuera a una actividad, pues no, iba a ver a su mamá o a su hermana, tenía yo que estar con ellos, pero todo estaba hecho, había comida, había todo, nada de que voy a guisar para los chavos (auxiliar de restaurante, 62 años, cónyuge trabaja, tres hijos).

Por lo que se refiere a su papel en la crianza de sus hijos, puede decirse que se redujo a dar consejos y reprenderlos para "conducirlos por el buen camino". En este sentido, conviene señalar la diferenciación que un padre estableció respecto a la formación de los hijos dependiendo de su sexo:

Pues yo pienso que el padre tiene que decirles a los hijos [varones] crudamente cuando son niños cómo se van a conducir cuando ya sean hombres, igual cómo se van a conducir, porque vienen los cambios de niño a adolescente, de adolescente a hombre y entonces vienen los peligros de la vida, y entonces hay que decirles [...]. En fin, eso yo se los dije a mis hijos, mi esposa igual, yo siento que le dijo a su hija: "Tú tienes que tener este trato con los hombres", en fin (auxiliar de restaurante, 62 años, cónyuge trabaja, tres hijos).

Entre ellos fue común recurrir a los regaños fuertes, las nalgadas y los manazos para reprender a sus hijos. De hecho, ante problemas de drogadicción y vagabundeo de los hijos varones, algunos padres encontraron como único mecanismo para disuadirlos, someterlos a palizas ejemplares:

> Algunas veces sí, sí les pegué, cómo no, me los cuerié, pero como decían mis gentes grandes de mi pueblo: "si le vas a pegar, pégale bien, no nada más vayas a estar ahí sobándole, porque no te va a obedecer, y además lo vas a acostumbrar. No, una vez, pero bien para que entienda" (auxiliar de restaurante, 62 años, cónyuge trabaja, tres hijos).

En cuanto al deseo de tener al menos un hijo varón, todos estos entrevistados tuvieron al menos uno, y algunos aclararon que para ellos era lo mismo tener hijos varones que mujeres, pues los hubiesen querido de igual manera. Sin embargo, para otros era muy importante haber tenido al menos un hijo varón por razones de machismo y para satisfacer su ego, al saber que su apellido se perpetuaría:

> Pues a la mejor para satisfacer el ego, sí, porque uno dice: "¿quién sigue el apellido?, pues el varón". El varón sigue sembrando el apellido, la mujer no, porque ya viene el apellido del marido. Pero el varón sí, porque si tiene otro hijo el apellido va a seguir (auxiliar de restaurante, 62 años, cónyuge trabaja, tres hijos).

Los padres de sectores medios

Estos padres asumieron una actitud un tanto tradicional respecto al ejercicio de su paternidad, ya que para ellos la reflexión sobre la importancia de ser padres ocurrió mucho tiempo después de que hubieran nacido sus hijos. Durante la infancia de sus pequeños mantuvieron poco contacto físico y emocional con ellos, además de una participación limitada en sus cuidados y crianza, que consistió principalmente en preparar los desayunos y supervisar las tareas escolares.

Sin embargo, como se verá, la caracterización de estos varones ya no es tan homogénea al mostrar algunos de ellos actitudes no tan tradicionales cuando analizamos su deseo de tener al menos un hijo varón y respecto a la forma como corrigieron los comportamientos de sus pequeños.

Para estos entrevistados la paternidad fue considerada como un hecho natural que ocurre como resultado lógico de haberse casado. En su opinión, sucedió como un acto inconsciente en tanto que constituía una etapa más de la vida por la que debían transitar. Por ello, reflexionar en torno a su importancia y sus implicaciones, tanto para ellos como individuos como para sus hijos, no fue una preocupación previa a la decisión de ser padres por primera vez. Fue necesario que pasaran algunos años y que sus hijos crecieran para que algunos de ellos se dieran cuenta de la relevancia de esta transición en sus vidas y de la responsabilidad que adquirían con sus hijos:

> [...] me caso, pero en ese momento no hemos pensado que iba a ser padre, mucho menos pensar en que planee mi familia. No me pasó por aquí [por la cabeza]. De repente me dijo mi esposa: "estoy embarazada", de repente mi hija ya había nacido, de repente yo era un papá y ni siquiera me cayó el veinte, pasaron algunos años sin darme cuenta en que yo era papá [...] porque tuvieron que pasar muchos años para que yo tomara conciencia de que era padre, de que tenía una familia (microempresario, 45 años, cónyuge trabaja, dos hijos).

Esta postura tradicional ante su experiencia como padres también se reflejó en la poca cercanía que mantuvieron con sus pequeños. Comentaron que en gran medida fueron sus condiciones y horarios de trabajo, que normalmente concluían a las ocho o nueve de la noche, los que les impidieron convivir más tiempo con sus hijos. Para estos padres el tiempo asignado para estar con su familia era el que quedaba por las noches al regresar del trabajo, durante los fines de semana y las vacaciones.

Hasta que sus hijos fueron mayores —casi adolescentes—, se percataron de que había sido poco y marginal el tiempo que habían destinado para estar en contacto con ellos, por lo que intentaron modificar —fundamentalmente en términos cualitativos— la relación que habían establecido con ellos:

> Desafortunada o afortunadamente, como se quiera ver, tuve puestos importantes, sobresalientes, que propiciaron una muy buena situación económica, pero no había tiempo para los hijos, prácticamente nada más los fines de semana. Durante la semana yo salía [de casa] muy temprano y llegaba muy tarde. Eso fue durante muchos años [...] entonces con mis hijos no había ninguna relación, no había comunicación. [...] hasta que dije: "¡Estoy

harto!" y dejé todo, fue cuando nos dedicamos a este pequeño negocio mi esposa y yo. La idea realmente era dedicarle un poco más de tiempo a la familia (microempresario, 45 años, cónyuge trabaja, dos hijos).

> [...] yo viví buena parte de mi vida enajenado en el trabajo, yo vivía para la oficina, para cumplir con lo que se me encomendaba, para desempeñar las funciones que se me encomendaron. Entonces el tiempo que les dedicaba a mis hijos era el tiempo que me quedara, el tiempo marginal [...] ahora me doy cuenta que pude haberle dedicado más tiempo, es decir, me di cuenta de este asunto cuando el primer hijo se me fue, o sea, se casó. [...] Entonces como que recapitulé, intenté corregirlo (funcionario universitario, 57 años, cónyuge no trabaja, tres hijos).

Es importante mencionar el reconocimiento hecho por uno de estos entrevistados respecto al poco contacto físico establecido con sus hijos cuando eran muy pequeños. Hasta que sus hijos empezaron a hablar y caminar, cuando se mostraron más activos, fue que él se relacionó de una manera más cercana con ellos a través del juego:

> [...] yo empecé a disfrutar a mis hijos después de que, cuando empezaron a hacer sus muecas y a decir: "mamá" o "papá", cuando empezaron a dar sus primeros pasitos, sentí yo una gran emoción. Pero sí, estoy consciente de que hasta que los niños empezaban a ser un poquito más activos, hasta que empezaban a manifestar sus ademanes, sus primeras palabras, sus gestos, es cuando yo empiezo ahora sí, en reciprocidad, a sacar lo que siento, pero antes no me gustaba cargar a mis hijos. Hasta que ya eran grandecitos ya me empezaban a llamar la atención y sí pues es una gran emoción, un sentimiento muy especial jugar con ellos, que le hagan a uno el caballito, se siente muy bonito (funcionario universitario, 57 años, cónyuge no trabaja, tres hijos).

La distancia física y emocional que por lo general estos padres establecieron con sus hijos se reflejó también en el poco nivel de participación que mostraron para brindarles cuidados o para contribuir en su crianza. Por lo general, entre ellos priva la idea de que es la madre —que generalmente permaneció en casa cuando sus hijos eran pequeños— quien debe hacerse cargo de la crianza de los hijos y estar al tanto de sus cuidados y necesidades:

> Pues yo heredo todos los defectos culturales de esta sociedad, donde yo llegué a pensar y de alguna manera lo seguiré pensando, que gran parte de los

hijos son hechura de la madre. Las buenas maneras, las buenas costumbres, la buena educación, si son empeñosos, si son estudiosos, si son dedicados en buena medida es hechura de la mamá. Es la figura más importante para ellos, y la figura del padre es un poco más lejana, es un poquito así como la fotografía que vemos de la persona que admiramos y obviamente pues es el soporte económico (funcionario universitario, 57 años, cónyuge no trabaja, tres hijos).

Así, el involucramiento paterno en la crianza de sus hijos se centró básicamente en ayudarlos en la realización de sus tareas escolares; mientras que, en algunos casos, la colaboración paterna en los cuidados infantiles consistió únicamente en la preparación cotidiana de los desayunos de sus hijos.

En ciertos casos la colaboración paterna en los cuidados infantiles llegó a ser muy significativa en los periodos en que las madres tuvieron que ausentarse por motivos de viaje o de trabajo. Aunque esas temporadas no fueron muy comunes ni prolongadas, estos padres se hicieron cargo por completo de sus hijos cuando eran pequeños, bañándolos, vistiéndolos, preparando sus desayunos, llevándolos a la escuela, preparándoles la comida y supervisando las tareas escolares.

Respecto al deseo de tener al menos un hijo varón, cabe primero aclarar que todos estos entrevistados tuvieron al menos un hijo del sexo masculino, de manera que este hecho puede haber matizado sus respuestas. En este sentido, se detectó heterogeneidad en sus declaraciones, pues en algunos casos comentaron que habían abandonado posturas machistas porque para ellos no era importante tener un hijo varón, ya que la definición del sexo de los hijos era una cuestión azarosa sobre la que no podían incidir. De hecho, uno de estos padres señaló que lo último que quería era preservar el apellido paterno:

No, fíjate que no. De hecho yo siempre creí en eso, y sí lo pensé, que cuando yo tuviera hijos quería que fueran del mismo sexo, sin importar el sexo, pero que fueran del mismo sexo.
P: ¿Y si no hubiera tenido un hijo varón?
R: No hubiera sido importante, para mí no.
P: ¿Por qué?
R: Bueno, se dicen muchas cosas, que si el hijo va a perpetuar el apellido, etcétera, y si algo yo deseaba era no perpetuar el apellido, así que por ese aspecto no me llamaba la atención [tener un hijo varón], y con respecto a

ser machista, tampoco, no me consideraba así muy muy macho (microempresario, 45 años, cónyuge trabaja, dos hijos).

En los otros casos el panorama es muy distinto; en un caso se confirmó la importancia que para el padre tenía el perpetuar su apellido a través de su hijo, mientras que en otro caso se deseaba tener hijos de ambos sexos y, de hecho, se hubiera preferido que el primero de ellos hubiera sido mujer.

Sobre el tema de la corrección de los comportamientos infantiles hay heterogeneidad en las actitudes de estos varones, puesto que algunos de ellos aseguraron que siempre dieron preferencia al diálogo y la reflexión con los pequeños, recurriendo en muy pocas ocasiones a los golpes; mientras que otros reconocieron que ante las travesuras de los hijos el remedio más común era el regaño fuerte y los golpes. De manera que en estos casos su imagen como padres estaba muy relacionada con el respeto y el miedo:

> También me los fui a sonar, sobre todo al mayor, porque también hacía cada cosa el chamaco y no, nunca me lo ha reprochado [...] cuando molestaba a sus hermanos o por ejemplo hacía cosas [...], no, no, hacía cada cosa el chamaco, entonces me sacaba de mis casillas, me sacaba de quicio y entonces le llegué a pegar, pero pues, yo creo que eran golpes así, dizque correctivos, pero no abusé, no sé qué digan ellos, obviamente (funcionario universitario, 57 años, cónyuge no trabaja, tres hijos).

Los padres jóvenes

Los padres de sectores populares

Estos varones pueden caracterizarse como un tanto tradicionales puesto que iniciaron su vida como padres inmediatamente después de haberse unido a sus cónyuges, sin tener la oportunidad de reflexionar sobre la importancia de su paternidad. Entre ellos es relativamente escaso el nivel de cercanía física y emocional que mantienen con sus hijos, al igual que su participación en los cuidados y crianza de sus pequeños. Casi todos confirmaron el deseo de tener un hijo varón y se mostraron partidarios de los regaños fuertes, y en ocasiones de las reprimendas físicas, para corregir a sus pequeños.

Para estos varones, la paternidad es un resultado lógico y natural de la unión. Tener hijos es parte de la vida, sin ellos faltaría el objetivo por el que se trabaja y se vive. Sin embargo, como la mayoría de ellos se unió en pareja a edades muy tempranas, consideran que no reflexionaron lo suficiente acerca de su paternidad, porque eran muy jóvenes cuando fueron padres por primera vez y no contaron con la experiencia necesaria para evaluar su importancia:

Bueno, para mí es una parte de nuestra vida, si no hubiera hijos, sí habría el propósito de trabajar, pero no con una mentalidad de decir para quién, sino nada más sería para sobrevivir. Para mí, sería algo frustrado si no tuviera hijos porque es parte de mi vida. Vivir sin hijos, entiendo que puede haber alegrías, puede haber amor, pero faltaría un objetivo que son los hijos. [...] Yo creo que como hombre piensa uno en casarse a los 16 o 17 años, y yo creo que si uno piensa casarse, ya piensa ser papá (auxiliar de intendencia, 43 años, cónyuge trabaja, dos hijos).

Cuando me casé estaba muy chico y no, pues, no se piensa en esos momentos de que, pues a ver qué, pues se es novio, se quiere uno: "pues vamos a casarnos ¿no?, tener hijos", pero pues realmente no, no hay un, digamos pues, un, una experiencia así que digamos pues la verdad, al menos yo, o sea, de elegir de ser papá sí, pero como que no está muy planeado ser, o sea una base, en ese entonces pues como que no, no fue así, digo para mí, fue una cosa que, como que se toma a la ligera ¿no? (chofer, 42 años, cónyuge no trabaja, tres hijos).

Estos entrevistados se caracterizaron por establecer un mayor nivel de cercanía con sus hijos que el mostrado por los padres mayores de ambos sectores sociales. Sin embargo, estos varones señalaron que sus horarios de trabajo no les permitían convivir más tiempo con su familia y particularmente con sus hijos. Los momentos destinados por estos padres para estar con sus hijos normalmente son los sábados por la tarde y los domingos. No fue extraño entonces que ante el reclamo de sus hijas por no estar más tiempo con ellas, uno de ellos asumiera que es una parte de su vida familiar que ha descuidado:

Bueno, hace un tiempecito me han reclamado mis niñas por no estar un tiempo mayor con ellas. Tal vez no lo hacen cotidiano por temor de represalia, pero es un área donde yo he descuidado el compartir un tiempo mayor, digamos por motivos de trabajo. [...] Claro que lo hago, aunque sea los domingos, los sábados un rato, pero no solamente debe ser un rato (auxiliar de intendencia, 43 años, cónyuge trabaja, dos hijos).

Hay que relativizar este escaso nivel de cercanía en la relación con los hijos, ya que por lo general señalaron que cuando están con sus hijos les gusta mucho jugar y ser cariñosos con ellos. Estos padres mencionaron que con frecuencia llevan consigo a sus pequeños lo mismo a sus lugares de trabajo que a los partidos de futbol o basquetbol que disputan con sus amigos durante los fines de semana:

Pues pienso que la relación con mi hijo es alejada, por lo mismo que poco lo tengo yo, pero esos pocos momentos no los desaprovecho para que no sienta él mi distancia, no sienta él el que no esté yo con él, pero como le digo, las dos, tres horas en la tarde cuando llego a mi casa, sí las juego bien para que no sienta él mucho la diferencia en cuando está con su mamá que cuando esté conmigo, aunque sí, lógicamente es poco tiempo, pero yo pienso que bien jugado (albañil, 22 años, cónyuge trabaja, un hijo).

Porque luego mis hijos se van conmigo, cuando voy a jugar pus me los llevo a jugar, pero también están mis amigos, con ellos están jugando, da gusto, da gusto llevarlos (albañil, 28 años, cónyuge no trabaja, dos hijos).

Vale la pena hacer mención de la opinión que uno de estos varones expresó respecto a la poca motivación que sintió para acercarse emocional y físicamente a sus hijos cuando eran bebés:

Cómo le dijera, pus chiquitos como que no los quiere uno, ya hasta cuando están grandecitos ya empieza uno a darles más cariño, pero cuando estaban más chiquitos pus casi no, casi no sentía así [...] aunque sí los alzaba, los abrazaba, pero no, no sentía, pero ya más grandecitos ya más cariño (albañil, 28 años, cónyuge no trabaja, dos hijos).

El escaso nivel de involucramiento en los cuidados y crianza de sus hijos también tiene matices que interesa comentar. Por un lado están los padres con cónyuges que no trabajan fuera de casa y que expresaron el convencimiento de que es obligación de la madre hacerse cargo de los hijos. No es extraño entonces encontrar entre ellos un nivel realmente escaso de colaboración en estos asuntos, que se concretó en un caso a bañar y vestir ocasionalmente a sus hijos cuando eran pequeños, y en otro a ayudar a sus pequeños en las tareas escolares:

Pus ella, como se dedica allá [a la casa], bueno, más que nada es su obligación de ella en atenderlos, vestirlos, lavarlos (albañil, 28 años, cónyuge no trabaja, dos hijos).

Cuando estaban en la escuela, pues en lo poco que yo sabía y podía ayudarles en hacer sus tareas y todo eso, verles sus tareas (chofer, 42 años, cónyuge no trabaja, tres hijos).

Y por otro lado están los padres cuyas compañeras tienen un trabajo fuera de casa. Al parecer esta situación es la que ha motivado que ellos se muestren un poco más participativos en lo que a los cuidados de sus pequeños se refiere. Por lo general ayudaron a dar el biberón, bañar y cambiar los pañales a sus hijos cuando eran pequeños, actualmente uno de ellos todavía lo hace. En un caso, el padre se encargó durante una temporada de recoger a sus pequeñas de la escuela, llevarlas a casa y darles de comer mientras la madre se encontraba trabajando.

Es importante rescatar el señalamiento que hicieran algunos de estos entrevistados en torno a la distancia que ellos, en tanto varones, han de mantener respecto de sus hijas. En estos casos, los padres consideraron que no pueden relacionarse de manera cercana con las hijas porque no pueden salir con ellas cuando visitan a sus amigos. En su opinión las niñas han de permanecer al lado de su madre, quien —en tanto mujer— tiene mayor responsabilidad de su crianza y formación:

[...] Pus un hombre sí puede salir con uno y una mujer no, una mujer con su mamá y un hombre con su papá, y así es, porque luego mis hijos se van conmigo (albañil, 28 años, cónyuge no trabaja, dos hijos).

La función del padre entiendo que es conducir a los hijos junto con la mamá. En mi caso, yo platicaba con mi esposa que como eran niñas, ella tenía un poco más de responsabilidad en cuanto a ellas. Explicarles qué es el sexo e irles explicando cómo es la vida de la mujer. Yo sentía que no les podía decir porque yo era hombre y probablemente lo tomaran como que no era yo la persona idónea para poder platicarles en cuanto al sexo (auxiliar de intendencia, 43 años, cónyuge trabaja, dos hijos).

Casi todos estos padres expresaron un gran deseo por tener al menos un hijo varón, de preferencia el primogénito. Entre las razones argumentadas se encuentran varias: el deseo de perpetuar el apellido, el hecho de que los hijos varones pueden acompañar a sus padres y las hijas no, además de la idea de que si el hijo mayor es hombre entonces será más respetado que una mujer:

> Sí, la verdad, yo en mí nunca, nunca sentí que íbamos a tener una niña, en mí siempre hubo que iba a ser niño, y gracias a Dios sí, fue niño.
> *P:* ¿Y por qué querías que fuera niño?
> *R:* Pues, no sé si es por egoísmo o es vanidad, o no sé, pero yo quería que fuera, por decir, hombre pues el primer hijo. [...] Siento que un hombre en la familia que sea el mayor, pues es [...] más respetado, es más respetado que una niña o una mujer, yo eso siento (albañil, 22 años, cónyuge trabaja, un hijo).

Estos varones recurren de manera cotidiana al regaño fuerte con gritos para corregir los comportamientos de sus hijos. Sin embargo, los manazos, los jalones de orejas, las nalgadas y a veces los cinturonazos también fueron mecanismos utilizados para disciplinar a los pequeños. De tal suerte que su imagen como padres es, en cierta forma, temida:

> Sí, a mí me tienen mucho miedo, porque luego hay veces que sí les pego, sí les pego, porque no por cualquier maldad que hagan [...] para que no se salgan unos golpes ahí, pero así: un manazo o un cinturonazo y ya [...] luego les está uno hable y hable y no hacen caso, un jalón de orejas o una nalgada, y así es como se calman (albañil, 28 años, cónyuge no trabaja, dos hijos).

Los padres de sectores medios

En términos generales estos padres tienen comportamientos que pueden considerarse modernos respecto al ejercicio cotidiano de su paternidad. Otorgaron mucha importancia a la decisión de cuándo ser padres por primera vez y mostraron un alto nivel de cercanía física y emocional con sus hijos, al igual que un elevado grado de participación en sus cuidados y crianza, así como una actitud de tolerancia y comprensión al corregir los comportamientos de sus pequeños. Sin embargo, entre estos padres fue común el deseo manifiesto de tener al menos un hijo varón.

Desde jóvenes, la decisión de cuándo empezar la vida como padres fue para estos varones objeto de reflexión. Tenían contemplado pasar por esta experiencia una vez que su situación laboral y económica les permitiera asumir la responsabilidad que implicaba. Así, aunque en algunos casos fueron embarazos no programados los que marcaron el inicio de su paternidad, la decisión de darles continuidad y no interrumpirlos ha sido fruto de la reflexión que hicieron junto con sus cónyuges, en la que evaluaron su condición económica y también sus edades:

> No elegí ser papá desde el principio de la relación. Al vivir con mi compañera [...] duramos un par de años, disfrutamos de estar solos, estuvimos muy bien sin hijos [...] y se dio el caso de que quedó embarazada y hubo un momento en que reflexioné y dije: "estamos en una muy buena edad para ser papás", siempre quise ser un papá joven, entonces le dije a ella que sería muy padre el que ahora fuéramos padres, y ella aceptó. Entonces elegimos ser papás en ese momento. [...] El primer embarazo no fue planeado, se dio y por eso lo hablamos y dijimos: "es el momento propicio para tener el primer hijo" (diseñador industrial, 33 años, cónyuge trabaja, dos hijos).

En los otros casos, la decisión de ser padres por primera vez fue totalmente premeditada y programada para que se diera en las fechas previstas. Aquí también privó una evaluación previa de las posibilidades económicas de la pareja y la consideración de que la edad de ambos cónyuges era la adecuada para empezar su vida como padres:

> [...] necesitábamos tener clara la situación económica para poder decidir, porque nos preocupaba el poder tener las mejores condiciones posibles, eso implicaba tener la capacidad económica, desde el médico, de poder hacer las revisiones, de poder tener el dinero disponible para lo que el médico pidiera, poder pagar un hospital, pero el factor biológico fue muy importante en la decisión, pues ella ya no quería esperar más tiempo [...] no podíamos retrasarlo mucho para no tener riesgos pues ella tiene 33 años [...] decidimos que ya era el momento adecuado (diseñador industrial, 29 años, cónyuge no trabaja, un hijo).

La actitud de estos varones, que puede considerarse como moderna respecto al ejercicio de su paternidad, queda también reflejada en el hecho de que mantienen una relación muy cercana en términos físicos y afectivos con sus hijos, independientemente de su sexo. Justamente estos padres sólo tienen hijas y pequeñas.

Para ellos es importante destinar las tardes de los días laborables y los fines de semana para estar con sus hijas. Durante ese tiempo, comentaron que les gusta compartir la hora de la comida, además de jugar y platicar con ellas:

> Mira, en la mañana es el trabajo y la tarde es para mi hija [...] salgo del trabajo y voy por mi hija a la guardería, me voy a mi casa y juego con ella, vemos la tele, inventamos cosas, jugamos en el pizarrón o cosas así [...] los fines de semana generalmente salimos a alguna parte, nos vamos con la familia o vamos a la feria, mínimo tenemos que llevarla al parque, porque eso sí lo exige, o sea de hecho ya la acostumbré, entonces se vuelve para ella ya como algo que puede exigir, entonces me exige, me dice: "papá, llévame al parque" [...] entonces mínimo una hora al parque (analista de sistemas, 40 años, cónyuge trabaja, un hijo).

La cercanía que estos entrevistados han establecido con sus hijas se expresa también en el alto nivel de involucramiento que tienen en sus cuidados. Para ellos es común cambiarles los pañales, bañarlas y vestirlas, y ocasionalmente prepararles algún alimento.

Acerca de su participación en la crianza de sus hijas, estos padres señalaron que están interesados en enseñarles ciertos principios morales que consideran básicos y en estimular su aprendizaje enseñándoles a dibujar, a leer y a realizar operaciones aritméticas:

> Pues actualmente yo soy el que la cuida en las tardes, pues mi esposa trabaja en las tardes, entonces, ¿que cómo reparto el tiempo con mi hija a la hora que la cuido? Bueno, lo repartimos generalmente [...] son como tres partes: lo que es juego, lo que es aprender algo y lo que es ver tele. Así en forma general, juegos, pues desde brincar en la panza de su papá, que le encanta todo el tiempo estar jugando luchitas, le enseñé por cierto a jugar luchitas, entonces se la pasa jugando luchitas conmigo, y a veces a la Barbie, a sus muñecas, o saca sus trastecitos, o sea que ahí tiene sus juguetes, entonces los saca e inventa sus juegos, luego de eso generalmente a veces la pongo a trabajar en el pizarrón, a hacer cuentas, ahorita ya sabe sumar y sabe leer y escribir su nombre y algunas palabras que ya tiene más reconocidas, pero en general todo lo que va en la formación de aprender va en ese sentido: un poco de hacer cuentas, aprender las letras, aprender a leer partes. Y ya en la noche es ver tele, tenemos nuestros programas favoritos (analista de sistemas, 40 años, cónyuge trabaja, un hijo).

La manera como establecen límites y corrigen los comportamientos de sus hijos tiene un panorama heterogéneo; algunos padres señalaron que prefieren utilizar el diálogo y el convencimiento en primera instancia, y en caso de que no funcione, recurren entonces a los regaños y al castigo, que generalmente implica que su hijo permanezca solo en su habitación. El último recurso son las nalgadas, aunque señalaron que prefieren no utilizarlo:

> Yo no le pego a mi hija, hablo mucho con ella.[...] aunque hay momentos en que se ponen caprichosos, empiezan a manejarlo a uno con el berrinche, con el llorar, entonces cuando se me pone así, sí le hablo un poco más fuerte, empiezo a hablar bastante duro con ella, de tal manera que sienta el regaño y ya se me compone [...] el castigo común es que se vaya a su cuarto y ahí se queda un rato sola, pero no es muy común, prefiero negociar con ella.
> *P:* ¿Y le has llegado a pegar?
> *R:* Pues sí, una vez sí, una nalgada, una buena nalgada, que son muy buen remedio, nada más en casos muy extremos y eso muy rara vez [...] pero no debe ser muy común porque entonces la relación se torna violenta y no conduce a nada más que a la distancia (analista de sistemas, 40 años, cónyuge trabaja, un hijo).

Entre los otros casos, hay un padre cuya hija tiene tan sólo unos meses de nacida, de manera que no pude hacer este análisis; y en el otro caso, el padre tiene un comportamiento tradicional al ser común que recurra a los regaños y a los golpes para corregir y reprender a sus hijas. Este varón se considera un padre estricto y le cuesta mucho tener paciencia con sus pequeñas, llega muy frecuentemente a tener momentos de enojo y molestia con ellas. De tal suerte que siente la necesidad de recurrir a las nalgadas para que lo entiendan y obedezcan.

A pesar de la caracterización como padres modernos hecha a estos entrevistados, resalta en ellos un rasgo que puede ser considerado como tradicional en cuanto al deseo que expresaron de tener un hijo varón. Casi todos manifestaron el deseo de tener al menos un hijo varón, que en un par de casos todavía no había sido posible, mientras que en otro se ha cumplido a entera satisfacción.

Para estos varones sería muy importante tener un hijo del sexo masculino porque así podrían transmitirle sus experiencias como hombres y perpetuar su apellido:

[...] sinceramente yo hubiera querido que [la primera de sus hijas] fuera hombre ¿no?, por mi tipo de educación y todo, pero fue niña y pues ¡qué bueno! ¿no?

P: ¿Por qué hubieras preferido que fuera hombre?

R: Porque de alguna manera yo hubiera querido transmitirle como hombre, como hijo, como padre todas mis experiencias, todas mis enseñanzas, mis actividades, y de alguna manera darle continuidad a nuestra familia tanto en apellido como en costumbres. Es como todas las enseñanzas que me dio mi padre y momentos que disfrutamos tanto en el beisbol como en otros lugares que de alguna manera han sido para hombres. Son actividades fuertes, como que diseñadas para los hombres, entonces por esa especie de tradición, de educación, pues le hubiera querido dar a mi hijo, y que él siguiera [...] [sin embargo] siendo una niña, mi carácter como padre me causaría un poquito más de complicaciones, pues yo en ningún momento vi cómo se educaba a una niña. Es distinto educar a una niña que a un niño y pues, lo estoy aprendiendo [...] obviamente actividades femeninas y todo eso pues se me van a complicar porque pues yo no sé mucho de eso. Mi compañera tendría que dárselas [...] de aspectos femeninos o de educación para que desde chiquita sea muy femenina, y que con faldas o cosas que las mujeres saben (diseñador industrial, 33 años, cónyuge trabaja, dos hijos).

LA PARTICIPACIÓN MASCULINA EN EL TRABAJO DOMÉSTICO

Este apartado trata del análisis de un aspecto de la vida cotidiana familiar que es la participación de los varones en el trabajo doméstico vinculado con el estudio hecho acerca de la participación paterna en los cuidados y la crianza de sus hijos. Aquí se revisa también el impacto que el trabajo extradoméstico femenino puede tener en la modificación de las actitudes y las prácticas de los entrevistados frente a la división del trabajo en sus hogares, rescatando las diferencias y los matices existentes entre ellos.

Los padres mayores

Los padres de sectores populares

Estos padres se caracterizan por tener actitudes y comportamientos claramente tradicionales frente a la realización del trabajo doméstico, pues se manifestaron en favor de la vigencia de un modelo tradicional en la repartición de roles familiares. Cabe recordar que estos mismos varones habían mostrado un nivel mínimo de involucramiento en la crianza y los cuidados de sus hijos.

Es común entre este grupo de entrevistados la opinión de que el trabajo doméstico, al igual que el cuidado y la crianza de los hijos, son actividades de exclusiva responsabilidad femenina, de las que ellos están excluidos:

Ella pudo con toda la chamba de la casa. Yo te digo que teníamos agua caliente a toda hora, todo estaba siempre limpio, la ropa de nuestras camas, la ropa personal. La atención a mis hijos fue suficiente y trabajó mucho ella. Yo me dediqué por fuera a chambearle duro. No había eso de que yo agarrara el trapeador, en mi estilo eso no se daba, y así vivimos felices. Es una tradición horrorosa y si tú eres feminista me vas a criticar, pero nosotros así hemos vivido (auxiliar de intendencia, 53 años, cónyuge no trabaja, cuatro hijos).

Bueno, pues ella tiene que darnos de desayunar, y que si una camisa que hay que planchar para los hijos o para mí, es lo que hace, luego ya hace el desayuno, el almuerzo y pues ya la comida. Y yo creo que ya después a lavar, porque pues ¿quién? ¿no? Lavar ropa, lavar trastes y eso, es lo que hace la mujer, porque es lo que se dedica en todo el día, a hacer el quehacer de la casa (maestro albañil, 54 años, cónyuge no trabaja, ocho hijos).

El hecho de que las cónyuges de algunos de los entrevistados hubieran tenido un trabajo remunerado fuera de casa y con jornadas laborales completas, modificó sólo de manera incipiente la actitud de uno de ellos, quien señaló que colabora a veces en la limpieza de la casa o el lavado de trastes. Sin embargo, en otro caso, la actividad laboral femenina no contribuyó a modificar la actitud masculina de rechazo a la realización de las tareas domésticas:

Pues cuando tengo ganas y tiempo, pues la ayudo a trapear o algo así [...] ella lava, como compramos una lavadora, pues ella lava en la lavadora y yo la ayudo pues a trapear o lavar los trastes (jardinero, 60 años, cónyuge trabaja, siete hijos).

No, pues ella sí trabajó más, como dicen históricamente, la mujer trabaja las 24 horas si es posible, no tiene tiempo ni de descansar, porque tiene que atender a los hijos, la ropa, al viejo, su ropa, su comida, todas esas cosas. Ella tuvo mucha actividad, ahora hasta le digo: "tranquilízate ya, hiciste mucho". Pero así eran las costumbres, le estoy hablando del 40 al 50, o al 60 [...] No, pues la división del trabajo era la carga para la señora nada más, ni los chicos por chicos lavaban, ni yo por grande lavaba [risas] (auxiliar de restaurante, 62 años, cónyuge trabaja, tres hijos).

Los padres de sectores medios

Entre estos varones el panorama es heterogéneo; en algunos casos mantuvieron vigente en sus hogares una división tradicional del trabajo en casa, contribuyendo muy poco en los cuidados de sus hijos y sin participación alguna en las tareas domésticas; en tanto que en otros casos, los padres modificaron en cierta medida este modelo al mostrarse más colaboradores en los cuidados y la crianza de sus hijos, y participar —un poco en un caso, pero de manera significativa en el otro— en la realización de las labores domésticas.

Aquellos entrevistados que asumieron como prioritario su papel de proveedores del sustento familiar y que se mantuvieron alejados de las cuestiones relacionadas con la crianza y los cuidados de sus hijos, evitaron también participar en la realización de los quehaceres domésticos. Su contribución fue mínima y consistió únicamente en mantener ordenada su ropa y sus cosas. Para ellos es un hecho normal que sus esposas, en tanto amas de casa, tengan la obligación de mantener arreglada la casa y la ropa de la familia, y resuelta siempre la cuestión de la alimentación:

El trabajo de la casa lo lleva la señora [...] ella mantiene la casa en orden, le exigimos que la mantenga en orden. Obviamente ella también pone sus reglas del juego [...] nos asigna tareas a los demás, por ejemplo, a mí me pide que no deje mis cosas tiradas, que los closets, que levante mis zapatos, en fin, que ponga de mi parte con lo que es mío y no lo deje por ahí botado y lo mismo le pide a los hijos (funcionario universitario, 57 años, cónyuge no trabaja, tres hijos).

En cambio, es notoria la diferencia en la actitud que asumieron los varones que ampliaron un poco su papel como padres al participar, aunque de manera limitada, en la crianza y los cuidados de sus hijos; ellos también intentaron modificar la tradicional división del trabajo en casa, colaborando en la realización de ciertas tareas y trasmitiendo esta misma actitud a sus hijos. Estos padres se destacan porque asumieron la responsabilidad de planchar y arreglar su ropa, así como de preparar los desayunos de sus hijos todas las mañanas:

Tradicionalmente la mujer es la de la casa ¿no? La mujer es la que debe hacer el quehacer y creo que nosotros no hemos reflexionado [...]. En la casa lógicamente mi mujer lleva la mayor parte de la solución: pensar qué se va a comprar, qué se va a hacer. [Nosotros] hemos tratado de ser colaboradores, pero en secundario. A lo mejor no damos lo que debíamos dar, el cien por ciento, pero por ejemplo, los que somos varones nos planchamos. Ahí no se pide: "oye mi camisa, fulana de tal"; si la necesitas, la lavas y la planchas. En el aspecto de la comida, si no hay comida: "no te preocupes, nos hacemos unos huevos, o ya me preparé algo". Tratamos de ayudar, en ese sentido no es tan tradicional como se ve en otros casos [...]. Cuando estaban chicos los niños, yo me levantaba y hacía el desayuno, ayudaba (arquitecto, 63 años, cónyuge trabaja, dos hijos).

Sin embargo, llama la atención el caso de uno de estos varones, cuya esposa nunca trabajó fuera de casa, que además de realizar estas labores se caracterizó por colaborar activamente y de manera cotidiana durante toda su vida conyugal en las labores de limpieza de la casa:

Pues siempre nos hemos repartido todo el quehacer de la casa, cuando ellos [sus hijos] eran solteros, pues el quehacer de la casa, sea de sacudir, barrer, trapear y lo que sí siempre acostumbramos, también yo, de arreglar nuestra ropa, o sea, cuando ellos ya pudieron hacer las cosas, empezaron ellos a arreglar su ropa, a plancharse y mientras permanecieron en la casa, siempre ellos se planchaban su ropa, lo mismo que hago yo, y arreglar su cuarto, esa era su obligación que tenían. [...] Entre semana me toca la limpieza de una de las recámaras y de la estancia. Y los sábados le ayudo a sacudir todo, nuestra recámara y toda la estancia, tanto el comedor como la sala, todos los muebles, todo el montón de figuras que tiene, que me paso como tres horas en sacudir, ésa es mi tarea de los sábados (coordinador de ventas, 65 años, cónyuge no trabaja, cuatro hijos).

La situación ocupacional de las cónyuges de estos padres colaboradores no parece ser un elemento determinante en su nivel de participación en el trabajo doméstico. Ya que si bien en el primer caso ella siempre se mantuvo activa en el ámbito laboral, en este último caso ella asumió en todo momento el papel de ama de casa.

Los padres jóvenes

Los padres de sectores populares

Los entrevistados de este grupo demostraron tener comportamientos más bien tradicionales respecto a su participación en el trabajo doméstico. Por lo general consideran que la realización de estas labores son del dominio femenino y que la participación de ellos se circunscribe fundamentalmente a hacerse cargo de las actividades pesadas o riesgosas.

Sin embargo, se detectó una ligera diferenciación entre ellos: por una parte están aquellos padres, cuyas cónyuges tienen una actividad remunerada fuera de casa, que participan aunque de manera muy incipiente en la realización de algunas labores del hogar, y por otra parte están los entrevistados que no participan en absoluto en la realización de los quehaceres domésticos porque consideran que sus compañeras, por ser amas de casa, han de hacerse cargo de los mismos.

A pesar de que para todos se mantiene vigente en sus hogares el modelo tradicional de división del trabajo de acuerdo con el género, la situación ocupacional de sus cónyuges opera como un elemento que modifica un poco sus comportamientos. Aquellos varones cuyas esposas no son amas de casa se caracterizan por ser un poco más participativos en los cuidados de sus hijos y también por colaborar, aunque escasamente, en la limpieza de la casa y lavando trastes; en un caso él ayuda ocasionalmente en la preparación de la comida:

En veces me toca barrer o tender las camas y, por decir, los domingos, que ya todo el día estoy, es lo que hago yo, barrer o tender la cama o en veces me pongo yo a guisar, pero raras veces, pero sí, me pongo a guisar (albañil, 22 años, cónyuge trabaja, un hijo).

P: ¿Cuáles son las responsabilidades de usted en casa?
R: Por ejemplo, cambiar los tanques de gas, para mí es responsabilidad por el riesgo que existe, además de que no hay a quien deje yo esa responsabilidad, porque entiendo que es un trabajo de varón. Algunas veces hago un mínimo, hubo un tiempo en que sí lavaba cacerolas, sartenes (auxiliar de intendencia, 43 años, cónyuge trabaja, dos hijos).

En cambio, aquellos padres cuyas cónyuges nunca han salido de casa para trabajar consideran que su papel en el hogar se resume a la realización de las tareas pesadas que sus esposas no pueden llevar a cabo. Estos varones no colaboran, bajo ninguna circunstancia, en los quehaceres domésticos cotidianos y su nivel de participación en la crianza y los cuidados de sus hijos es realmente escaso. Para ellos es normal que sean sus compañeras quienes, al permanecer en casa, se hagan cargo de estas cuestiones mientras ellos salen a trabajar:

> Pues las actividades de mi esposa son los quehaceres de la casa, hacer el desayuno, la comida, lavar, planchar, arreglarnos la ropa (chofer, 42 años, cónyuge no trabaja, tres hijos).

Los padres de sectores medios

El comportamiento de estos padres respecto a la división del trabajo doméstico es un tanto heterogéneo; mientras algunos asumen una actitud tradicional al no colaborar en los quehaceres domésticos por considerarlos de competencia exclusivamente femenina, otros intentan modificar este modelo participando en la realización de algunas de las tareas domésticas.

Casi todos estos entrevistados habían mostrado un elevado grado de participación en los cuidados y la crianza de sus hijos, de tal suerte que los diversos matices encontrados en cuanto a su colaboración en las labores domésticas constituyen importantes hallazgos sobre su desempeño en el ámbito doméstico.

La actitud más tradicional se encuentra en aquellos varones que no tienen participación alguna en las tareas domésticas y cuyas cónyuges han venido desempeñando el papel de amas de casa. En un caso, ella continúa asumiendo ese papel y se encarga por completo de la preparación de los alimentos, de lavar y planchar la ropa, así como de la limpieza de la casa; mientras que es muy poca la participación de él en los cuidados y la crianza de sus hijos, y nula en los quehaceres del hogar:

> Bueno, normalmente, igual como salgo pues temprano, regularmente ella se encarga de la casa, del departamento, que igual, eso no justifica nada, pero sí, ella se encarga de la casa, total y absolutamente (funcionario universitario, 31 años, cónyuge no trabaja, tres hijos).

En otro caso las cosas han cambiado; desde hace poco tiempo la compañera de este varón ha comenzado a asumir la responsabilidad de la manutención del hogar como proveedora principal y, por ende, ha abandonado el papel de ama de casa. En tanto que él intenta realizar algunos trabajos por su cuenta después de haber renunciado a un empleo estable y con un horario determinado. Así, ella ahora trabaja largas jornadas laborales fuera de la casa, mientras él permanece más tiempo en ella. Esta situación ha obligado a este padre a ser más participativo en los asuntos de la vida familiar. Sin embargo, él ha preferido hacerse cargo de los cuidados de sus hijas y no tanto de las labores domésticas, por ello, junto con su compañera decidieron contratar los servicios de una persona para hacer frente a estas tareas:

> Antes, cuando yo estaba trabajando, yo tenía la responsabilidad de llevar el dinero, me responsabilizaba del bienestar económico de la familia [...] yo tenía ese papel, y mi compañera pues se encargaba de tener listas a las niñas, llevarlas a la escuela [...] y por ejemplo, aspectos de la limpieza de la casa pues se encargaba mi compañera; ahora, se le encarga a una muchacha que lo haga, para que yo no lo haga (diseñador industrial, 33 años, cónyuge trabaja, dos hijos).

Entre los entrevistados cuya compañera ha trabajado en el ámbito extradoméstico y que se caracterizan por asumir un alto grado de involucramiento en los cuidados y la crianza de sus hijas se encuentran dos matices más. Por una parte, está aquel padre que tiene una escasa colaboración en las labores domésticas y únicamente durante los periodos en que su cónyuge desempeña una actividad económica participa, particularmente en la limpieza de la casa, y en ocasiones colabora con lavar la ropa. Este padre, sin embargo, tiene bien asumida la responsabilidad de todas aquellas cosas que los hombres hacen en el hogar, tales como hacerse cargo del automóvil, realizar reparaciones en casa y manejar herramientas:

> Pues lo más natural, el trabajo doméstico si ella no está trabajando lo hace ella; si ella está trabajando, yo trapeo y ella barre, pero lo que es la comida sí la hace ella porque a mí me salen muy mal los huevos. [...] ella plancha, la ropa la metemos a la lavadora y como ella es más bajita y delgadita pues no puede cargar cosas pesadas, entonces generalmente yo la ayudo a tender todo lo pesado y exprimir y a todo eso, cuando estamos de buenas.

P: ¿Y cuando no?
R: Cuando no, pues lo hace ella. De todos modos yo tengo que lavar el carro, yo tengo que poner todo lo que hace el hombre, manejar un tornillo, un martillo, un taladro, todo eso (analista de sistemas, 40 años, cónyuge trabaja, un hijo).

Y por otra parte está el caso de un varón cuya cónyuge siempre ha estado incorporada al mercado de trabajo aunque por el momento, y dado que su hija tenía escasos tres meses de nacida, ella no trabajaba. Este entrevistado habitualmente se había encargado de preparar la comida y de acudir junto con su compañera al supermercado, además de colaborar de forma cotidiana en la limpieza de la casa y el lavado de los trastes.

Se observa entonces que en el caso de estos padres, el trabajo extradoméstico femenino es un hecho que, si bien no de manera determinante, incide en la dinámica y funcionamiento de los hogares al propiciar las condiciones para que los padres tengan una mayor participación en la crianza y los cuidados de sus hijos, aunque no tanta en la realización de las tareas domésticas.

LA IMPORTANCIA DE LA PATERNIDAD Y SU ARTICULACIÓN CON EL ROL DE PROVEEDOR

Este apartado es una revisión de la relación que los entrevistados establecen entre su papel como padres y la necesidad de proveer el sustento familiar, con el intento de conocer la importancia que otorgan a su actividad laboral. También se analiza el vínculo entre la definición del tamaño de la descendencia y el valor que estos padres asignan a sus hijos en términos de los costos económicos que implican su manutención y educación, así como del tiempo que requiere su atención.

Asimismo se busca conocer cuáles son las actitudes de estos varones frente al trabajo extradoméstico femenino y las implicaciones que la actividad remunerada femenina puede generar en el ejercicio de su paternidad, y finalmente, cuáles son las articulaciones entre el rol paterno, la manutención del hogar y el ejercicio del poder en casa.

Los padres mayores

Los padres de sectores populares

En general estos varones se caracterizan por asumir una actitud muy tradicional en su papel como padres, siempre han considerado que su responsabilidad como tales se debe exclusivamente a asegurar el sustento material de sus hijos. Resulta lógico entonces saber que esta rigidez en el ejercicio de su paternidad se reflejara en un mínimo nivel de participación en el cuidado y la crianza de sus hijos.

Las precarias condiciones económicas de sus hogares y, en algunos casos, las numerosas descendencias que procrearon llevaron a algunos de ellos a trabajar incluso los fines de semana, a fin de cumplir con las obligaciones de dos trabajos y obtener más recursos económicos. Así, resultó poco el tiempo que destinaron a su vida familiar y a sus hijos. Estas condiciones fueron las que llevaron a estos padres a valorar el nacimiento de cada uno de sus hijos como una carga o peso económico adicional que los hacía sentir presionados y angustiados.

Ha sido común entre ellos estar en favor de una división tradicional del trabajo en casa, a pesar de que en algunos casos sus cónyuges se incorporaron al mercado de trabajo de manera permanente. Su papel como proveedores principales aseguró a todos estos entrevistados la posibilidad de asumir la jefatura de sus hogares y por tanto un papel preponderante en las decisiones familiares.

Consideraron que fueron padres a edades muy jóvenes y que ello no les permitió tener los elementos o la experiencia suficiente para reflexionar sobre el inicio de su vida reproductiva, ni para regular la llegada de sus hijos. Ser padres para estos varones implicó cumplir con la obligación de mantener a sus hijos y, por tanto, con su papel como proveedores del sustento familiar. Cuestión que incluso fue asumida por alguno de ellos como un rasgo fundamental de su masculinidad:

> Bueno, pues mi responsabilidad es llegar a la hora, estar con ellos y, ahora sí que, mi trabajo y llevar el sustento, porque eso es lo que hay que hacer por ellos (maestro albañil, 54 años, cónyuge no trabaja, ocho hijos).

> Ser hombre es cumplir con sus obligaciones de sus hijos. Digo, a mi modo de ver, digo, si no sacas a tu familia, vaya, que la mantengas, digo yo, tal

vez le falta hombría o ¿qué será? (jardinero, 60 años, cónyuge trabaja, siete hijos).

Ante las precarias condiciones económicas de sus unidades domésticas, la llegada de sus hijos, si bien constituyó un motivo de alegría, también significó tener que trabajar más, incluso en algunos casos incorporarse a dos empleos y trabajar durante los fines de semana. Hecho que para ellos justificó el poco tiempo que dedicaron a su vida familiar y a la atención de sus hijos:

Yo trabajaba muy fuerte, salía [de casa] a las 5 o 6 de la mañana y podía llegar a las 9 o 10 de la noche [...] se me juntaron dos chambas, tenía mucho trabajo [...] trabajaba sábado y domingo muy duro todo el día. Era la única forma de poder subsistir, de poder mandar a los chamacos a la escuela. Yo duré muchísimo tiempo así, que cuando yo llegaba ya estaban durmiendo. El domingo que disponía de tiempo y que estaba en casa podíamos salir y no salíamos lejos. [...] Para mí, la llegada de cada uno de mis hijos significó darle más a la chamba, trabajar más, vivir un poco más sacrificado (auxiliar de intendencia, 53 años, cónyuge no trabaja, cuatro hijos).

No es extraño entonces que la valoración de sus hijos haya sido establecida fundamentalmente en términos de los costos económicos que implicó su manutención y escolarización. Cuestión que se transformó en angustia cuando veían crecer sin control sus descendencias:

Sí, de plano ya veíamos que es muy duro tener los hijos y luego para tener varios y luego para que no estudien [...] lo que cuesta un hijo ahorita en la secundaria, los libros, todo, todo cuesta, teniendo muchos imagínese [el] gasto que no se hace. [...] Pero uno de loco, es que no se pone uno a pensar en lo que va a resultar después que hay que mantenerlos, comprarles ropa, zapatos, que estudien, todo eso sale caro (jardinero, 60 años, cónyuge trabaja, siete hijos).

[...] pero ya [la llegada de] los demás [hijos] sí siente uno que ya es una carga más para uno, entonces ya siente uno que no es el momento de tener hijos. Ya se siente uno como que tiene uno una carga más, ya se empieza uno a sentir mal, porque ya con más familia se siente peso (maestro albañil, 54 años, cónyuge no trabaja, ocho hijos).

Todos estos entrevistados están de acuerdo con una división tradicional del trabajo de acuerdo al género, que mantienen vigente en casa al señalar que corresponde a ellos cumplir con el papel de proveedores, mientras que toca a sus cónyuges hacerse cargo de la crianza de los hijos y del trabajo doméstico:

> Ella todo el tiempo se dedicó nada más a mis niños, es la cultura mía, es mi tradición. [...] Mi mujer podía tener la ropa limpia siempre, su alimento de mis niños siempre. Ella se hacía cargo de llevarlos y traerlos a la escuela, de andarlos siguiendo y en eso compartimos un poquito. Yo estoy feliz, es mi sistema de vida, llego yo a casa y encuentro mi alimento a mi hora (auxiliar de intendencia, 53 años, cónyuge no trabaja, cuatro hijos).

De acuerdo con esta división genérica del trabajo, el hecho de que en algunos casos estos padres hubiesen cumplido cabalmente con la obligación de mantener a sus hogares aseguró la permanencia de sus cónyuges en casa y justificó su nula participación en los cuidados y la crianza de sus hijos:

> [...] Nosotros así hemos vivido, es nuestra costumbre y además pude tenerla ahí en la casa, o sea, no hubo necesidad de que fuera a buscar chamba [...] yo estuve fuera chambeando siempre y tratando de que no les faltara nada a mis niños y a mi mujer [...] Lo que ella dice es que fue muy feliz cuidando a sus niños y yo fui un poquito más infeliz porque mucho tiempo los vi nada más durmiendo, no conviví con ellos por exceso de trabajo. Entonces yo digo que he cumplido, que estoy cumpliendo y trato de que mi mujer no trabaje (auxiliar de intendencia, 53 años, cónyuge no trabaja, cuatro hijos).

No es gratuita entonces, la actitud de rechazo que asumieron estos entrevistados ante la posibilidad de que sus cónyuges salieran de casa para trabajar. El motivo fue el temor de que se descuidara la atención de los hijos:

> Ella quiere trabajar, pero ahorita con los hijos que están en la escuela y que quieren ropa, quieren [...] yo le digo: "sí puedes trabajar, pero deja que ellos trabajen y que ya no tengas una responsabilidad de que estés ahí esperándolos, que se van a la escuela, que le vas a poner su torta [...] ya que trabajen ellos entonces sí" (maestro albañil, 54 años, cónyuge no trabaja, ocho hijos).

Llama la atención que en los casos en que las cónyuges de estos varones, frente a las precarias condiciones de vida familiares, se incorporaron al mercado de trabajo de manera formal —con una jornada y salario establecidos—, lejos de mostrar rechazo, los entrevistados se manifestaran en favor de la participación económica de sus compañeras, siempre y cuando ellas siguieran asumiendo la responsabilidad de la crianza y los cuidados de los hijos:

> *P:* ¿Qué piensa usted de que su esposa trabaje?
>
> *R:* Pues bien, porque pues ya ve que si no trabajamos los dos, ya no se puede vivir, antes no, nomás el hombre trabajaba y la mujer se dedicaba a cuidar los hijos, pero ya no (jardinero, 60 años, cónyuge trabaja, siete hijos).

> Yo cuando en mi juventud me casé, ahí era el compromiso de la señora su casa, aunque ella trabajaba también, pero ella tenía que dedicarse a las cosas de la casa, a los hijos (auxiliar de restaurante, 62 años, cónyuge trabaja, tres hijos).

Queda así expresado el hecho de que la actividad laboral de sus compañeras fuera de casa no implicó necesariamente que estos entrevistados incrementaran su participación en los cuidados de sus hijos. Es común que a partir de su papel como proveedores principales, asuman también la jefatura de sus hogares y un papel preponderante en los procesos de decisiones familiares. Hecho que pone en evidencia la centralización del poder en la figura del padre:

> [...] Con mi esposa, hoy puedo decirte que ya opina y tengo que escucharla, pero antes yo era más pueblerino, en el sentido de que: "no, pues que yo decido, ¿tú qué?". No, ahora ya nos escuchamos.
> [...]
> *P:* El papel de usted en casa, ¿cuál es?
> *R:* Bueno, yo digo que primero vigilar mi conducta hasta donde pueda yo ir, vigilar mi conducta y ser para la familia alguien, eso que dicen que cabeza de familia, la raíz grande (auxiliar de restaurante, 62 años, cónyuge trabaja, tres hijos).

Los padres de sectores medios

Estos entrevistados asumen en general una actitud que puede considerarse tradicional frente a su paternidad; para ellos el papel de padre ha sido en todo momento identificado con el de proveedor, responsable de conseguir el sustento familiar. No es raro que todos asumieran siempre el papel de proveedores principales de sus hogares.

Por lo general otorgaron prioridad a su actividad laboral frente a su vida familiar. Su descendencia fue muy valorada desde el punto de vista económico y educativo —por lo que aceptaron las iniciativas de sus cónyuges para controlar la fecundidad de la pareja y tener un tamaño medio de familia—, aunque no en términos del tiempo y la atención que requeriría.

La división tradicional del trabajo en el ámbito familiar es primordial para estos varones; a partir de ella justifican, por un lado, su papel como proveedores y por tanto su poca participación en la crianza y los cuidados de sus hijos, y por otro, la permanencia de sus cónyuges en casa haciéndose cargo de los hijos.

Por todo ello no es extraño que casi todos estos entrevistados hayan mostrado una actitud de rechazo ante la posibilidad de que sus esposas salieran de casa para trabajar; y que en algunos casos, estos padres en tanto jefes del hogar, sean quienes detenten un papel preponderante en la toma de decisiones en asuntos de la vida familiar.

La experiencia de la paternidad fue considerada como un hecho natural o lógico después del matrimonio; no fue un evento que hubiese cambiado sus vidas por completo, como lo señalaron los padres jóvenes de estos mismos sectores. La mayoría asumió que su papel como padres implicaba cumplir cabalmente con la responsabilidad de proveer el sustento económico familiar, de manera que estuviera asegurado el bienestar material y un buen nivel educativo de sus hijos. Ante lo cual asignaron mayor importancia a sus obligaciones laborales y al tiempo de trabajo frente a su vida familiar y a la atención que sus hijos necesitaban. No es extraño entonces que el trabajo y la consecución de una buena posición económica, antes que la convivencia familiar, fueran considerados como las preocupaciones más importantes durante buena parte de sus vidas:

> [...] yo, desde muy temprana edad le di más importancia al aspecto económico y durante una gran parte de mi vida no hay más meta que el aspecto económico. Lógicamente era más importante para mí el trabajo, el conseguir una posición económica y social importante. El amor, en ese momento, hacia mis hijos era expresado en términos económicos en un cien por ciento (microempresario, 45 años, cónyuge trabaja, dos hijos).

Toda mi vida he trabajado mañana y tarde. [...] tal vez viví enajenado, como todo ciudadano en esta metrópoli, con sueños guajiros de crecimiento intelectual, de ocupar posiciones de mando, de ganar más [dinero], entonces yo viví una buena parte de mi vida enajenado en el trabajo [...]. El centro y toda mi preocupación era mi trabajo y luego la familia y la atención a los hijos, condicionado o sujeto a lo que pasara en el trabajo. Definitivamente mi preocupación fundamental pues era la manutención, el sustento de la casa, de la familia (funcionario universitario, 57 años, cónyuge no trabaja, tres hijos).

La importancia asignada a su actividad laboral está íntimamente relacionada con la valoración que hicieron de sus hijos fundamentalmente en términos de su bienestar material. Es común entre estos varones el señalamiento de que tanto ellos como sus compañeras querían que a sus hijos no les faltase nada, incluyendo un buen nivel educativo. Por esto, no es raro que aceptaran la iniciativa de sus cónyuges para evitar procrear una descendencia muy grande:

[...] pues de alguna manera mi esposa estuvo consciente de que darles una buena educación a los hijos era un reto, un compromiso y eso no se puede lograr si se tenían muchos hijos. Entonces, ella siempre lo ha dicho, que siempre pensó darles, ofrecerles una buena educación a sus hijos, y que el único chance que había, era teniendo pocos, entonces, en su esquema mental ya existía esa reflexión o esa disposición, de que la única forma de tener un hijo preparado y bien educado era tener pocos (funcionario universitario, 57 años, cónyuge no trabaja, tres hijos).

Esta valoración respecto a sus hijos en términos económicos y de su paternidad en términos de la manutención del hogar está muy relacionada con una actitud propensa a mantener vigente una división tradicional del trabajo en casa. Para estos entrevistados la figura paterna está estrechamente vinculada con la aportación del sustento material de la familia; mientras que la figura materna, a la crianza y atención de los hijos, así como al cuidado de la casa:

Bueno, la esposa, era el hecho de que, tenía que atender a los hijos, eso era la esposa, pero además en mis tiempos y en el lugar en el que me desenvolvía no se veía que las mujeres trabajaran, había una barrera social, en la obra [construcción] se supone que todos éramos machos y la esposa debía estar en su casa con sus hijos, había una presión social. Ahora, de alguna manera yo compartía esa idea, de que la mujer debe cuidar a los hijos (microempresario, 45 años, cónyuge trabaja, dos hijos).

Esta idea concuerda con el papel que estos varones desempeñaron en sus hogares, fundamentalmente como proveedores principales del sustento familiar, y con una participación un tanto limitada en la crianza y los cuidados de sus hijos. No es extraño entonces que las compañeras de estos entrevistados asumieran el papel de amas de casa y no optaran por incorporarse al mercado de trabajo de manera formal y permanente. Las opciones para ellas fueron los empleos temporales o las ventas en casa por su cuenta, de manera que se asegurara su permanencia en el hogar para hacerse cargo de los hijos. La situación de estas mujeres concuerda con la actitud de rechazo que sus maridos mostraron ante la posibilidad de que ellas salieran de casa para trabajar, porque consideraban que ponía en peligro la crianza de sus hijos:

Pues ella estuvo al cuidado de los hijos, afortunadamente lo que ella intentó, lo que hizo de trabajar como comerciante [en casa y entre sus amistades], pues podía estar al cuidado de sus hijos, porque no tenía una jornada de trabajo de ocho horas, sino que cuando podía, cuando tenía tiempo iba de compras y como no tenía un horario, eso le facilitaba el poder estar con sus hijos y atenderlos, y en caso de que se enfermaran, pues llevarlos al doctor y todo eso, pero trabajar [en el caso de ella], pues yo pienso que es una cosa muy triste. [...] Creo que como nosotros lo hicimos fue mejor, porque hay una distancia, una separación entre los hijos con el papá o con la mamá al trabajar los dos, pues como que no conviven con ellos, no platican, no ven qué hicieron, ni qué van a hacer, se crían completamente aislados, separados, se crían con otro criterio, otra forma de vida, y por eso no me gustaría que hubiera trabajado ella (coordinador de ventas, 65 años, cónyuge no trabaja, cuatro hijos).

Es claro que el papel de proveedores principales aseguró en algunos casos la posibilidad de que estos padres asumieran también la jefatura de sus hogares y, por tanto, un papel preponderante en los procesos de decisiones familiares:

Bueno, como hombre, o sea, que llevo el sostén, sí, definitivamente ésa es la imagen que tengo de todos ellos, todo depende de lo que yo diga, todo depende de lo que yo autorice y todo depende de lo que yo decida. Obviamente que últimamente, que pueden ser los últimos cinco años, hemos estado compartiendo las decisiones mi señora y yo; o sea antes yo no la tomaba en cuenta y en los últimos cinco años ya platicamos. Y eso me da coraje por mi papel, que tuvimos los roles estereotipados. [...] Hay una tendencia de la búsqueda a la coparticipación, al equilibrio, aunque quizá en el fondo siga predominando el peso de mi opinión o de mi orientación. Entonces, en ese sentido llevo la batuta (funcionario universitario, 57 años, cónyuge no trabaja, tres hijos).

En los otros casos, llama la atención que a pesar de que estos entrevistados asumieron la función de proveedores principales de sus hogares, lograron flexibilizar su papel como autoridad en casa y, por tanto, la relación que establecieron con sus cónyuges y sus hijos, permitieron conformar incipientes espacios de discusión y de construcción de acuerdos con ellos. No resulta raro que estos varones hayan sido los únicos de este subgrupo que tuvieron una participación —aunque escasa— en los cuidados y la crianza de sus hijos, supervisando las tareas escolares y preparando los desayunos cada mañana.

Los padres jóvenes

Los padres de sectores populares

En principio, la actitud de estos entrevistados puede ser considerada como tradicional, puesto que han asumido que su papel como tales implica fundamentalmente cumplir con la responsabilidad de mantener a su familia. Sin embargo —con algunos grados de diferenciación entre ellos— han logrado flexibilizar un poco este rol como padres al participar, aunque de manera limitada, en la crianza y los cuidados de sus hijos.

En tanto proveedores principales de sus hogares, su actividad y horarios laborales son los que determinan el poco tiempo que pueden destinar a su vida familiar. La valoración que hacen de sus hijos es en términos emocionales y económicos, ya que los consideran como un complemento necesario de su vida conyugal y también un estímulo para trabajar y tratar de brindarles mejores condiciones de vida en comparación con las que ellos tuvieron cuando fueron pequeños. Por ello son partidarios de tener pocos hijos.

Estos padres se mostraron en favor de una división tradicional del trabajo, en la que ellos tienen la obligación de salir de casa para conseguir el sustento familiar mientras sus compañeras han de permanecer en ella para hacerse cargo de los hijos y de los quehaceres domésticos. Por esto, el trabajo femenino fuera de casa es visto con desaprobación por todos ellos, aunque los ingresos aportados por ellas son aceptados y considerados como una ayuda necesaria para complementar el sustento familiar.

Es claro que asumir el papel de proveedores principales del hogar, en algunos casos, y de únicos proveedores, en otros, otorga a estos padres el derecho de fungir como jefes de sus hogares, pero no necesariamente de detentar una posición preponderante en las relaciones de poder en la vida familiar, al menos en ciertos casos.

Para estos varones la llegada de sus hijos constituyó un motivo de máxima felicidad puesto que sus vidas —personal y conyugal—, así como su actividad laboral, adquirieron sentido. La paternidad para ellos ha significado fundamentalmente asumir una gran responsabilidad: ser cabezas de familia y conformar un hogar que depende de ellos:

> Pues me sentí lo máximo en todo, porque yo en esos momentos [cuando nació su primer hijo] me sentía superior a todo, porque sentía una alegría inmensa en mí, en saber, por decir, en saber que yo traje un ser en el mundo, pues para darle todo, para darle todo, para vivir mejor, para sentirnos mejor entre pareja, para realizar muchos sueños que teníamos de jóvenes. [...] [Ser padre] significa mucho, porque yo en eso ya tengo más responsabilidad, digamos en dos seres, en mi esposa y mi hijo, ya no veo la vida tan a la ligera, sino ya es cuestión de que veas tú por ti y por tu familia [...] por eso es importante ser papá, bueno, para mí es importante ser papá, ya mi vida ya agarró una meta que cruzar (albañil, 22 años, cónyuge trabaja, un hijo).

Los hijos entonces para estos entrevistados constituyen un incentivo para asumir la responsabilidad de la manutención de sus hogares. El papel de proveedores principales que asumen está muy vinculado con la importancia que otorgan a sus obligaciones laborales. Para ellos, las jornadas de trabajo que han de cumplir con responsabilidad a fin de asegurar el sustento familiar son las que les impiden convivir más tiempo con sus hijos.

Este desequilibrio entre el tiempo destinado a su trabajo y aquel destinado a la vida familiar es un hecho reconocido, pero también justificado por casi todos ellos. El deseo de brindar mejores condiciones de vida a sus hijos les obliga a estar lejos de casa y, por tanto, a tener un escaso nivel de involucramiento en la crianza y los cuidados de éstos:

Pues la responsabilidad mía es la de llevar el sustento para la casa y estar al pendiente de ellos [...]. Cuando estaban en la escuela, pues en lo poco que yo sabía y podía ayudarles en hacer sus tareas y todo eso, verles sus tareas.
P: ¿Le tocó alguna vez cuidar a sus hijos?
R: No, porque nunca ha habido el..., o sea, cuidarlos así que, no porque pues siempre ha habido, o sea siempre he trabajado, siempre he trabajado, o sea que cuidarlos nunca, nunca los he cuidado (chofer, 42 años, cónyuge no trabaja, tres hijos).

Los hijos son valorados por estos padres como un complemento necesario de su vida en pareja y también, en términos económicos, como un reto que les incentiva a mejorar las condiciones de vida de su familia. Es común el señalamiento entre ellos de que han decidido tener pocos hijos porque desean asegurar su bienestar físico y material, así como un nivel educativo medio, cuestiones de las que carecieron ellos cuando fueron pequeños:

Porque yo como no tuve cuando era chico ni zapatos ni nada, no quería que así mis hijos estuvieran, a veces cuando hay mucha familia no alcanza, hasta para la comida se reparte y no alcanza [...] yo todo eso lo veía con mi esposa y la verdad es lo que adoptamos seguir: no tener tanta familia. [...] Nosotros no tenemos estudio así para que digamos aspirar a tener un buen trabajo [...] y no nos va a alcanzar para tener tanta familia. Bueno de poderla tener, se puede tener, pero el problema es educarla, vestirla, darle de comer y todo, es muy pesado (chofer, 42 años, cónyuge no trabaja, tres hijos).

Sí, me importan mucho [sus hijos], por eso trato de sacarlos adelante, que no sufran como sufrí yo cuando estaba chico, porque no estudié, porque mi papá no tenía dinero. Ya hasta donde alcance yo a darles lo mejor que les pueda dar uno, por eso casi nunca dejo de trabajar, siempre he trabajado [...]. [Por eso ha querido tener] pus dos, para darles más, porque si tiene uno más [hijos] ya no se puede darles, si a estos [hijos] les vamos a dar, por decir, primaria o secundaria, pus ya los demás, si he tenido más, namás segundo, tercero o cuarto [de primaria]. Y pus, así más pocos, o sea menos, pus les puedo dar más (albañil, 22 años, cónyuge trabaja, un hijo).

Estos varones se caracterizan por ser partidarios de, y mantener vigente en casa, una división tradicional del trabajo. Consideran que mientras el padre es responsable de trabajar fuera de casa y mantener a su familia, la madre ha de permanecer en casa para hacerse cargo de los hijos:

> El papel que desempeña ella es que tiene que cuidar al niño, hacer la comida, esperarme a mí bien, sin ningún reproche de que: "¿Por qué me dejas al niño tanto tiempo? ¿Por qué no me ayudas?". No, ya digamos, ya tenemos esos papeles ya bien divididos, porque pues tiene que, yo pienso que tiene que ser así, la mujer pues tiene que cuidar los hijos, tenerle ya las cosas listas cuando llegue el marido, decirle si quiere cenar (albañil, 22 años, cónyuge trabaja, un hijo).

Concuerda con esta manera de pensar el rechazo mostrado por estos varones a la actividad económica femenina fuera de casa porque, en su opinión, implica el descuido de la crianza y el cuidado de los hijos, sobre todo cuando son pequeños. Es notorio sin embargo que los entrevistados cuyas cónyuges desempeñan una actividad laboral consideren que los ingresos aportados por ellas son solamente una ayuda o colaboración ante la precaria situación económica familiar:

> A mí sí me gustaría que trabajara mi esposa, pa' ayudarnos, pero es difícil, en mi situación es difícil, porque pus mis hijos, ¿quién los iba a atender?, por ejemplo en la escuela ¿quién los iba a llevar?, ¿quién les iba a dar de comer? (albañil, 28 años, cónyuge no trabaja, dos hijos).

> Yo veo feo que ella trabaje, porque yo, qué más quisiera que no trabajara, [que] se dedicara, digamos, el cien por ciento a mi hijo, pero las circunstancias que vivimos nosotros, pues no me deja hacer eso, si tuviera yo un sueldo un poquito mejor, pues yo pienso que sí saldría y sobreviviera con eso, pero no nos alcanza, más bien por eso pues tiene que ayudarme ella (albañil, 22 años, cónyuge trabaja, un hijo).

En los casos en que las cónyuges de estos varones han sido siempre amas de casa, la preocupación por una adecuada atención de los hijos es el argumento utilizado por ellos para no dar permiso a sus compañeras para trabajar en el ámbito extradoméstico:

Realmente no gano mucho, ella quiere ir a trabajar, pero no, nunca ha trabajado, yo no la dejo ir a trabajar [...]. [Porque] ya no se le tendría la debida
atención que debe de tener ella [su hija], y más ahorita que se está haciendo
señorita [...]. Yo digo como que no se les tendría el debido cuidado (chofer,
42 años, cónyuge no trabaja, tres hijos).

Sin embargo, que las cónyuges trabajen fuera de casa, como sucede
en los otros casos, no las exime de la responsabilidad de la crianza y el
cuidado de los hijos, ni de los quehaceres domésticos. Son precisamente
las características que asume su empleo informal —en un caso ella trabaja en el servicio doméstico y, en el otro, ella está a cargo de un pequeño
negocio familiar— y la flexibilidad de sus horarios laborales lo que permite que ellas desempeñen esta doble jornada.

Las ventajas que este tipo de actividad económica femenina ofrece
para resolver la cuestión de la crianza de los hijos, permiten que estos padres asuman mayor responsabilidad respecto a su actividad laboral que
frente al cuidado de sus hijos:

Pues porque a pesar de que ella trabaja, ella de todos modos lleva al niño a
la guardería y pues ella lo recoge, ella todo, y pues, a mí lo que me impide
es mi trabajo, porque de ganas pues qué más quisiera yo también hacer lo
mismo, de ir a recogerlo, ir a llevarlo o qué se yo; pero mi trabajo, la verdad
no me lo permite hacer eso. Porque yo tengo un horario de entrada como
de salida y no puedo llegar tarde ni salir pronto, porque pues hay una regla
que tengo que respetar y por eso no puedo hacer yo eso, y en cambio en
ella, pues, ella puede llegar un poco más tarde y puede salir más temprano
y pues, sí, sí le da tiempo hacer eso y a mí no (albañil, 22 años, cónyuge
trabaja, un hijo).

Entre estos entrevistados se percibe una ligera asociación entre la
actividad económica femenina y el nivel de involucramiento paterno en
los cuidados y la crianza de los hijos. En aquellos casos en los cuales las
cónyuges de estos padres son amas de casa, ellos tienen muy poca participación en los cuidados de sus hijos; mientras que cuando ellas salen a
trabajar, hay un cierto incremento en el involucramiento paterno en la
atención de los hijos:

Si no trabajara ella, siempre caería la responsabilidad [de hacerse cargo de
los hijos] en ella. Y más si yo trabajara en doble trabajo, completamente

caería la responsabilidad en ella, quedaría yo completamente anulado. Si comparto un poquito con ella [los cuidados de sus hijos] es porque sé que trabaja, pero a sabiendas de que no trabajara, que yo nomás trabajara, estoy convencido que sí, caería la responsabilidad en ella (auxiliar de intendencia, 43 años, cónyuge trabaja, dos hijos).

A pesar de que en los hogares de estos varones el papel del padre es equivalente al de jefe del hogar, con una posición preponderante en los procesos de toma de decisiones, puede detectarse en algunos casos la existencia de ciertos espacios de discusión entre los cónyuges que hacen pensar en una incipiente flexibilización de las relaciones de poder en su vida familiar.

Los padres de sectores medios

La mayoría de estos padres asume comportamientos que pueden ser considerados como modernos, han asumido un rol de padre más expandido que el de proveedor económico de sus hogares, además de que han aceptado compartir con su compañera la responsabilidad de la manutención de la familia.

Se esfuerzan por mantener un equilibrio entre la importancia que otorgan a su actividad laboral y la que asignan a su familia. Para ellos sus hijos adquieren una alta valoración, no sólo económica, también respecto al tiempo que destinan a atenderlos y convivir con ellos, por esto mismo, son partidarios de disminuir significativamente el tamaño de su familia.

Muestran disposición para romper con la división tradicional del trabajo al considerar normal y necesaria la actividad remunerada de sus cónyuges, que en la práctica los ha llevado a asumir un mayor grado de responsabilidad en los cuidados y la crianza de sus hijos.

Aunque no puede decirse que en sus hogares priva una relación de completa igualdad entre los cónyuges, sí hay signos claros de la existencia de espacios de discusión y de construcción de acuerdos entre ambos miembros de la pareja y, por tanto, de una alternancia en el ejercicio del poder.

Para estos padres la experiencia de la paternidad ha significado un cambio rotundo en sus vidas, puesto que a partir del nacimiento de su primer hijo consideran que han adquirido una gran responsabilidad.

Antes de que sus hijos nacieran, su vida y actividad laboral —según lo señalan— giraba en torno a sí mismos; en cambio, a partir de ser padres piensan en todo momento en el bienestar de sus hijos:

> Pues ha significado un cambio total. O sea, es una nueva vida la que yo tengo. Mi vida anterior era ser un muchacho sin responsabilidades para con alguien, sin compromisos. Trabajaba, bien, estudiaba, pues también, pero no tenía yo una responsabilidad concreta hacia alguien. Entonces fue un cambio en mi vida, porque antes yo pensaba en primer plano en mi bienestar, pero ahora yo paso a ser segundo lugar, porque para mí lo más importante en este momento en la vida, es el bienestar de mis hijas, su educación, su formación y que lleguen a tener éxito, que se realicen como mujeres, como profesionistas (diseñador industrial, 33 años, cónyuge trabaja, dos hijos).

La responsabilidad que estos varones asumen respecto a sus hijos no es solamente en cuanto a su manutención y educación, sino a la atención que consideran han de brindar a sus pequeños. Por ello, en algunos casos han relativizado la importancia asignada a su actividad y horario laborales:

> Antes [cuando él era el proveedor principal], pues yo procuraba llegar temprano a la casa para estar un rato con ellas [sus hijas], disfrutarlas, jugar un rato, platicar con ellas [...] pues yo llevaba muy bien la repartición del tiempo y dedicación a cada una de mis actividades. Entonces, por la mañana me dedicaba al trabajo totalmente y en las tardes pues a mis hijas. Estaba todo bien repartido (diseñador industrial, 33 años, cónyuge trabaja, dos hijos).

> Pues mira, yo no valoro el trabajo como lo hace todo mundo, a mí me parece más importante mis relaciones familiares, mis relaciones personales, no considero que el trabajo deba ser tan importante como para que mi vida gire en torno a él. Entonces, no soy de las personas que se quedan más horas en el trabajo [...] porque considero que ese tiempo es mío y de mi familia, entonces el trabajo tiene un límite y ahí se acabó (diseñador industrial, 29 años, cónyuge no trabaja, un hijo).

El equilibrio que la mayoría de ellos busca establecer entre su actividad laboral y su vida familiar se encuentra muy relacionado con un criterio flexible respecto a la manutención del hogar. No encuentran ningún problema en compartir con su cónyuge la responsabilidad de la provisión económica familiar. De hecho, en algunos casos, durante ciertas etapas de su vida familiar, estos varones han tenido que aceptar —aquí sí con algunas resistencias por parte de uno de ellos— la alternancia en el rol de proveedor principal con su compañera:

> [...] Incluso, hubo un tiempo en que ella estuvo trabajando formalmente y yo no tanto, ella encontró un trabajo y yo no, y bueno, yo me encargaba de los asuntos de la casa y de hacer cositas y de tener trabajitos por ahí, pero ella era la que tenía una posibilidad y la responsabilidad de un ingreso (diseñador industrial, 29 años, cónyuge no trabaja, un hijo).

La decisión de tener pocos hijos ha sido tomada por estos padres junto con sus cónyuges a partir de la consideración de los gastos económicos que implica asegurar no sólo el bienestar material de sus hijos sino un buen nivel educativo para ellos, de preferencia universitario. A esta valoración económica de los costos en la manutención y educación de los hijos se agrega la consideración de la atención y el tiempo que quieren dedicar a sus pequeños:

> [...] Sí, me hubiera gustado tener una familia grande, pero pues la economía y por el tiempo que le tienes que dedicar a cada niño, a cada hijo, pues no es posible. Pero me hubiera encantado tener dos hombres y dos mujeres, en total cuatro. [...] Pero no es posible en estos tiempos, en absoluto. Ni aunque seas rico, o sea, el dinero no es todo en la vida, no es suficiente para que tengas una familia grande. Hay que estar consciente de que, pues la atención que le pongas a cada uno debe ser la misma con cada uno. [...] Entonces los dos teníamos la idea de dedicarle lo más posible, todo lo que tuviéramos, pues al menor número de hijos porque los puedes atender mejor, puedes convivir más con ellos, con un número pequeño, darles más amor, más educación, puedes concentrarte más. Un número grande de hijos no sería benéfico. Entonces somos de la misma idea de tener poca familia (diseñador industrial, 33 años, cónyuge trabaja, dos hijos).

Estos varones asumen una actitud que podemos calificar como moderna respecto a la actividad extradoméstica femenina, al señalar que consideran como un hecho natural que sus cónyuges trabajen fuera de casa. Para ellos el trabajo remunerado y la superación personal de sus compañeras son cuestiones que han de darse en la vida familiar sin cuestionamiento alguno, pues piensan que es un derecho que ambos pueden ejercer:

Yo jamás he pensado que ella depende de mí. [...] Pues me parece un hecho natural [que ella trabaje], yo lo veo como una situación natural, porque así es como se tiene que dar, sin cuestionamientos. Cuando te enfrentas a la situación de que hay hombres o mujeres que piensan que no debe ser así, pues me da risa (diseñador industrial, 29 años, cónyuge no trabaja, un hijo).

Yo quisiera que tuviera un trabajo en la mañana y estuviera con nosotros en la tarde, pero ante las circunstancias [el trabajo de ella es por las tardes], obviamente no podemos decir que no quiere uno, sencillamente ella tiene tanto derecho como yo de trabajar y de vivir, de proporcionar un ingreso a la casa o de estudiar y superarse como uno (analista de sistemas, 40 años, cónyuge trabaja, un hijo).

Entre esta manera de pensar y el significativo nivel de involucramiento que han asumido frente al ejercicio de su paternidad, hay concordancia. En los casos en que las cónyuges de estos varones tienen una actividad remunerada fuera de casa, los padres han incrementado de manera importante su participación en el cuidado y la crianza de sus hijos. En estos casos, los entrevistados señalaron que antes, cuando su compañera no trabajaba fuera de casa o lo hacía solamente por las mañanas, su nivel de involucramiento en la atención de sus hijos era menor, puesto que contaban siempre con la presencia de sus cónyuges para atenderlos.

Sin embargo, ahora que las madres de sus hijos se encuentran ausentes, sobre todo en las tardes por motivos laborales, ellos han reducido su horario y actividad laborales, al tiempo que han asumido mayor responsabilidad para con sus pequeños:

Cuando no trabajaba ella, hubo tiempos que aproveché para trabajar más, para quedarme más tiempo trabajando y percibir algo más de dinero. [...] Cuando ella estudiaba en la mañana o cuando trabajaba en la mañana, obviamente la niña estaba, los dos estábamos con ella en la tarde. Entonces pues los dos nos repartíamos: "Un rato tú, un rato yo". A veces yo me llevaba trabajo de aquí, y entonces cuando yo trabajaba un rato [en casa] ella la atendía, o ella estaba estudiando entonces yo atendía a la hija. [...] Pues actualmente yo soy el que la cuida en las tardes, pues mi esposa trabaja en las tardes [...] mi hija va en la mañana a la escuela, entonces en la tarde ella no puede atenderla, hasta que llega el fin de semana (analista de sistemas, 40 años, cónyuge trabaja, un hijo).

> Ahora, [aunque] sigo trabajando pero por mi cuenta, me tocan los papeles que tenía mi compañera. Ella ahora trabaja bastantes horas y a ella ya no le da tiempo de tener listas a las niñas, y menos de arreglar la casa, pues ahora yo cumplo esas funciones, de alguna manera. [...] Ahora tengo más tiempo para bañarlas, vestirlas, pues para estar más tiempo con ellas, cada vez nos conocemos mejor, me quieren más, y pues he aprovechado este tiempo (diseñador industrial, 33 años, cónyuge trabaja, dos hijos).

Y en aquellos casos en que los entrevistados son los únicos proveedores del hogar, mientras uno de ellos tiene una escasa participación en los asuntos de la crianza y los cuidados de sus hijos, el otro varón, de común acuerdo con su cónyuge, ha asumido un alto nivel de involucramiento en la atención de su hija —que al momento de la entrevista contaba con escasos tres meses de nacida—. En opinión de este entrevistado, cuya compañera pronto se reincorporará al mercado de trabajo, el alto grado de responsabilidad que ha asumido en la crianza y los cuidados de su hija es independiente de su situación laboral o la de su cónyuge.

Si bien estos varones se han caracterizado por ampliar su papel como padres y por tener criterios flexibles en torno a su rol como proveedores del sustento familiar y al trabajo extradoméstico femenino, hay que señalar que esta flexibilización es relativa.

A pesar de que aceptan compartir la manutención del hogar con sus compañeras, pude percibir en las respuestas de algunos de ellos que no desearían que su papel como jefes del hogar se viera menoscabado. En el testimonio de uno de ellos se expone claramente la resistencia que existe respecto a la modificación de las relaciones de poder en casa, a partir de la posición que su compañera tiene ahora como proveedora principal del hogar:

> Yo siento que ahora que ella está trabajando de tiempo completo y no le puede dedicar todo el tiempo que puede o que ella quisiera a las niñas, mmh, siente que al llevar dinero a la casa cree que, pues que ahora yo voy a tener el papel de obedecer, o de acatar lo que ella diga. Eso no quiere decir que yo cuando estaba trabajando y llevaba el dinero, ella me obedecía en todo. Pero de alguna manera te da un papel arriba de la persona de la casa, no es que quieras tener rangos. Pero, por ejemplo, yo pues tenía que ir a trabajar, y pues yo necesito mi ropa limpia o necesito un desayuno o lo que sea [...]. Pero el llevar dinero a la casa como que, como que te da cierto rango, pero sin querer, no porque lo quieras tener ¿no?

Y no, no, yo no quiero depender de ella económicamente [...]. Ella cree que pues, que sí, que puede estar arriba de mí, ella dirigiéndome: "ahora te encargas del cuarto o de la cocina o de lo que sea". Y pues yo lo acepto porque tengo más tiempo para dedicarle a la casa, no porque ella traiga el dinero ¿no?

P: ¿Y cómo te sientes al respecto?

R: Pues incómodo, sí, me siento incómodo y lo que quiero es también llevar dinero a la casa para que ella no sea la única. Y por supuesto no voy a depender económicamente de ella. Lo que ella gane pues lo dedicará para pagar colegiaturas, o para la luz o el teléfono, o las deudas, pero no para mí. Yo fui educado por mi padre de que hay ciertas reglas, y una de las cosas que me acuerdo muy bien que él me dijo, que nunca dependiera económicamente de una mujer, nunca aceptar dinero de una mujer. Y yo pienso que está bien (diseñador industrial, 33 años, cónyuge trabaja, dos hijos).

DISCUSIÓN Y CONSIDERACIONES FINALES

Este capítulo es un análisis de las reflexiones de los varones entrevistados en torno a su desempeño en tres aspectos fundamentales de la vida doméstica: *1)* el involucramiento paterno en el cuidado y la crianza de sus hijos; *2)* la participación masculina en el trabajo doméstico, y *3)* la valoración de su desempeño como padres en relación con su papel como proveedores de sus hogares y su actitud frente a la actividad laboral femenina.

Considerando los dos tipos ideales extremos de paternidad propuestos y caracterizados con anterioridad, y su contrastación con los testimonios de los varones entrevistados, muy cerca del tipo ideal del padre tradicional podrían ubicarse los *padres mayores de sectores populares,* cuyo comportamiento es bastante homogéneo. Siendo padres a edades tan jóvenes, la paternidad no constituyó un hecho sobre el cual hubieran podido reflexionar de manera premeditada, de tal suerte que los hijos llegaron como un hecho natural que ocurre como consecuencia de haberse casado.

Se reconocieron a sí mismos como padres poco cariñosos y un tanto duros con sus hijos, con los cuales prefirieron mantener una relación de distancia, de manera que su imagen como padres fuese respetada. La manera cotidiana de corregir y disciplinar a sus hijos, en la mayoría de los casos, consistió en el regaño enérgico además de las nalgadas y los manazos. El escaso nivel de cercanía física y emocional que esos varones tuvieron con sus hijos se explica también porque consideran que el cuidado y la crianza de los hijos es una tarea de competencia femenina, sin importar que ella desempeñe una actividad remunerada. Aquí no parece existir una relación entre actividad económica femenina y contribución paterna en los cuidados de los hijos.

Esta actitud tradicional en el ejercicio de su paternidad se complementa con el hecho de que, en algunos casos, para estos padres fue de mucha importancia tener al menos un hijo varón, puesto que ellos perciben que así se aseguraba la perpetuación de su apellido.

En un sitio muy próximo a estos entrevistados, pero con actitudes un tanto menos tradicionales se encontrarían los *padres mayores de sectores medios*, entre quienes también se detecta cierta homogeneidad en sus respuestas. A pesar de que estos varones fueron padres a edades no tan jóvenes, la paternidad, en tanto que una etapa más de la vida, fue un resultado lógico de la unión matrimonial. La relevancia que para sus vidas o las de sus hijos traería este hecho no fue considerada sino hasta que sus hijos fueron mayores.

Para la mayoría de estos padres, sus largas jornadas laborales —necesarias, en su opinión, para asegurar una buena situación económica a su familia— fueron las que les impidieron convivir durante más tiempo con sus hijos. Sin embargo, algunos de ellos, al reconocer que había sido muy poco el tiempo dedicado a atender a sus pequeños —el que quedaba después del trabajo—, decidieron modificar esta situación cuando sus hijos eran ya adolescentes, e intentaron establecer una relación más cercana con ellos.

A pesar de que casi todos coinciden en señalar que es obligación de la madre hacerse cargo de la crianza y el cuidado de los hijos, su nivel de participación en esta materia no es tan bajo como el mostrado por los padres mayores de sectores populares. La mayoría ayudó a sus hijos en las tareas escolares y, en algunos casos, se encargaron de la preparación cotidiana de los desayunos de sus hijos. En este asunto hay que destacar que entre estos entrevistados parece existir una cierta vinculación entre la actividad laboral femenina y una mayor participación paterna en los cuidados de sus hijos.

Hay otros dos rasgos que pueden estar sugiriendo una cierta flexibilización en el ejercicio cotidiano de la paternidad en estos varones. Uno de ellos es el relacionado con la manera como corrigieron a sus hijos, puesto que si bien algunos de ellos prefirieron infundir respeto y miedo a sus hijos a través del regaño y los golpes, en otros casos dieron preferencia al convencimiento y al diálogo antes que a las reprimendas.

El otro aspecto donde existen diferencias, con respecto a los mayores de sectores populares, es la relativamente escasa importancia otorgada por algunos de ellos al hecho de tener un hijo varón, al menos en el discurso, puesto que señalaron habían abandonado una postura machista al respecto.

A pesar de que comparten algunos rasgos tradicionales con los padres mayores de ambos sectores sociales, los *jóvenes de sectores populares* mostraron un grado de flexibilización un poco mayor en el ejercicio cotidiano de su paternidad, y es por ello que logran alejarse un poco más del tipo ideal del padre tradicional aunque sin llegar a colocarse en un punto medio entre ambos esquemas ideales de paternidad. También entre ellos hay homogeneidad en sus respuestas.

A pesar de que estos entrevistados fueron padres a edades muy jóvenes y de que aparentemente no reflexionaron mucho sobre la importancia que implicaba tener hijos en ese momento, la paternidad constituye para ellos una experiencia necesaria de la vida y los hijos se convierten en la motivación principal por la cual se esfuerzan en su trabajo. Es a partir de esta motivación y con el deseo de mejorar las condiciones de vida de sus familias que estos padres desempeñan largas jornadas laborales durante la semana que les impiden convivir más tiempo con sus hijos.

A diferencia de la clara relación de distancia física y emocional establecida con sus hijos por la mayoría de los padres mayores de ambos sectores sociales, estos padres jóvenes de sectores populares intentan vincularse de manera más cercana con sus pequeños —aunque se detecta cierta preferencia por relacionarse con los hijos varones antes que con las hijas— mediante el juego y llevándolos consigo cuando están con sus amigos durante los fines de semana.

En algunos casos estos entrevistados consideran que criar y cuidar a los hijos es una obligación materna, pero la mayoría de ellos participó —de manera esporádica en unos casos y más frecuente en otros— bañando y vistiendo a sus hijos cuando eran pequeños. En aquellos casos en los que las madres se encontraban trabajando fuera de casa, el involucramiento paterno fue un tanto mayor, al colaborar además en el cambio de pañales y en la alimentación de sus hijos. Por ello puede decirse que entre estos varones existe una clara relación entre la actividad laboral de la cónyuge y un incremento en la participación masculina en los cuidados de los hijos.

En cambio, cuando se trata de corregir a sus hijos los comportamientos son muy tradicionales en la mayoría de estos entrevistados. Entre ellos fue muy común emplear los regaños severos y los golpes, de tal suerte que reconocen que su imagen como padres es temida por sus hijos. Otro rasgo característico en ellos es que tener al menos un hijo varón es una cuestión a la que otorgan mucha importancia, ya que de esta manera se logra perpetuar el apellido, además de que les da mucho gusto hacerse acompañar por ellos cuando están con sus amigos.

Finalmente, la ubicación de los *padres jóvenes de sectores medios* puede ser muy cercana al tipo ideal del padre moderno, ya que por lo general dieron muestras de un importante acercamiento en términos afectivos y físicos con sus hijos, además de estar muy involucrados en su crianza, educación y cuidados. Entre estos varones también hay homogeneidad en sus respuestas.

Estos entrevistados se unieron a edades no tan jóvenes y para ellos la decisión de ser padres por primera vez fue objeto de mucha reflexión, pues opinan que la llegada de los hijos no es un resultado inmediato de la unión conyugal. Casi todos vivieron un periodo de acoplamiento con su pareja antes de procrear a sus primeros hijos. Decisión a la que llegaron una vez que evaluaron con su cónyuge tanto la situación económica en la que la pareja vivía, como la pertinencia de las edades de ambos para ser padres.

Se destacan de los demás entrevistados por la cercanía emocional y física que han establecido con sus hijos, con quienes suelen jugar, platicar y convivir todos los días por las tardes y durante los fines de semana. Esta cercanía se manifiesta también en el alto grado de involucramiento que han asumido frente a la crianza y el cuidado de sus hijos, independientemente de su sexo. Se muestran muy participativos no sólo al bañarlos, vestirlos, cambiarles de pañal y alimentarlos, también al estimular su aprendizaje escolar. Este hecho es más notorio en aquellos casos en los que las madres se encuentran trabajando. Puede decirse que existe una fuerte relación entre el hecho de que las cónyuges se encuentren laboralmente activas y una mayor participación paterna en la crianza y cuidado de los hijos.

Cuando corrigen los comportamientos de sus pequeños, algunos de estos padres asumen actitudes modernas al optar preferentemente por el diálogo y el convencimiento, después por los regaños y los castigos, y ocasionalmente por las nalgadas; sólo en un caso se encontraron formas tradicionales de reprimendas hacia los hijos.

Entre estos entrevistados existe un rasgo que puede considerarse tradicional, y es el deseo manifiesto de procrear al menos un hijo varón a fin de perpetuar su apellido y de transmitir sus experiencias como hombres. Revisando la participación masculina en el trabajo doméstico, el panorama es bastante más complejo que el observado en otras dimensiones porque, exceptuando a los padres mayores de sectores populares, a quienes se podría ubicar muy cerca del tipo ideal del padre tradicional, dentro de los demás grupos de entrevistados se encuentran comportamientos heterogéneos que impiden ubicarlos de manera clara en algún sitio entre los dos esquemas ideales de paternidad.

La localización próxima al tipo ideal del padre tradicional de los *padres mayores de sectores populares* se debe a que manifestaron estar de acuerdo con una división tradicional del trabajo en sus hogares y por ello mostraron un rotundo rechazo a participar en la realización de alguna labor doméstica. Estos varones consideran que esta clase de tareas, así como la crianza de los hijos son responsabilidades femeninas. Esta actitud se modifica sólo de manera muy incipiente en uno de los casos en el que la cónyuge desempeña una actividad laboral y se mantiene invariable para la mayoría de estos entrevistados.

Entre los demás entrevistados parece existir una clara relación entre el hecho de que las mujeres permanezcan en casa sin incorporarse al mercado de trabajo y la nula participación masculina en las labores domésticas. En cambio, el hecho de que las cónyuges trabajen fuera de casa modifica de manera limitada y diversa los comportamientos masculinos respecto a la realización del trabajo doméstico. Cuando las madres realizan una actividad remunerada, los *padres mayores de sectores medios* se caracterizaron por hacerse cargo de planchar y arreglar su ropa, mientras que los *jóvenes de sectores populares* colaboran en la limpieza de la casa y lavando los trastes. En tanto que los *padres jóvenes de sectores medios* se caracterizan por tener mayor participación en la realización de los quehaceres domésticos, ayudan en la limpieza de la casa y de la ropa, lavan los trastes y van al supermercado.

Al analizar la valoración de los entrevistados respecto a su desempeño como padres en relación con su papel como proveedores de sus hogares y su actitud frente a la actividad laboral femenina, los *padres mayores de sectores populares* podrían estar localizados en un sitio muy próximo al tipo ideal del padre tradicional puesto que concibieron y ejercieron un papel muy restringido como padres. Para estos varones la paternidad consistió en el cumplimiento cabal de la obligación de mantener a su familia. Por ello otorgaron mayor importancia a su función como proveedores del sustento de sus hogares antes que a la convivencia con sus hijos. Las precarias condiciones económicas y laborales, además del crecimiento incontrolado de su descendencia, propiciaron que estos padres hicieran una valoración de sus hijos fundamentalmente en términos de la carga o peso económicos que implicaron su manutención y escolarización.

El escaso nivel de participación que mostraron respecto a los cuidados y la crianza de sus hijos se explica a partir de la convicción que tienen de que es obligación de las madres atender a los hijos y la casa, mientras ellos han de salir a buscar el sustento económico. De tal suerte que en los hogares de estos entrevistados se mantiene una tradicional división del trabajo, aunque en algunos casos no estén en contra de que sus cónyuges se incorporen al mercado de trabajo, siempre y cuando ellas además sigan haciéndose cargo de los hijos y de las ocupaciones domésticas. En otros casos estos varones manifestaron un rotundo rechazo a que sus compañeras realicen una actividad remunerada fuera de casa, porque consideran que ello implica el descuido de sus hijos y porque corresponde a ellos exclusivamente proveer el sustento familiar. El tradicional y poco expandido papel que asumen como padres se manifiesta claramente en el ejercicio que tienen de su función como jefes y máxima autoridad en sus hogares, que se fundamenta en el hecho de que son los proveedores principales del sustento familiar.

A pesar de que los *padres mayores de sectores medios* comparten algunos rasgos tradicionales con los *mayores de sectores populares*, hay otras características que muestran una cierta flexibilización de su desempeño en la vida familiar, y por ello parecen distanciarse un poco más del extremo en el que se ubica el tipo ideal del padre tradicional. Su papel como padres consistió en asumir la responsabilidad, no únicamente de sostener económicamente a su familia, también de asegurar un buen nivel de vida y de escolaridad para sus hijos. De aquí que asignaran una gran importancia a su actividad laboral y a su tiempo de trabajo para consolidar una buena posición económica, en detrimento de su vida familiar y de la atención que sus hijos requerían. Ha sido común entre estos varones y sus cónyuges la valoración de sus hijos en términos de su bienestar material y del elevado nivel escolar que deseaban asegurarles y por ello estuvieron en favor de reducir sus descendencias a un tamaño medio.

Partidarios de una división tradicional del trabajo en sus hogares, se manifestaron por lo general en contra de que sus cónyuges salieran de casa para trabajar, porque en su opinión ello afecta negativamente la crianza de los hijos. De tal suerte que mientras ellos fungieron como proveedores principales de sus hogares —participando de manera limitada en los cuidados de sus hijos—, sus compañeras asumieron durante la mayor parte de la vida conyugal el papel de amas de casa, responsabilizándose de las labores domésticas y de la crianza de los hijos.

A partir del rol de únicos proveedores, algunos de estos varones asumieron también la función de jefe y máxima autoridad en sus hogares; en tanto que en otros casos llama la atención que hubiesen logrado flexibilizar su imagen como autoridad en casa, al permitir la conformación de ciertos espacios de diálogo y discusión con sus cónyuges y con sus hijos.

Aunque los *padres jóvenes de sectores populares* guardan muchas semejanzas con los *mayores de sectores medios*, hay algunos rasgos que permiten localizarlos un tanto más alejados del tipo ideal del padre tradicional. Para estos entrevistados, ser padre ha significado asumir el papel de cabezas de familia y conformar un hogar que depende de ellos. Esto explica la preponderancia que otorgan a su vida laboral frente a su vida familiar. Los hijos se convierten en un complemento de su vida conyugal, a la vez que en un reto que les incentiva a esforzarse para darles mejores condiciones de vida y un mayor nivel de escolaridad que aquel que ellos mismos tuvieron cuando niños, por eso acuerdan con sus cónyuges tener pocos hijos.

Reacios a que sus compañeras salgan de casa para trabajar, porque consideran que vulnera el cuidado y la crianza de los hijos, algunos de estos varones no han dado permiso a sus cónyuges para trabajar. De tal suerte que ellas permanecen en sus hogares al frente de las labores domésticas y de la crianza de sus hijos, mientras ellos colaboran de manera limitada en estos asuntos en tanto que asumen la responsabilidad de sostener a sus familias.

Aunque también se manifiestan en desacuerdo con el hecho de que sus cónyuges salgan de casa para trabajar, algunos otros padres de este subgrupo consideran que ante las difíciles condiciones económicas han de aceptar la ayuda que significa el ingreso aportado por sus compañeras, proveniente —eso sí— de trabajos informales cuyas jornadas se adaptan a los requerimientos de las obligaciones maternas respecto a los hijos y las labores domésticas. A pesar de ello, estos entrevistados se muestran más participativos en ambas materias. Por lo que puede decirse que existe una relación directa entre la actividad laboral femenina y un mayor involucramiento paterno en los cuidados de los hijos. Estos entrevistados asumen la función de proveedores principales, y por tanto el papel de jefes de sus hogares; sin embargo es notoria la diferencia que guardan con los padres mayores de sectores populares, ya que algunos de ellos han logrado flexibilizar un poco su papel como máxima autoridad en casa al dialogar y acordar junto con sus compañeras algunas de las decisiones que atañen a la vida familiar.

Próximos al tipo ideal del padre moderno se podrían localizar los *padres jóvenes de sectores medios*, ya que muchos de los rasgos que tienen son muestra de una tendencia al abandono de las formas tradicionales que asume la paternidad. Para estos varones, tener hijos ha significado un rotundo cambio en sus vidas, no únicamente en lo que representa asumir la responsabilidad de su manutención y educación, sino de la atención que desean brindarles. Buscan establecer un equilibrio entre su vida laboral y la familiar. Por eso mismo no viven de manera conflictiva el que sus cónyuges salgan a trabajar, ni tampoco el hecho de compartir con ellas la manutención económica de sus hogares.

Han optado, junto con sus parejas, por tener pocos hijos para asegurar su bienestar material y un nivel escolar al menos de grado universitario, así como para dedicarles tiempo y darles afecto suficiente. Concuerda con estas intenciones el significativo involucramiento en la crianza de sus hijos mostrado por ellos. Este hecho, aunado a la aceptación de casi todos respecto a la actividad remunerada de sus compañeras —porque consideran que la superación personal a través del trabajo y del estudio constituye un derecho de hombres y mujeres—, habla de una actitud propensa a romper con la tradicional división del trabajo en sus hogares.

Entre estos entrevistados parece existir una fuerte relación entre actividad laboral femenina y mayor participación paterna en la crianza y los cuidados de los hijos. Al lograr expandir su papel como padres a algo más que ser los proveedores económicos, estos varones también han aceptado compartir con sus parejas la responsabilidad de la manutención del hogar, cuestión que ha contribuido a flexibilizar en algunos casos las relaciones de poder en casa y su papel como jefes, puesto que están ya lejos de asumir la función de autoridad que tiene la última palabra en las decisiones familiares. Sin embargo, hay que hacer notar que en otros casos, los varones se mostraron reacios a abandonar el papel de jefes en sus hogares.

A partir de este análisis puede decirse que en lo que respecta al desempeño de los padres entrevistados en el ámbito doméstico se observan importantes modificaciones. Sin embargo, es conveniente señalar que estos cambios en las actitudes y prácticas de los varones como padres no son uniformes, ya que en algunos casos se detecta la coexistencia de rasgos tradicionales y modernos al mismo tiempo. Prueba de ello es la existencia de un rasgo que no muestra señales de modificación entre los entrevistados, pues todo indica que para ellos es todavía muy importante reproducirse y trascender a través de un hijo varón, con el que esperan que su apellido se perpetúe y las experiencias de su vida como hombres se transmitan a otra persona.

Llama la atención que para gran parte de los padres entrevistados —con excepción de los *jóvenes de sectores medios*— el hecho de ser padres fue considerado como una etapa más de la vida y como un producto natural de la unión con sus parejas. No constituyó el resultado de una decisión ampliamente reflexionada y planeada junto con sus cónyuges, como lo fue para los *padres jóvenes de sectores medios*.

Los resultados de esta investigación llevan a señalar —en concordancia con lo que han encontrado Vivas Mendoza (1993); Engle y Breux (1993); Hernández Rosete (1996); Gutmann (1996) y Nava Uribe (1996)— que la paternidad entre los varones mexicanos está experimentando importantes modificaciones en su expresión cotidiana, sobre todo en las generaciones más jóvenes de padres, puesto que en ellos se encontraron claros signos de un mayor nivel de involucramiento en la crianza y el cuidado de sus hijos.

Los hallazgos en torno a los matices en estos cambios permiten profundizar en el conocimiento de este tema. Mientras los *padres mayores de sectores populares* mostraron un claro rechazo a relacionarse de manera cercana con sus hijos o a participar en sus cuidados, algunos de los *padres mayores de sectores medios*, aunque esporádicamente, colaboraron en la crianza y el cuidado de sus hijos. En cambio, los *padres jóvenes de ambos sectores sociales* no sólo mostraron un significativo grado de involucramiento en estas cuestiones, también un claro interés por establecer relaciones más cercanas y afectuosas con sus pequeños. Pero este nivel de cercanía con sus hijos no fue el mismo, ya que los *padres jóvenes de sectores populares*, mostraron una cierta preferencia por convivir con sus hijos varones antes que con sus hijas y acostumbran disciplinar a sus pequeños con regaños fuertes e incluso empleando los golpes, por lo que su imagen como padres es temida. Una actitud distinta asumieron los *padres jóvenes de sectores medios*, quienes señalaron que les gusta mucho jugar y ser cariñosos con sus hijas, además de que participan activamente en su crianza estimulando sus aprendizajes escolares y dan preferencia al diálogo y al convencimiento antes que a los regaños, los castigos o los golpes para corregir los comportamientos de sus hijos. Estos entrevistados han logrado expandir de manera significativa su papel como padres más allá del cumplimiento de la función de proveedores económicos y jefes de sus hogares. Por ello, a la vez que les parece deseable compartir con sus cónyuges la responsabilidad de la manutención de sus hogares, intentan establecer un equilibrio entre el tiempo asignado a su vida laboral y el que destinan a la convivencia con sus hijos. En cambio, entre los demás entrevistados prevalece la idea de que ser padres implica cumplir con la responsabilidad de mantener a sus familias, de ahí que permanezca en ellos la tendencia a dar prioridad al tiempo asignado a la vida laboral en detrimento de la familiar.

Las diferencias en la manera en que los varones entrevistados asumen su paternidad tienen mucha relación con la valoración que hicieron de sus descendencias. Para casi todos estos padres tener hijos constituye asumir una obligación económica muy grande, puesto que asegurar su manutención y mejorar su nivel de escolaridad así lo requieren. Sin embargo, los *padres jóvenes de sectores medios* fueron los únicos que valoraron a sus hijos no solamente en términos de las condiciones económicas, también en función del tiempo, el afecto y la atención que deseaban brindarles.

Las valoraciones respecto a los hijos están estrechamente vinculadas con la vigencia de la concepción del padre como proveedor que encontramos en gran parte de los entrevistados, cuestión en la que se coincide con Vivas Mendoza (1993) y Gutmann (1996). Sin embargo, los testimonios de estos padres permiten incorporar nuevos elementos en el análisis del desempeño y las actitudes masculinas respecto a la manutención de sus hogares. Si bien en casi todos los hogares de estos varones opera todavía una división tradicional del trabajo, hay algunas evidencias, sobre todo entre *las generaciones más jóvenes de padres*, de que la incorporación de la mujer en la actividad económica está contribuyendo a modificar paulatinamente la figura del varón como proveedor exclusivo de su familia. A pesar de ello, todavía hay resistencia en muchos de estos entrevistados respecto al trabajo femenino remunerado, que se expresa a veces en desacuerdos y en ocasiones en prohibiciones para que sus cónyuges salgan de casa para trabajar porque en su opinión ello implica el descuido de los hijos. Es únicamente entre los *padres jóvenes de sectores medios* en donde existe una actitud de mayor aceptación de la actividad laboral femenina, la consideran un derecho que debe ser ejercido por igual por hombres y mujeres.

Estos resultados permiten señalar que la participación económica de la mujer no ha modificado las actitudes de los *padres mayores de ambos sectores sociales* respecto a la división intrafamiliar del trabajo, puesto que en ellos se encuentra muy arraigada la idea de que la realización de los quehaceres domésticos y el cuidado y la crianza de los hijos son responsabilidades eminentemente femeninas. El involucramiento en los cuidados y la crianza de los hijos, así como en las tareas domésticas es nulo en el caso de los *padres de sectores populares*, y mínimo entre los *padres de sectores medios*.

Se percibe una cierta modificación en las conductas de los *padres jóvenes de sectores populares*, quienes frente a la incorporación de sus cónyuges a una actividad remunerada participan en alguna medida en los cuidados de sus hijos y de manera incipiente en las labores domésticas. En cambio, entre los *padres jóvenes de sectores medios* hay señales de un mayor alcance en estas transformaciones, puesto que aunque su colaboración en el trabajo doméstico es un poco más frecuente, su nivel de involucramiento en la crianza y el cuidado de sus hijos es significativamente mayor. Puede decirse que pese a que continúa vigente el papel y la imagen como proveedores principales de sus hogares, los *padres jóvenes de ambos sectores sociales* han logrado expandir su papel como padres.

Los hallazgos de este estudio indican que la participación económica femenina puede tener mayor impacto en la colaboración de los padres en la crianza y el cuidado de sus hijos que en la transformación de las actitudes de los varones respecto a las tareas domésticas, de manera que pudieran asumir una responsabilidad compartida por igual con sus compañeras en este ámbito de la vida cotidiana.

CONSIDERACIONES FINALES

Para la realización de este estudio hemos partido de la consideración de que ante las importantes repercusiones que en la vida familiar han propiciado las transformaciones experimentadas por el país en términos demográficos, sociales y económicos, resultaba necesario y oportuno analizar, desde una perspectiva sociodemográfica y con un acercamiento cualitativo, el desempeño de los varones mexicanos en las decisiones y las prácticas reproductivas, y en la vida doméstica.

Para ello la propuesta ha sido conocer las diferencias, semejanzas y matices en las experiencias y las decisiones reproductivas, así como en el desempeño como padres en el ámbito doméstico, entre varones de acuerdo con su generación, sector social y la actividad económica de sus cónyuges en un ámbito urbano como la Ciudad de México.

Para abordar el análisis de estas cuestiones se partió de la hipótesis de que los varones de sectores medios —con mejores condiciones de vida y acceso a mayores niveles de escolaridad—, más jóvenes, y aquellos cuyas cónyuges desempeñan una actividad económica, adoptan más fácilmente modelos de comportamiento nuevos o modernos respecto a sus decisiones y prácticas reproductivas, así como en su papel como padres en la vida doméstica de sus hogares, que aquellos varones de sectores populares, de mayor edad y cuyas cónyuges son amas de casa.[1]

Se hizo la prueba de esta hipótesis por medio del análisis de cinco dimensiones —de las cuales dos atañen al ámbito reproductivo y tres al ámbito doméstico—, tomando en consideración tres factores: la edad, el sector social y la actividad económica femenina. Las dimensiones analizadas fueron las siguientes:

---

[1] Hay que recordar que se trata de una investigación de corte cualitativo que no busca establecer generalizaciones sino proponer hipótesis plausibles que puedan ser retomadas en futuras investigaciones.

a) El papel del varón en la decisión de tener hijos y en la regulación de la fecundidad (anticoncepción).

b) El papel del varón en las etapas centrales del proceso reproductivo (embarazo, parto y posparto).

c) El ejercicio cotidiano de la paternidad y la participación masculina en la crianza y el cuidado de los hijos.

d) La participación masculina en el trabajo doméstico.

e) La importancia de la paternidad y su articulación con el rol de proveedor.

Para llevar a cabo este análisis se contrastó de manera sistemática el material empírico proveniente de las 16 entrevistas en profundidad con los dos esquemas ideales de paternidad (tradicional y moderna), propuestos como instrumento de análisis, para dar cuenta de las transformaciones y sus matices en las experiencias reproductivas y de paternidad de los varones entrevistados, en función de su cercanía o lejanía respecto a dichos esquemas ideales. En este apartado final interesa abordar precisamente la naturaleza y magnitud, o la ausencia de tales transformaciones.

DIMENSIONES ESTUDIADAS EN LAS QUE ES POSIBLE VISUALIZAR CAMBIOS

En este grupo de dimensiones encontramos una que pertenece al ámbito reproductivo y dos al espacio doméstico.

El papel del varón en la decisión de tener hijos y en la regulación de la fecundidad

Los resultados respecto a esta dimensión sugieren que las relaciones que los padres establecen con sus cónyuges a la hora que deciden reproducirse pudieran estar cambiando. La articulación entre la edad y el sector social tiene un peso importante en la modificación de las actitudes masculinas respecto a su reproducción, ya que fue frecuente encontrar entre los *padres jóvenes de ambos sectores sociales* una actitud propensa a discutir con la pareja sobre la conveniencia de regular la fecundidad conyugal, de limitar y determinar el número y el espaciamiento de los hijos que procrearán, así como de emplear algún método anticonceptivo para lograrlo. Sin embargo, hay que señalar que los *padres jóvenes de sectores medios* se destacan de sus coetáneos de *sectores populares* porque el nivel de comunicación que establecen con sus compañeras es mayor y lo mismo ocurre con el alcance de los acuerdos que construyen en torno a sus decisiones reproductivas. La situación es muy diferente entre los *padres mayores*, ya que el nivel de comunicación establecido con sus cónyuges para comentar estos asuntos va de ser casi nulo, como ocurre en el caso de los *padres de sectores populares*, a un nivel medio en el caso de algunos de los *padres de sectores medios*.

En cuanto al inicio de la unión y de la procreación, entre los *padres de sectores populares (jóvenes y mayores)* parecen prevalecer las uniones a edades muy tempranas, a diferencia de lo que ocurre con los *padres de sectores medios (jóvenes y mayores)*, quienes tienden a unirse a edades más avanzadas. Parece ser común todavía que el inicio de su vida conyugal sea prácticamente también el comienzo de su vida como padres. Sin embargo, los *padres jóvenes de sectores medios* parecen distanciarse de este comportamiento al mostrar preferencia por empezar a tener hijos una vez que han pasado por una etapa de acoplamiento con sus parejas.

Por lo que se refiere al uso de anticoncepción, los hallazgos de esta investigación corroboran y amplían el planteamiento de Greene y Biddlecom (2000) en el sentido de que hay que dejar de considerar a priori que los varones no están suficientemente informados sobre las diversas maneras de regular la fecundidad y que tienen una actitud pronatalista porque no enfrentan los costos físicos de los embarazos y partos, lo que los llevaría a tener bajos niveles de aprobación respecto al uso de anticoncepción. Todo parece indicar que entre las *generaciones más jóvenes de padres* en la Ciudad de México existe no solamente un buen nivel de información sobre las repercusiones reproductivas de la actividad sexual y respecto al funcionamiento de diversos métodos anticonceptivos, sino también elevadas tasas de aceptación del uso de anticoncepción para regular la fecundidad conyugal. Este hecho puede ser indicativo de un cambio importante en las actitudes de los varones respecto a sus decisiones y prácticas reproductivas. Conviene señalar, sin embargo, la existencia de algunas diferencias entre los *padres jóvenes* de acuerdo con el sector social. Los *padres jóvenes de sectores populares* comentan y deciden junto con sus parejas usar anticoncepción para planificar el nacimiento de sus hijos —sobre todo después de haber procreado al primero—, aunque prefieren el empleo de métodos de control natal femeninos como el dispositivo intrauterino. En cambio, los *padres jóvenes de sectores medios* parecen mostrar una actitud más abierta y propensa a asumir corresponsablemente el control de la fecundidad conyugal al preferir el uso de métodos como el preservativo y el ritmo.

Definir el tamaño de la descendencia es un asunto en el que se encuentran claros indicios de cambios entre los varones, ya que mientras los *padres jóvenes de ambos sectores sociales* manifiestan —y en ello se pusieron de acuerdo con sus compañeras— un claro deseo de tener pocos hijos para asegurar su manutención y educación, los *padres mayores de sectores medios* lograron desarrollar la noción de que querían disminuir el tamaño de sus descendencias a un nivel medio, cuestión en la que consiguieron algunos acuerdos con sus cónyuges. En tanto que los *padres mayores de sectores populares* no reflexionaron siquiera sobre la posibilidad de definir e incluso acordar con sus compañeras el número de hijos que procrearían, de tal suerte que podría decirse que el tamaño de sus descendencias quedó definido en buena medida por el destino.

Parece importante señalar que en estas modificaciones pueden estar incidiendo las actitudes adoptadas por las mujeres ante las decisiones reproductivas, ya que se detectó un papel muy pasivo asumido entre las cónyuges de los *padres mayores de sectores populares* que contrasta con la mayor participación de las compañeras de los demás padres. Las esposas de los *padres mayores de sectores medios* asumieron en la práctica la responsabilidad de limitar el tamaño de sus descendencias, algunas de ellas tomaron la iniciativa de hacerlo sin conversarlo con sus compañeros. Las cónyuges de los *padres jóvenes de ambos sectores sociales* destacan por el elevado nivel de comunicación que establecieron con sus compañeros para convenir el tipo de anticoncepción que utilizarían.

El ejercicio cotidiano de la paternidad y la participación masculina en la crianza y el cuidado de los hijos

En esta dimensión también se encontraron resultados que sugieren la existencia de importantes cambios en la relación que los padres establecen con sus hijos y que se encuentran muy vinculados con la articulación de las tres variables seleccionadas para esta investigación: la edad, el sector social y la actividad económica femenina.

A diferencia de la relación de distancia, las pocas muestras de afecto, la escasa convivencia con los hijos y un grado de involucramiento mínimo en su cuidado y crianza que establecieron los *padres mayores de ambos sectores sociales*, los comportamientos de los *padres jóvenes de ambos sectores sociales y cuyas cónyuges desempeñan un trabajo remunerado* sugieren el abandono de estas formas tradicionales de relación paterna con los hijos, al mostrarse más cercanos y afectuosos e incluso más participativos en su crianza y cuidados, logrando así expandir su papel como padres a algo más que ser solamente proveedores económicos. Estos hallazgos permiten enriquecer los resultados de investigaciones que han centrado su análisis en la participación de los varones de sectores medios en la crianza de sus hijos (véase Wainerman, 2000).

Sin embargo entre los *padres jóvenes* hay matices que distinguir, pues hay indicios de que los *padres de sectores populares* manifiestan una cierta preferencia por convivir con sus hijos varones antes que con sus hijas, además de que para corregir los comportamientos de sus pequeños utilizan comúnmente los regaños fuertes y los golpes; en tanto que los *padres de sectores medios* no mostraron preferencias por los hijos varones, les gusta mucho jugar y ser cariñosos también con sus hijas, además de que participan activamente en su crianza estimulando sus aprendizajes escolares, y para disciplinar a sus hijos consideran preferible utilizar el diálogo y el convencimiento antes que los regaños, los castigos o los golpes.

No obstante, en esta dimensión se alcanza a distinguir un rasgo que no muestra señales de cambio entre los varones, y es que para ellos es todavía muy importante reproducirse y trascender a través de un hijo varón, por medio del cual se asegura la perpetuación del apellido y se transmiten a otra generación las experiencias de la vida como hombres.

La importancia de la paternidad y su articulación con el rol de proveedor

En esta dimensión se alcanzan a distinguir algunas señales de cambio, aunque no en el mismo grado que se habían observado en las anteriores y que se encuentran relacionadas con la intervención de los tres factores considerados: la edad, el sector social y la participación económica femenina. Los resultados sugieren que el hecho de ser padres, lejos de constituir el resultado de una decisión ampliamente reflexionada y planeada junto con sus cónyuges —como es el caso de los *padres jóvenes de sectores medios*— es considerado todavía por la generalidad de los varones como una etapa más de la vida y un producto natural de la unión con sus parejas.

El significado que los varones otorgan a la paternidad constituye un rasgo que muestra también algunas, aunque pocas, transformaciones, ya que aún prevalece entre ellos la idea de que ser padres implica fundamentalmente cumplir con responsabilidad la obligación de mantener a sus familias, de ahí que permanezca en ellos la tendencia a dar prioridad al tiempo asignado a la vida laboral antes que a la vida familiar y a la convivencia con los hijos. Lo cual guarda estrecha relación con la valoración que los padres todavía establecen respecto a sus hijos en términos de los costos económicos al manifestar mayor preocupación por asegurar el bienestar físico y material de sus hijos, además de mejorar su nivel de escolaridad, que por convivir de manera estrecha y cotidiana con ellos. Por ello no es extraño que a la par que sigan considerándose jefes de sus hogares, muchos de los varones entrevistados manifiesten su desacuerdo con la incorporación de sus cónyuges a una actividad laboral fuera de casa porque, en su opinión, pone en peligro el cuidado y la crianza de sus hijos.

En este sentido, los *padres jóvenes de sectores medios y cuyas cónyuges desempeñan una actividad económica* se distinguen de los demás porque han logrado expandir de manera significativa su papel como padres más allá del cumplimiento de la función de proveedores de sus hogares, es por ello que al tiempo que les parece deseable compartir con sus compañeras la responsabilidad de la manutención de su familia —ya que consideran que desempeñar una actividad remunerada es un derecho de hombres y mujeres—, intentan también establecer un equilibrio entre el tiempo asignado a su vida laboral y el que destinan a la convivencia con sus hijos. Esta actitud es coherente con la valoración que estos padres hicieron de sus hijos para decidir tener pocos, puesto que consideraron no solamente los costos económicos de su manutención y educación, sino también el tiempo, el afecto y la atención que desean brindarles.

DIMENSIONES ANALIZADAS EN LAS QUE NO SE VISLUMBRAN CAMBIOS SIGNIFICATIVOS

Existen dos dimensiones en las que no se detectan modificaciones importantes en los comportamientos masculinos. Una de ellas tiene que ver con el nivel de involucramiento de los varones en las etapas centrales de los procesos reproductivos y la otra tiene que ver con su participación en las labores domésticas.

El papel del varón en las etapas centrales del proceso reproductivo (embarazo, parto y posparto)

Ésta es una dimensión en la que los resultados del estudio sugieren la existencia de muy pocos cambios en las actitudes masculinas, puesto que todo parece indicar que los varones siguen considerando los embarazos, partos y pospartos como experiencias exclusivamente femeninas, de las que ellos han de mantenerse al margen. Solamente algunos de los *padres jóvenes de sectores medios* mostraron interés por modificar esta tradicional actitud al hacerse partícipes de ambas experiencias al asistir con sus compañeras a las consultas ginecológicas y al estar presentes en los alumbramientos de sus hijos.

La etapa del posparto parece ser un poco menos problemática para los varones puesto que en ella se detectaron algunos indicios de cambios, mientras los *padres mayores de sectores populares* parecen mostrar un claro rechazo a participar en esta fase, los *padres mayores de sectores medios* y *los jóvenes de sectores populares* parecerían un poco más colaboradores puesto que aunque evitaron bañar y cambiar los pañales de sus pequeños, ayudaron al menos a preparar los biberones y a alimentarlos. Sólo algunos *padres jóvenes de sectores medios* mostraron un mayor grado de involucramiento al bañar, cambiar pañales, vestir y alimentar a sus hijos recién nacidos.

La participación masculina en el trabajo doméstico

A pesar de que en la práctica empieza a ser un hecho cada vez más común que los varones compartan con sus compañeras la responsabilidad de la manutención de sus hogares, que se flexibilice la toma de decisiones sobre algunos aspectos de la vida conyugal (como la decisión de limitar y regular la fecundidad), y que expandan su papel como padres a través de un relativo incremento en el nivel de involucramiento en la crianza y el cuidado de sus hijos, ello no necesariamente ha implicado una modificación sustancial de la división del trabajo en el interior de los hogares y, por tanto, de los papeles tradicionalmente asumidos por hombres y mujeres. Prueba de ello es la escasa participación masculina en la realización de las labores domésticas, lo que hace de esta esfera una de las menos susceptibles para transformarse. En este sentido, esta investigación corrobora lo que otros investigadores han encontrado (véase Sánchez Gómez, 1989; García y Oliveira, 1994; Oliveira, 1998; Wainerman, 2000).

Los hallazgos de este estudio permiten señalar —en coincidencia con los resultados de Wainerman (2000) respecto a varones de sectores medios— que la participación económica femenina pareciera tener mayor impacto en la colaboración de los padres en la crianza y el cuidado de los hijos que en lo que respecta al trabajo doméstico. Ampliando este planteamiento se puede decir que los *padres mayores de ambos sectores sociales* no logran modificar sus actitudes tradicionales respecto a la división intrafamiliar del trabajo, puesto que en ellos se encuentra muy arraigada la idea de que la realización de los quehaceres domésticos, además del cuidado y la crianza de los hijos siguen siendo responsabilidades femeninas, aunque sus compañeras se incorporen al mercado de trabajo. Lo que explica el ínfimo involucramiento que evidenciaron en estas tareas. En cambio, se detecta una cierta modificación en las conductas de los *padres jóvenes de sectores populares*, quienes ante la incorporación de sus compañeras al mercado de trabajo participan de manera incipiente en las labores domésticas. Entre los *padres jóvenes de sectores medios* hay ya evidencias que sugieren un mayor grado de modificación en sus actitudes puesto que su colaboración en el trabajo doméstico es un poco más frecuente, aunque no se puede concluir que haya cambios sustantivos.

En síntesis, los resultados de esta investigación permiten señalar que no todas las dimensiones estudiadas registran cambios y que cuando ocurren no son de la misma magnitud, además de que las variables seleccionadas no siempre juegan el mismo papel, a la vez que pueden intervenir de manera articulada o aislada. Las transformaciones más pronunciadas se visualizan en el papel del varón en la decisión de tener hijos y en la regulación de la fecundidad, así como en la participación masculina en la crianza y el cuidado de los hijos. Con respecto a las variables intervinientes que inciden en dichos cambios, los resultados de este estudio indican que tanto el sector social como la edad son aspectos importantes para tener en cuenta, y que la participación laboral femenina hasta hoy ha tenido un impacto menos acentuado en las modificaciones que se insinúan en las actitudes y prácticas masculinas en torno a los procesos reproductivos y la vida doméstica en México.

ANEXOS

I. CARACTERÍSTICAS DE LOS PADRES ENTREVISTADOS

Padres jóvenes de sectores medios

Edad	Condición laboral de la cónyuge	Estado civil	Número de hijos	Escolaridad	Ocupación	Edad a la 1ª unión	Edad a la paternidad	Contexto de socialización
29	no trabaja	casado	1	licenciatura	diseñador industrial	25	29	urbano
31	no trabaja	unido	3	maestría	funcionario universitario	23	23	rural (hasta los 6)
33	trabaja	unido	2	licenciatura	diseñador industrial	27	29	urbano
40	trabaja	casado	1	licenciatura	analista de sistemas	35	35	urbano

Padres mayores de sectores medios

Edad	Condición laboral de la cónyuge	Estado civil	Número de hijos	Escolaridad	Ocupación	Edad a la 1ª unión	Edad a la paternidad	Contexto de socialización
45	trabaja	casado	2	licenciatura	micro empresario	22	24	urbano
57	no trabaja	casado	3	maestría	funcionario universitario	28	29	rural
63	trabaja	casado	2	licenciatura	arquitecto	30	32	urbano
65	no trabaja	casado	4	contabilidad	coordinador de ventas	27	27	urbano

Padres jóvenes de sectores populares

Edad	Condición laboral de la cónyuge	Estado civil	Número de hijos	Escolaridad	Ocupación	Edad a la 1ª unión	Edad a la paternidad	Contexto de socialización
22	trabaja	casado	1	6o. primaria	albañil	18	18	rural
28	no trabaja	casado	2	4o. primaria	albañil	19	20	rural
42	no trabaja	casado	3	4o. primaria	chofer	18	19	rural
43	trabaja	casado	2	6o. primaria	auxiliar de intendencia	25	26	rural

Padres mayores de sectores populares

Edad	Condición laboral de la cónyuge	Estado civil	Número de hijos	Escolaridad	Ocupación	Edad a la 1ª unión	Edad a la paternidad	Contexto de socialización
53	no trabaja	casado	4	6o. primaria	auxiliar de intendencia	23	24	rural
54	no trabaja	casado	8	5o. primaria	maestro albañil	19	20	rural
60	trabaja	casado	7	3o. primaria	jardinero	20	20	rural
62	trabaja	casado	3	4o. primaria	auxiliar de restaurante	18	20	rural

II. GUÍA RESUMIDA DE ENTREVISTA EN PROFUNDIDAD

PRIMERA PARTE

Datos generales

- Edad (años cumplidos).
- Lugar de nacimiento.
- Estado civil.
- Estado conyugal actual.
- Número de uniones.
- Edad al primer matrimonio o unión.
- Escolaridad.
- Condición de actividad.
- Condición laboral.
- Condición de actividad de su compañera.
- Ingresos.

Hijos nacidos vivos

- Cuántos hijos nacidos vivos ha tenido.
- Cuántos hijos nacidos vivos ha tenido su compañera.
- Cuántos viven con ustedes.

Datos de la unidad doméstica

- Cuántas personas viven en su casa.
- Los datos de su familia:

217

Parentesco	Sexo	Edad	Estado civil	Escolaridad	Actividad

SEGUNDA PARTE

A. LA VIDA COMO PADRES

1. La importancia y la experiencia de la paternidad

1. Importancia como hombre de ser padre.
2. Importancia del trabajo y de los hijos.
3. Modificaciones en su vida laboral por la presencia de los hijos.
4. Diferencias con respecto a su compañera.
5. Problemas para atender al trabajo y a los hijos.

2. El significado de la paternidad y la importancia de los hijos varones

1. Significado de la paternidad.
2. Importancia de los hijos varones.
3. Diferencia con la maternidad.
4. Diferencias con su padre.

3. La división del trabajo en casa y la relación con los hijos

1. Reparto del trabajo en casa.
2. Participación en el cuidado de los hijos (especificar).
3. Reparto del cuidado de los hijos con su compañera.
4. Diferencias con sus padres.
5. Tipo de relación con sus hijos y diferencias con su padre.
6. Cuando los hijos se portan mal y diferencias con su padre.

B. LAS DECISIONES Y LAS PRÁCTICAS EN TORNO A LA REPRODUCCIÓN Y SU REGULACIÓN (ANTICONCEPCIÓN)

1. Sexualidad, conocimiento y uso de anticonceptivos

1. Opinión sobre el uso de anticonceptivos, ¿responsabilidad de hombres o mujeres?
2. Diferencias con sus padres.
3. Conocimiento y uso de anticonceptivos en las primeras experiencias sexuales.
4. Embarazos no deseados.
5. Uso actual de anticonceptivos, en qué situaciones usa qué método y por qué.

2. Regulación de la fecundidad conyugal

1. Conocimiento de la pareja conyugal sobre anticoncepción.
2. Proceso de toma de decisiones para el uso de anticonceptivos.
3. Proceso de toma de decisiones para tener o no tener a los hijos.
4. Quién decidió y cómo tener a los hijos.

3. Experiencia y relación con su compañera durante los procesos de espera y nacimiento de sus hijos

1. Experiencia del varón durante los embarazos de su compañera.
2. Experiencia del varón durante los partos.

3. Experiencia del varón durante los pospartos.
4. Sensaciones al ver por primera vez a sus hijos.
5. Cambios en la relación de pareja a raíz del nacimiento de sus hijos.

4. La determinación del tamaño de la descendencia y número de hijos deseado

1. Total de hijos nacidos vivos, aun con otra(s) compañera(s).
2. Relación con los hijos de otra(s) compañera(s).
3. Cuántos hijos le hubiera gustado tener a él y a su compañera.
4. Cómo se pusieron de acuerdo en el número de hijos que tienen.
5. Diferencias con sus padres en el número de hijos tenidos.

C. LA CONSTRUCCIÓN DE LA IDENTIDAD GENÉRICA MASCULINA

1. La valoración de la propia identidad masculina y la percepción de cambios

1. Lo importante o lo que lo define como hombre.
2. Diferencias con la mujer.
3. Diferencias con la definición del padre sobre lo que un hombre debe ser.

2. Eventos relacionados con la construcción de la identidad masculina

1. Experiencia(s) o suceso(s) que recuerde que lo haya marcado respecto a su papel como hombre:
   a. Cuando era pequeño y vivía con sus papás y sus hermanos.
   b. Cuando iba al colegio, cuando entró a la prepa o a la universidad.
   c. Con la primera novia.
   d. En la primera experiencia sexual.

3. La identidad masculina, el trabajo femenino y la percepción de cambios en los roles familiares

1. Papeles de hombres y mujeres en el hogar y cambios en el tiempo.
2. Con compañeras que trabajan ¿cómo ha modificado la vida del hogar?
3. ¿Ha cambiado el papel de los hombres en la crianza de los hijos?
4. Opinión sobre el trabajo de la mujer y su impacto sobre la vida familiar y la crianza de los hijos.

BIBLIOGRAFÍA

Arias de Aramburú, Rosario y Marisela Rodríguez (1998), "A puro valor mexicano. Connotaciones del uso del condón en hombres de la clase media de la Ciudad de México", en Susana Lerner (ed.), *Varones, sexualidad y reproducción*, México, El Colegio de México / SOMEDE, pp. 319-339.

Asakura, Hiroko (2000), *Hacia la transformación de la identidad: el significado de la maternidad en la identidad femenina (Un estudio de caso: mujeres profesionales en los sectores medios de la Ciudad de México)*, tesis de maestría en ciencias sociales, México, Facultad Latinoamericana de Ciencias Sociales (FLACSO) Sede Académica de México.

Biddlecom, Ann; John Casterline y Aurora Perez (1996), "Men's and women's Views of Contraception", *Working Papers*, Nueva York, The Population Council.

Caldwell, John (1982), *The Theory of Fertility Decline*, Australia, The Australian National University, Academic Press.

_____; P. H. Reddy y Pat Caldwell (1982), "The Causes of Demographic Change in Rural South India: A Micro Approach", *Population and Development Review*, vol. 8, núm. 4, pp. 689-727.

Camposortega, Sergio (1992), "Evolución y tendencias demográficas de la Zona Metropolitana de la Ciudad de México", en Consejo Nacional de Población (CONAPO), *La Zona Metropolitana de la Ciudad de México, problemática actual y perspectivas demográficas y urbanas*, México, CONAPO, pp. 3-20.

Castillo, Rodrigo (1998), "Más allá del ser padres...la amistad", *Reforma*, domingo 21 de junio, suplemento especial del día del padre, p. 2.

Castro, Roberto y Carlos Miranda (1998), "La reproducción y la anticoncepción desde el punto de vista de los varones: algunos hallazgos de una investigación en Ocuituco (México)", en Susana Lerner (ed.), *Varones, sexualidad y reproducción*, México, El Colegio de México / SOMEDE, pp. 223-244.

Comisión Económica para América Latina y el Caribe de Naciones Unidas (CEPAL) (2002), *Propuesta de indicadores de paternidad responsable*, México, CEPAL - Sede Subregional en México.

Consejo Nacional de Población (1995), *Programa Nacional de Población 1995-2000*, México, Consejo Nacional de Población (CONAPO).

_____ (1997), *La situación demográfica en México*, México, Consejo Nacional de Población (CONAPO).

_____ (2004), *Infome de Ejecución del Programa de Acción de la Conferencia Internacional sobre la Población y el Desarrollo 1994-2003*, México, Consejo Nacional de Población (CONAPO).

Cortázar, Claudia (1996), "La experiencia de ser padre", *Padres e hijos*, núm. 6, pp. 14-20.

De Keijzer, Benno (1995), "Los derechos sexuales y reproductivos desde la dimensión de la masculinidad", ponencia presentada en la V Reunión Nacional de Investigación Demográfica, México, Sociedad Mexicana de Demografía (SOMEDE).

_____ (1998), "Paternidad y transición de género", en Beatriz Schmukler (coord.) *Familias y relaciones de género en transformación. Cambios trascendentales en América Latina y el Caribe*, México, The Population Council / EDAMEX, pp. 301-325.

Dixon-Mueller, Ruth (1996), "The Sexuality Connection in Reproductive Health", en S. Zeidenstein y K. Moore (ed.), *Learning About Sexuality: a Practical Beginning*, Nueva york, The Population Council / International Women's Health Coalition, pp. 137-157.

Engle, Patrice y Cynthia Breux (1993), *Is there a Father Instinct? Father's Responsibility for Children*, Nueva York, The Population Council.

_____ y Ann Leonard (1995), "Fathers as Parenting Partners" en J. Bruce; C. Lloyd y A. Leonard, *Family in Focus, New Perspectives on Mothers, Fathers and Children*, Nueva York, The Population Council, pp. 49-69.

Figueroa, Beatriz (1992), "La fecundidad en 1990. El delicado tema de las estimaciones actuales", *Demos. Carta demográfica sobre México*, núm. 5, México, Instituto de Investigaciones Sociales, UNAM, pp. 10-12.

Figueroa, Juan Guillermo (1998a), "La presencia de los varones en los procesos reproductivos: algunas reflexiones", en Susana Lerner (ed.), *Varones, sexualidad y reproducción*, México, El Colegio de México / SOME-DE, pp. 163-189.

_____ (1998b), "Algunos elementos para interpretar la presencia de los varones en los procesos de salud reproductiva", Río de Janeiro, *Cuadernos en Saúde Pública*, vol. 14, suplemento 1, pp. 87-96.

_____ y Eduardo Liendro (1995), "La presencia del varón en la salud reproductiva", en Hellen Hardy, *et al.* (ed.), *Ciencias sociales y medicina: Perspectivas latinoamericanas*, Brasil, Universidad de Campinas, pp.193-226.

_____ y Olga Rojas (2002), "La investigación sobre reproducción y varones a la luz de los estudios de género", en Elena Urrutia (coord.), *Estudios sobre las mujeres y las relaciones de género en México: aportes desde diversas disciplinas*, México, El Colegio de México, pp. 201-227.

Fraga, Juan C. y Mayda Álvarez (1998), "Rol masculino y disminución de la fecundidad. El caso cubano", en Susana Lerner (ed.), *Varones, sexualidad y reproducción*, México, El Colegio de México, pp. 369-389.

García, Brígida (1994), "Ocupación y condiciones de trabajo", *Demos. Carta demográfica sobre México*, núm. 7, México, Instituto de Investigaciones Sociales, UNAM, pp. 31-32.

_____ y Orlandina de Oliveira (1994), *Trabajo femenino y vida familiar en México*, México, El Colegio de México.

_____ (2000), "El mercado de trabajo, 1930-1998", en Gustavo Garza (coord.), *La Ciudad de México en el fin del segundo milenio*, México, El Colegio de México / Gobierno del Distrito Federal, pp. 416-429.

García, Julio y Juan Guillermo Figueroa (1992), "Práctica anticonceptiva en adolescentes y jóvenes del Área Metropolitana de la Ciudad de México", *Salud Pública de México*, vol. 34, núm. 4, pp. 413-426.

Garza, Gustavo (2000a), "La Megaciudad de México", en *La Ciudad de México en el fin del segundo milenio*, México, El Colegio de México / Gobierno del Distrito Federal, pp. 470-482.

_____ (2000b), "Ámbitos de expansión territorial", en *La Ciudad de México en el fin del segundo milenio*, México, El Colegio de México / Gobierno del Distrito Federal, pp. 363-376.

Germain, Adrienne y Rachel Kyte (1995), *El consenso de El Cairo: el programa acertado en el momento oportuno*, Nueva York, International Women's Health Coalition.

Giddens, Anthony (1998), *La transformación de la intimidad. Sexualidad, amor y erotismo en las sociedades modernas*, Madrid, Cátedra.

Goldani, Ana María (1994), "Familia, relaciones de género y fecundidad en el nordeste de Brasil", ponencia presentada para el Seminario: Hogares, familias: desigualdad, conflicto, redes solidarias y parentales, organizado por la Sociedad Mexicana de Demografía (SOMEDE), del 27 al 29 de junio, Aguascalientes, México.

González, Liliana (1998), "Los hijos no son atadura", en *Reforma*, domingo 21 de junio, suplemento especial del día del padre, p. 9.

Grawitz, Madeleine (1975), *Métodos y técnicas de las ciencias sociales*, Barcelona, Hispano Europea.

Greene, Margaret y Ann Biddlecom (2000), "Absent and Problematic Men: Demographic Accounts of Male Reproductive Roles", *Population and Development Review*, vol. 26, núm. 1, Nueva York, pp. 81-115.

Gutmann, Matthew (1996), *The Meanings of Macho, Being a Man in Mexico City*, California, University of California Press (trad. esp.: *Ser hombre de verdad en la Ciudad de México. Ni macho ni mandilón*, México, El Colegio de México, 2000).

_____ (1993), "Los hombres cambiantes, los machos impenitentes y las relaciones de género en México en los noventa", *Estudios Sociológicos*, vol. XI, núm. 33, México, El Colegio de México, pp. 725-740.

Hernández Rosete, Daniel (1996), *Género y roles familiares: la voz de los hombres*, tesis de maestría en antropología social, México, CIESAS.

Huberman, Michael y Mathew Miles (1994), "Data Management and Analysis Methods", en Norman Denzin e Yvona Lincoln, *Handbook of Qualitative Research*, California, Sage Publications, Thousand Oaks, pp. 428-444.

Instituto Nacional de Estadística, Geografía e Informática y Programa Nacional de la Mujer (1997), *Mujeres y hombres en México*, México, INEGI.

Juárez, Fátima; Julieta Quilodrán y Ma. Eugenia Zavala de Cosío (1996), *Nuevas pautas reproductivas en México*, México, El Colegio de México.

Kaztman, Rubén (1991), *Taller de trabajo: Familia, desarrollo y dinámica de población en América Latina y el Caribe: ¿Por qué los hombres son tan irresponsables?*, Santiago, Comisión Económica para América Latina y el Caribe (CEPAL) / Centro Latinoamericano de Demografía (CELADE).

Lamas, Marta (1996), "Usos, dificultades y posibilidades de la categoría género", en Marta Lamas (comp.), *El género: la construcción cultural de la diferencia sexual*, México, Porrúa / UNAM, pp. 327-366.

Lerner, Susana y André Quesnel (1994), "Instituciones y reproducción. Hacia una interpretación del papel de las instituciones en la regulación de la fecundidad en México" en Francisco Alba y Gustavo Cabrera (comp.), *La población en el desarrollo contemporáneo de México*, México, El Colegio de México, pp. 85-117.

_____; André Quesnel y Mariana Yanes (1996), "La pluralidad de trayectorias reproductivas y las transacciones institucionales", *Estudios Demográficos y Urbanos*, vol. 9, núm. 3, México, El Colegio de México, pp. 543-578.

Martínez, Carolina (1996), "Introducción al trabajo cualitativo de investigación", en Ivonne Szasz y Susana Lerner, *Para comprender la subjetividad. Investigación cualitativa en salud reproductiva y sexualidad*, México, El Colegio de México, pp. 33-56.

Morelos, José (2000), "Natalidad y mortalidad", en Gustavo Garza (coord.), *La Ciudad de México en el fin del segundo milenio*, México, El Colegio de México / Gobierno del Distrito Federal México, pp. 388-399.

Nájera, Alma, *et al.* (1998), "Maternidad, sexualidad y comportamiento reproductivo: apuntes sobre la identidad de las mujeres", en Juan Guillermo Figueroa (comp.), *La condición de la mujer en el espacio de la salud*, México, El Colegio de México, pp. 275-305.

Nava Uribe, Regina (1996), *Los hombres como padres en el Distrito Federal a principios de los noventa*, tesis de maestría en sociología, México, Facultad de Ciencias Políticas y Sociales, División de Estudios de Posgrado, UNAM.

Negrete, Ma. Eugenia (2000a), "Migración", en Gustavo Garza (coord.), *La Ciudad de México en el fin del segundo milenio*, México, El Colegio de México / Gobierno del Distrito Federal, pp. 400-415.

_____ (2000b), "Dinámica demográfica", en Gustavo Garza (coord.), *La Ciudad de México en el fin del segundo milenio*, México, El Colegio de México / Gobierno del Distrito Federal, pp. 377-387.

Núñez, Ana (2000), "La percepción de la maternidad en un grupo de mujeres rurales", en Claudio Stern y Carlos Echarri (comp.), *Salud reproductiva y sociedad. Resultados de investigación*, México, El Colegio de México, pp. 235-262.

Olavarría, José (2002), " Hombres: identidades, relaciones de género y conflictos entre trabajo y familia", en José Olavarría y Catalina Céspedes (comps.), *Trabajo y familia: ¿conciliación? Perspectivas de género*, Santiago, SERNAM / FLACSO / CEM, pp. 53-76.

Oliveira, Orlandina de (1994), "Cambios en la vida familiar", *Demos. Carta demográfica sobre México*, núm. 7, México, Instituto de Investigaciones Sociales, UNAM, pp. 35-36.

_____ (1998), "Familia y relaciones de género en México", en Beatriz Schmukler (coord.), *Familias y relaciones de género en transformación. Cambios trascendentales en América Latina y el Caribe*, México, Population Council / EDAMEX, pp. 23-52.

_____ (1999), "Políticas económicas, arreglos familiares y perceptores de ingresos", *Demos. Carta demográfica sobre México*, núm.12, México, Instituto de Investigaciones Sociales, UNAM, pp. 32-33.

_____; Marcela Eternod y Paz López (1999), "Familia y género en el análisis sociodemográfico", en Brígida García (coord.), *Mujer, género y población en México*, México, El Colegio de México / Sociedad Mexicana de Demografía (SOMEDE) / Fondo de Población de las Naciones Unidas (FNUAP), pp. 211-271.

Oppenheim Mason, Karen (1995), *Gender and Demographic Change: What do we Know?*, ponencia publicada por la International Union for the Scientific Study of Population (IUSSP), Liége.

Parke, Ross (1996), *Fatherhood*, Londres, Harvard University Press.

Patton, Michael (1990), "Qualitative Analysis and Interpretation", en *Qualitative Evaluation and Research Methods*, California, Sage Publications, pp. 371-459.

Paz, Leonor (2000), "La fecundidad y el crecimiento de la descendencia", *Demos. Carta demográfica sobre México*, núm. 13, México, Instituto de Investigaciones Sociales, UNAM, pág. 12.

Presser, Harriet (2000), "Demografía, feminismo y el nexo entre ciencia y política", *Revista Mexicana de Sociología*, núm. 1, Instituto de Investigaciones Sociales, UNAM, pp. 3-44.

Quilodrán, Julieta (2000), "Atisbos de cambios en la formación de las parejas conyugales a fines del milenio", *Papeles de Población*, año 6, núm. 25, pp. 9-33.

Ramón, David (1998), "Los padres pasan por el cine mexicano", *Reforma*, sábado 20 de junio, suplemento especial del día del padre, p. 2.

Ruiz Olabuénaga, José y Ma. Antonia Ispizúa (1989), *La descodificación de la vida cotidiana, métodos de investigación cualitativa*, Bilbao, Universidad de Deusto.

Salles, Vania y Rodolfo Tuirán (1996), "Vida familiar y democratización de los espacios privados", en Mario Luis Fuentes *et al.*, *La familia:*

investigación y política pública, México, UNICEF / DIF / El Colegio de México, pp. 47-55.

_____ (1998), "Cambios demográficos y socioculturales: familias contemporáneas en México", en Beatriz Schmukler (coord.), *Familias y relaciones de género en transformación. Cambios trascendentales en América Latina y el Caribe*, México, The Population Council / EDAMEX, pp. 83-126.

Sánchez Gómez, Martha Judith (1989), "Consideraciones teórico metodológicas en el estudio del trabajo doméstico en México", en Orlandina de Oliveira (coord.), *Trabajo, poder y sexualidad*, México, El Colegio de México.

Schmukler, Beatriz (1996), "La socialización de los niños y las relaciones de género en la familia", en Juan Guillermo Figueroa (coord.), *Elementos éticos para el análisis de la reproducción*, México, Programa Universitario de Género, UNAM.

_____ (1998), "Comentarios finales", en *Familias y relaciones de género en transformación. Cambios trascendentales en América Latina y el Caribe*, México, The Population Council / EDAMEX, pp. 541-552.

Scott, Joan (1996), "El género: una categoría útil para el análisis histórico", en Marta Lamas (comp.), *El género: la construcción cultural de la diferencia sexual*, México, Porrúa / UNAM, pp. 265-302.

Secretaría de Salud (1990), *Informe de la Encuesta sobre conocimiento, actitud y práctica en el uso de métodos anticonceptivos de la población masculina obrera del área metropolitana de la Ciudad de México*, México, SSA.

Stycos, J. Mayone (1958), *Familia y fecundidad en Puerto Rico, estudio del grupo de ingresos más bajos*, México, Fondo de Cultura Económica.

Szasz, Ivonne (1997), "La salud reproductiva en los estudios sociodemográficos", *Estudios Demográficos y Urbanos*, vol. 12, núms. 1 y 2, México, El Colegio de México, pp. 5-9.

_____ (1998), "Los hombres y la sexualidad: aportes de la perspectiva feminista y primeros acercamientos a su estudio en México", en Susana Lerner (ed.), *Varones, sexualidad y reproducción*, México, El Colegio de México / Sociedad Mexicana de Demografía (SOMEDE), pp. 137-162.

_____ y Susana Lerner (2003), "Aportes teóricos y desafíos metodológicos de la perspectiva de género para el análisis de los fenómenos demográficos", en Alejandro Canales y Susana Lerner (coord.), *Desafíos teórico metodológicos en los estudios de población en el inicio del milenio*,

México, El Colegio de México / Universidad de Guadalajara / Sociedad Mexicana de Demografía (SOMEDE), pp. 177-209.

Thurow, Lester (1997), "La familia tradicional está en proceso de extinción", *El País*, lunes 3 de febrero.

Tietze, Christopher (1943), "Differential Reproduction in the United States. Paternity Rates for Occupational Classes among the Urban White Population", *The American Journal of Sociology*, vol. XLIX, Chicago, The University of Chicago Press, pp. 242-247.

Torres, Jaime (1997), "En el nombre del padre", *Men's Health* en español, núm. 6, México, pp. 44-45.

Tuirán, Rodolfo (1994), "Familia y sociedad en el México contemporáneo", *Saber Ver. Lo contemporáneo del Arte*, número especial: La Nación Mexicana. Retrato de Familia, pp. 33-55.

_____ (1996), "Las trayectorias de vida familiar en México: una perspectiva histórica", en Ma. de la Paz López (comp.), *Hogares, familias: desigualdad, conflicto, redes solidarias y parentales*, México, Sociedad Mexicana de Demografía (SOMEDE), pp. 7-14.

Valdés, Teresa (1989), *Venid, benditas de mi padre, las pobladoras, sus rutinas y sus sueños*, Santiago, FLACSO.

Velasco, Laura (2001), "Un acercamiento al método tipológico en Sociología", en María Luisa Tarrés (coord.), *Observar, escuchar y comprender. Sobre la tradición cualitativa en la investigación social*, México, El Colegio de México, pp. 289-323.

Vivas Mendoza, Ma. Waleska (1993), *Del lado de los hombres (algunas reflexiones en torno a la masculinidad)*, tesis de licenciatura en etnología, México, Escuela Nacional de Antropología e Historia.

_____ (1996), "Vida doméstica y masculinidad", en Ma. de la Paz López (comp.), *Hogares, familias: desigualdad, conflicto, redes solidarias y parentales*, México, Sociedad Mexicana de Demografía (SOMEDE), pp. 111-122.

Wainerman, Catalina (2000), "División del trabajo en familias de dos proveedores. Relato desde ambos géneros y dos generaciones", *Estudios Demográficos y Urbanos*, vol. 15, núm. 1, México, El Colegio de México, pp. 149-184.

Watkins, Susan (1993), "If all We Knew about Women was What We Read in Demography, What Would We Know?", *Demography*, vol. 30, núm. 4, pp. 551-577.

Weber, Max (1977), "Conceptos sociológicos fundamentales", en *Economía y Sociedad*, México, Fondo de Cultura Económica, pp. 5-45.

Welti, Carlos (1989), "La investigación del efecto de la anticoncepción sobre la fecundidad", en Beatriz Figueroa (comp.), *La Fecundidad en México, cambios y perspectivas*, México, El Colegio de México, pp. 317-346.

Zavala de Cosío, Ma. Eugenia (1992a), *Cambios de fecundidad en México y políticas de población*, México, El Colegio de México / Fondo de Cultura Económica.

_____ (1992b), "Los antecedentes de la transición demográfica en México", *Historia Mexicana*, vol. XLII, núm. 1, México, El Colegio de México, pp.103-128.

Zúñiga, Elena y Daniel Hernández (1994), "Importancia de los hijos en la vejez y cambios en el comportamiento reproductivo. Estudio en tres comunidades rurales de México", *Estudios Demográficos y Urbanos*, vol. 9, núm. 1, México, El Colegio de México, pp. 211-236.

Paternidad y vida familiar en México
se terminó de imprimir en el mes de marzo de 2008
en los talleres de Reproducciones y Materiales, S.A. de C.V.
Presidentes 189-A, col. Portales, 03300 México, D.F.
Fotografía de portada: Daniel Correa Rojo
Diseño de portada: Mario Martínez Salgado y Eugenia Alva.
Cuidó la edición la Dirección de Publicaciones de
El Colegio de México.